Methodology Guide to Undergraduate Research
in Economics and Management

经济管理类本科生研究设计与方法

主编 潘煜 郭珊珊

参编 邓莎莎 黄易 李玉豪 王墨涵 吴瑞璟

为了响应"十四五"规划和"双一流"建设，本书以新文科建设与学科交叉融合为方针，以案例驱动和实操驱动为主，使经济管理类本科生做"顶天立地"的研究。本书的特色在于注重前瞻性、交叉性和实用性的经济管理创新研究方法的学习和训练。从创新思维、经典导读、研究设计、数据处理、论文写作等多方面对经济管理类本科生展开训练。

本书可作为经济管理类专业及相关专业的本科生教材，也可以作为专科毕业论文写作教材，还可以作为科研工作者参考用书。

图书在版编目（CIP）数据

经济管理类本科生研究设计与方法 / 潘煜，郭珊珊主编 . —北京：机械工业出版社，2023.11
ISBN 978-7-111-74680-5

Ⅰ.①经⋯　Ⅱ.①潘⋯　②郭⋯　Ⅲ.①高等学校—经济管理—教学研究—中国　Ⅳ.① F2-42

中国国家版本馆 CIP 数据核字（2024）第 040200 号

机械工业出版社（北京市百万庄大街 22 号　邮政编码 100037）
策划编辑：张有利　　　　　责任编辑：张有利　马新娟
责任校对：郑　婕　陈　越　责任印制：郜　敏
三河市国英印务有限公司印刷
2024 年 3 月第 1 版第 1 次印刷
185mm×260mm・16.5 印张・377 千字
标准书号：ISBN 978-7-111-74680-5
定价：59.00 元

电话服务　　　　　　　　网络服务
客服电话：010-88361066　　机　工　官　网：www.cmpbook.com
　　　　　010-88379833　　机　工　官　博：weibo.com/cmp1952
　　　　　010-68326294　　金　书　网：www.golden-book.com
封底无防伪标均为盗版　　　机工教育服务网：www.cmpedu.com

| 前言 |

新技术时代的来临赋予了经济管理研究新的机遇和挑战。物联网、云计算、人工智能、增强现实、虚拟现实、元宇宙等的快速发展催生了经济管理研究的新方法、新理论、新范式,为社会经济生活注入了新活力,进一步丰富和拓展了经济管理研究的边界。在这之中,不容忽视的、被人们(包括学者、政府以及行业人士)广泛讨论的便是由此带来的数据和信息爆炸,以及分析工具和技术平台的迅速发展,这使得经济管理能够在数据和研究工具的支持下开展创新研究。

经济管理研究方法是研究的工具,使用是否恰当将影响研究的效率,甚至研究结果的准确性。一些国际知名院校非常注重对经济管理类学生的研究方法的培养,甚至按照研究方法的不同对研究生培养方案进行区别设置。在新技术时代中,海量、异构、多源的大数据为经济管理研究提供了新的机遇,同时为如何基于新技术开展经济管理研究提出了新的挑战。

本科生研究的主要目的是提高学生综合运用所学知识解决现实生活中的问题的能力,提前做好作为专业人员撰写学术论文或者解决企业实际问题的准备。经济管理类本科生的培养目标是全面系统地掌握经济管理科学方面的基本技能和专业知识,并能运用它们来深入分析、有效解决经济管理中的各种问题。

"研究"两个字可以理解为深入思考、探索。相对于研究生的"研究"而言,本科生"研究"主要是针对本科生培养期间所学知识的掌握程度和综合运用能力、专注思考能力以及科学探索能力的训练和考查。本科生研究在本科生学习期间主要通过毕业论文或参与专业课题的方式体现。本科生在校期间，虽然按照教学大纲和教学计划接受了高等教育，完成了规定的各门课程的考核，但这种考核一般仅仅关注单科所学习的知识，考查学生对记忆知识、接受知识、理解知识的程度，而不能全面衡量和综合考核学生的知识和能力。所以，毕业论文既是对学生所学知识的全面检验，又是严格的专项性的业务考核。

授人以鱼，不如授人以渔，而后，不如授人以欲。传授知识和捕鱼一样，与其教结论不如教方法，与其教方法不如激发学生自主学习的兴趣。一本好书，不但要给学生以知识，还要教会学生自学的方法，这种自学能力的理解是举一反三，而非完全自主探索，甚至闭门造车。这种自学能力是师傅领进门之后的自我修行。本书的作用在于"举一"和"领进门"。我们或从专业领域出发，引导学生拓展思维，具体问题具体分析，培养"反三"的能力；或从读者层级出发，进行层层递进的"修行"。

编者根据对国内培养优势和国际培养优势相结合的感悟，在学生培养和科学研究中深入践行，并期待将这些前瞻性经验和技巧传播给更多对经济管理研究感兴趣的学者、学生以及从业人士，比如开展了本科生"学术启航计划"。以学术训练营和导师辅导两种模式，从创新思维、经典导读、研究设计、数据处理、论文写作等多方面对经济管理类本科生展开科研训练。经过培养和训练，全面提升本科生的科研能力，初步形成完备的本专业学科知识体系。

无论是在指导本科生进行毕业设计还是参与科学研究的过程中，编者都发现，本科生短时间内难以将在校期间所学课程综合转化应用到研究中，其中很大部分受困于方法的应用。经济管理类本科生无论在未来的研究之路还是行业之路中，都免不了与市场、数据、消费者打交道。特别地，经济管理研究本就是基于经济学与管理学开展的交叉研究。经济管理研究是管理学吸纳经济学发展的成果和研究方法，特别是行为和实验经济学的理论和方法。除此之外，经济管理研究与社会学、计算机科学、脑科学、医学等学科的交叉融合将有助于解决单一学科的知识、方法、工具等不足以破解的重大科学难题。本书充分体现了经济管理研究的方法交叉性，比如基于人工智能、知识图谱、文本挖掘等的经济管理大数据分析方法、基于认知神经科学的经济管理行为实验研究方法等。

本书通过细致的操作步骤，辅以直观、简洁的方式让读者快速掌握经济管理前沿研究最为常见的实用方法。本书着重探讨了经济管理类本科生研究3个层次的问题。一是经济管理的研究概述和设计，旨在从实际出发、从规范出发、从能力培养出发，讲解经济管理研究的意义、目的、内容、规范等，使学生理解科学方法的特征、科学研究的类型、理论与研究的关系、研究问题的提出、研究方案的设计等。二是经济管理研究的方法论，介绍了经济管理研究常用的5种方法，包括实验研究方法、问卷研究方法、计量研究方法、建模研究方法和数据科学研究方法，从而为学生进行研究计划设计提供指导。三是经济管理研究的禁区，强调研究的规范化、严谨性，以及伦理道德、抄袭剽窃等重要问题。

| 目录 |

前　言

第1章　经济管理研究概述　/1

　　1.1　新技术时代下的经济管理研究　/1

　　1.2　新技术时代下本科生经济管理研究要义　/2

第2章　经济管理研究设计与基本过程　/4

　　2.1　研究问题的提出　/4

　　2.2　文献综述的撰写　/7

　　2.3　研究框架的构建　/9

　　2.4　研究过程的设计　/13

　　2.5　结果讨论与总结　/15

第3章　问卷研究方法　/16

　　3.1　问卷研究方法的出发点和使用软件　/16

　　3.2　测量层次、测量指标及量表的构建　/17

3.3 问卷调研与收集过程 / 22

3.4 问卷的数据分析 / 26

3.5 问卷研究实例 / 38

第4章 行为实验研究方法 / 45

4.1 行为实验研究概述 / 45

4.2 行为实验研究分类 / 49

4.3 行为实验研究原理 / 51

4.4 行为实验研究实例 / 60

第5章 神经实验研究方法 / 65

5.1 神经实验研究概述 / 65

5.2 常用的神经实验技术 / 66

5.3 神经实验研究实例 / 79

第6章 计量经济方法 / 85

6.1 计量经济学概述 / 85

6.2 计量经济分析的操作多样性与步骤 / 86

6.3 计量经济分析的方法和手段 / 94

第7章 数学建模研究方法 / 126

7.1 基本步骤和应用 / 126

7.2 操作方法介绍 / 127

第8章 数据科学研究方法 / 155

8.1 数据科学的基础理论和大数据内涵 / 155

8.2 数据挖掘的基本任务和建模过程 / 156

8.3 数据爬取与数据可视化 / 158

8.4 机器学习与数据挖掘建模 / 160

8.5 数据科学研究的工具与案例 / 163

8.6 数据分析师的薪资价格分析预测 / 172

第9章 管理学研究的禁区 / 176

9.1 研究伦理与道德 / 176

9.2 学术不端与研究禁忌 / 186

附录 / 190

附录A 租房价格分析案例 / 190

附录B 心脏病患者分析案例 / 222

附录C 社会网络分析实例 / 227

附录D 数据分析师的薪资价格分析预测 / 233

参考文献 / 255

| 第1章 |

经济管理研究概述

1.1 新技术时代下的经济管理研究

移动互联环境下,新兴技术(如物联网、云计算、人工智能、增强/虚拟现实、元宇宙等)的快速发展与应用带来了经理管理的新现象,为社会经济生活注入了新活力,进一步丰富和拓展了经济管理应用的创新领域,为学术界、产业界以及政府部门等多个领域带来了新的课题,促进了新技术时代下的经济管理变革。面对新技术时代下的经济管理新现象,亟须围绕学科领域趋势、理论应用特点,注重基础性、前瞻性和交叉性研究创新,结合国家战略需求,针对新技术时代下的经济管理机理与理论、经济管理机制与管理、经济管理价值发现与创造展开探索,催生经济管理研究的新方法、新理论、新范式。

经济管理研究在新技术时代下发生了较大的延续和拓展,甚至发生了颠覆性的变化。比如,新技术使得企业中信息传播的方式发生了变化,在移动互联时代,信息总量迅猛增长,人们传递信息的速度越来越快,传递工具越来越方便,信息的形式也越来越丰富。信息不对称依然存在,但已经变成了对非结构化数据和结构化数据的掌握、分析和运用的差异。随着云计算、商务智能、移动社交等新兴技术的发展,企业的信息决策来源将大部分来自个人生成的大数据,这些技术的变化产生了能够使企业获得指数级发展的机会。这种新现象将颠覆传统企业中管理层的绝对信息优势,使得企业中不同层级的员工掌握不同的信息,挑战管理金字塔的传统模式,对企业组织架构、管理机制、交流规则等都提出了新的研究需求。

另外,新技术在经济管理中的融合和深化过程还将受到与企业的一致性、员工的接受程度、客户的管理模式、投入成本与绩效获得、管理流程和范式的拟合等的挑战，这使得新技术的融合和深化成为新技术时代下的经济管理研究和应用的核心问题。经济管理理论和机制的关键问题研究包括管理范式、融合路径、交互渠道、深化层级、价值创造等。进一步，如何将新技术与经济管理新情景更好地结合，在统计与预测建模、多源异构数据关联和融合分析、实时动态计算方法、挖掘技术与平台构建等方面提出了新的研究挑战。

1.2 新技术时代下本科生经济管理研究要义

本科生的经济管理研究虽属学术研究中的一种，但与其他层次的经济管理研究相比，又有自己的特点。对于经管类本科生来说，系统全面地掌握经济管理科学方面的专业知识和基本技能，并能运用专业知识和基本技能来深入分析、有效解决新技术时代下经济管理中的新问题是其培养目标。因此，经管类本科生的研究能力也应该体现在专业知识、基本技能以及分析解决新技术时代下经济管理问题等方面。新技术时代下，本科生经济管理研究的要义可以从以下三个方面展开。

1.2.1 对本科生知识和能力的综合性考核

毕业论文是大学教育必不可少的教学环节，是学生学业的重要组成部分。本科生经济管理研究是对学生综合运用基本知识、基本理论和基本技能，通过发现新技术时代下新现象、提出科学问题、寻找知识支持、提出解决方案、给出管理建议的一套全面的考核过程，可以从本科生选题能力、综述能力、设计能力、实证能力、建议能力、政策敏感能力、逻辑思维能力、学术交流能力、语言表达能力等方面展开综合性考核。

1.2.2 为未来的工作和研究打下良好基础

知识的价值在于表现。掌握知识不是目的，目的是为从事创造性的工作做好准备。经济管理的人才应该具有科学精神，既能独立工作，又能发挥无限创造力，既能解决实际问题，又敢于并善于向人类未知领域大胆探索。首先，本科生经济管理研究的过程，同时也是专业知识的学习过程，而且是更生动、更切实、更深入的专业知识的学习，把学过的专业知识运用于实际，在理论和实际结合过程中进一步消化、加深和巩固所学的专业知识，并把所学的专业知识转化为分析和解决问题的能力。其次，在搜集材料、调查研究、接触实际的过程中，既可以印证学过的理论知识，又可以学到许多课堂和书本里学不到的活生生的新知识。最后，本科生在毕业论文写作过程中，对所学专业的某一侧面和专题做了较为深入的研究，培养了研究兴趣，这为今后确定具体的专业方向，从事科学研究或相关工作，造就复合型和创造型人才打下了良好基础。

1.2.3 为新技术时代创造管理人才和研究人才

正如前文所述，新技术时代下的经济管理现象对经济管理研究提出了亟待解决的多重难题。高等院校经济管理本科生通过探索经济管理新问题满足社会经济发展的需要是一种社会义务和职责。在毕业论文的系统培养下，有相对一大批优秀的、高质量的毕业论文不仅为上级经济主管部门决策提供了依据，而且为解决某些经济工作中的具体问题找到了相应的对策，产生了良好的经济效益。这也进一步锻炼出了一大批管理人才和研究人才，促进了社会经济发展。

第2章
经济管理研究设计与基本过程

2.1 研究问题的提出

在一篇学术论文中,问题部分通常包含在引言中。引言也被称为导言或序言,位于文献综述前,引言的作用是让读者读完后对整篇文章有一个清晰的思路框架,引导读者对论文的进一步深入阅读。所以,在撰写引言时需要确保向读者清晰地介绍论文的研究背景、论文要说明的问题、论文采用的设计方法、研究的新发现以及研究的学术价值。

2.1.1 科学研究问题的基本特征

科学研究始于研究问题,可以说研究问题是整个研究中最重要的部分,好的研究问题可以指导整个研究的有序进行。科研并不是一时的动机,一拍脑袋想到要开展科研,于是急匆匆地寻找问题,而应当是细心观察现实生活,结合相关理论形成研究问题,或是在文献梳理中逐步发现问题并精炼问题。不论是日常生活中,还是科研范围内,都有各种各样的问题亟待解决,好的研究问题具有以下特征。

1. 相关性

研究应当关注一个具体领域的问题。在篇幅较短的研究论文中,通常只需要一个研究问题来指导研究思路和文章的展开。在篇幅较长的研究论文中,有可能涵盖多个研究问题,这些研究问题需要有清晰的关系,并且是围绕一个中心的研究问题展开的。

2. 可研究性

研究问题能够参考之前的文献进行,或找到二手数据来帮助研究。

3. 可行性

能够在一定的时间内完成,能够在现有的实际约束中完成(如伦理道德约束等)。

4. 具体性

研究问题可以被详细地展开回答,保证问题中的每个部分都能够被明确地定义,尽量避免使用模糊的语言。研究问题不能太过简单,这里"简单的问题"是指用"是"或"否"就能回答的问题,这类问题没有研究的空间,但是可以对这类问题进行精炼,或者采取不同的表达方式。比如:从"中国经济管理模式的改革研究"到"市场营销视角下国有企业经济管理模式的改革创新研究"。

2.1.2 研究问题的常见来源

科研的选题决定了研究的价值和意义。如果熟悉专业领域的研究现状,及时跟踪研究进展,科研选题也许不是什么问题。然而,对于一个初入研究队伍的本科生而言,如何确定研究问题,展开系列研究,可以有如下 7 个技巧。

1. 搜索高级科研项目基金的申报指南

全国哲学社会科学工作办公室、国家自然科学基金委员会、教育部以及其他部委每年都会向全国发布科研项目招标,并提供资金资助,很多招标项目会给出申报指南,从这些项目指南中可以寻找选题线索。比如,"国家自然科学基金委员会关于发布国家自然科学基金'十四五'第二批重大项目指南"的搜索方法如图 2-1 所示。

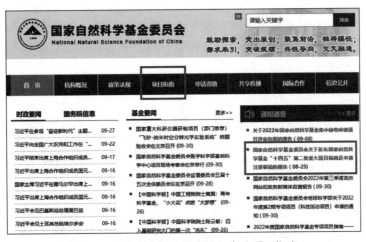

图2-1 国家自然科学基金委员会的项目指南

2. 搜索高级别项目的近期立项或结项题目

国家社会科学基金、国家自然科学基金近期的立项题目实际上是别人在未来 2～5 年研究的内容,所以这些题目对学生确定选题具有较高的参考价值。结项题目的结项书会对项目的完成情况、相关成果以及未来研究方向进行总结和展望。检索渠道有国家社科基金项目数据库(http://fz.people.com.cn/skygb/sk/index.php/Index/seach)、国家自然科学基金科学基金网络信息系统登录平台(https://grants.nsfc.gov.cn/pmpweb/login)、国家自然科学基金大数据知识管理服务门户(https://kd.nsfc.gov.cn/)(见图 2-2)等。

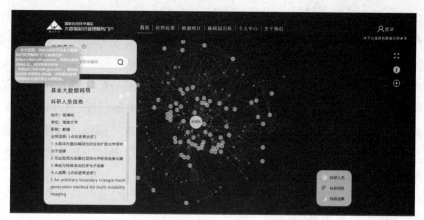

图2-2 国家自然科学基金大数据知识管理服务门户

3. 搜索专业内主流期刊的投稿指南

大多数期刊都会发布自己的投稿指南，选题方向往往是投稿指南的重要内容。投稿指南中给出的选题方向往往具有一定的前瞻性，并且会定期更新，可以作为科研选题的重要参考。

4. 搜索专业内高级别会议的征文题目

一些学术组织经常举办学术会议，会议召开之前一般会进行征文，而且大多会给出相关选题，这些题目也可以帮助我们在科研选题中找到线索。

5. 从已有研究的"研究局限与未来研究"入手

一些学者会将未来研究和热点内容发表在出版物中，供其他学者参考和延续研究。可以重点关注每篇论文中学者提出的"研究局限"和"未来研究"的部分（见图2-3），这些部分都会为我们提供研究灵感。

图2-3 研究局限与未来研究的示例

6. 站在导师的肩膀上

正如前文所说："如果熟悉专业领域的研究现状，及时跟踪研究进展，科研选题也许不是什么问题。"不妨咨询下导师的建议，站在巨人的肩膀上思考问题往往可以获得事半功倍的效果。

7. 伸出生活的触手

也许在日常生活和学习中你会接触一些文献，产生一些思想和灵感，那么从现在开始，不妨准备一个笔记本或建立一个文档，记录生活中的思考，获得研究的灵感。

2.1.3 研究问题的识别和抽象

在阅读了大量文献后，相信得到了一些想要研究的问题，现在需要做的是将这些问题一步一步精炼。比如，看到了一篇有关市场营销的文献并且十分感兴趣，那么要聚焦的研究领域就是市场营销。市场的种类有许多，简单来分就有线上市场、线下市场、线上线下相结合的市场3种，那么再次缩小研究范围到线上市场营销。线上市场中充斥着各种各样的互联网产品，比如学习类应用、游戏应用、社交应用或消费应用等，我们可以确定为研究社交类应用产品的市场营销策略。到这里还可以继续细分，比如可以研究社交类应用产品吸引消费者的策略。其实这个范围还可以继续细分，比如限定地区、时间等。

当完成问题的精炼后，便能根据问题中的关键词找到一系列的参考文献。接下来就需要大家静下心来阅读文献，试着从文献中找到合适的切入点。所谓合适的切入点，就是去思考有什么问题之前的学者没有研究，或什么问题仍然存在争议，但是这个问题又十分具有研究价值，能够对所在的领域做出贡献。

在这一阶段中，确保有一些备选的问题，如果在前期的研究进展中发现当前的问题较难开展，还有余地转向另外一个问题。在后续的研究进展中，在问题描述中仍然需要将问题进一步精炼。

2.2 文献综述的撰写

在撰写文献综述前要明确目的：并不是单一地整理所要研究的领域的相关成果，而是通过撰写展现思考，要"站在巨人的肩膀上"，借助他人的研究成果发展自己的研究，厘清自己的研究思路，找到贡献与创新点，拟将重点放在发现空白、填补空白上。

2.2.1 文献回顾的目的

文献回顾的目的是理解当前已经存在的研究成果，并帮助向读者表达：
1）对要研究的领域和研究的问题十分了解。
2）研究理论框架和具体研究方法是什么。
3）研究的问题与以往的研究之间的关系是什么。
4）表示研究能够做出的贡献，能够弥补以往研究中的不足。

在进行文献回顾时，要注意不能简单地堆砌罗列相关研究，文献回顾不是为了展示对其他相关研究的了解程度，要以研究问题为中心而展开；在文献回顾时要具备批判性思维，不要因为引用的文献出自大家之手就一味顺从其思路，如果没有批判性的观点就很难使读者相信研究的贡献；不要回避不同文献之间的矛盾和冲突而另辟蹊径地进行所谓的创新，如果不将自己的研究与现有的相关研究进行比较，那么这个研究是没有引用价值的，也就会被学术界淘汰；应当充分利用文献中的冲突和矛盾，并将其加以整合，发现新的价值。

2.2.2 文献收集与梳理

在进行文献收集前，需要确定要研究的主题，并且将这个主题不断精炼。作为准备工作，可以制作一张关键词表格，罗列所有与研究问题有关的关键词，包括每个关键概念和变量，以及所有近义词和具有相关意义的词语。在做文献综述的过程中可以不断更新这张表格，这将为后续的研究提供极大的便利。

在收集文献时，通过关键词进行检索是最为常见的步骤，在检索过程中参照关键词表格，尽可能全面详细地发掘能够利用的文献。要学会利用手边的电子资源，如学校图书馆、数据库等。中文文献可以登录中国知网进行检索，外文文献则可以利用 Sci-Hub 来查阅。

在收集文献时应当保证文献的及时性，一般来说，近五年的文献足以满足撰写文献综述的需求，一些经典理论可以参阅年代较为久远的权威文献，这类文献虽然不具有及时性，但是其中的经典理论被后代研究者不断引用，仍然具有丰富的参考价值。

为了收集权威的相关文献，可以记录已收集到的相关文献的参考文献目录，如果某一作者、书籍或文献重复出现，这类文献就是要重点关注和参阅的资料。

在收集文献的过程中务必保证文献的准确出处，这将减少之后在引用和梳理文献时可能出现的不必要的麻烦。收集过程中建议利用 Excel 或 EndNote 同步记录所收集文献的关键信息以及对这些文献的研究结果的见解，以便之后的文章撰写。

要保证所收集文献的质量，尽量参考发布在顶级期刊的文章，这类文章已经经过了层层审核，具备较高的参考价值。中文文献可以参考发布在 C 刊及以上刊物㊀的水准，外文文献则可参考 SCI 或 SSCI 的水准，保证自己阅读的是"高营养"文献。可以利用高级检索功能来限制期刊来源，挑选优质文献。

在收集到的文献中，由于每个文献都有特定的研究问题，在阅读时，可以参照以下问题迅速找到对研究有帮助的内容：

1）作者在他的研究中解决了什么问题？
2）研究中涉及的关键概念是什么？
3）在他们的研究中，关键的理论、模型和方法是什么？这些研究使用了已有的理论框架解决问题还是使用了创新性的新方法？
4）研究得出了怎样的结论和结果？
5）这篇文献与同领域的其他研究的关系是什么？它进一步证实了某结论还是对已有的结论形成了挑战？
6）这篇文献能帮助理解要研究的问题吗？这篇文献的创新点是什么？
7）这篇文献中研究的优缺点分别是什么？

在收集文献的过程中就应当开始撰写文献综述，在阅读文献时要养成勤做笔记的好习惯。例如，对每篇阅读过的文献写一段概述和自己的见解，这些笔记在之后可以使撰写工作更加容易。为了确定文献综述的结构和逻辑性，需要理解收集到的文献之间的关系，即进行文献梳理，文献之间的关系往往比较晦涩，难以体会，可以通过以下建议逐步梳理。

1）文献中出现的理论、方法和结论是否随着时间得到了发展？发现一些理论方法在

㊀ C刊是指《中文社会科学引文索引》（Chinese Social Sciences Citation Index，CSSCI）来源期刊；以上刊物是指领域内认可的顶级刊物。

各篇文献中反复出现，并且随着时间的推移这一理论得到了证实；也有一些理论方法只是在个别文献中出现，那么这一部分就不必花费心思过度重视。

2）在各篇文献中反复出现的问题或概念是什么？

3）文献中对什么概念提出了质疑？

4）是否有十分具有影响力的结论改变了这个领域的发展方向？

5）已有的文献中是否有研究空白区？有哪些缺点需要特别强调？

这些步骤有助于构建自己文献综述的大体框架，并且得出对已有研究结果的思考。在撰写文献综述前需要对写作有一个大体的构想，可以从以下角度进行构思。

1）时间。最简单的方法就是根据时间顺序说明这一研究主题的发展状况。但是需要注意，如果选择了这种逻辑进行撰写，一定要避免流水账式陈述，不能简单地罗列研究结果和总结。可以分析该研究领域中不同的模块、转折点和重点争议问题，将对这些具体问题的见解清楚地表达给读者。

2）专题。如果在收集文献时找到了反复出现的关键主题，可以细分文献综述，用每一个小部分去对应这一研究问题的不同主题。

3）方法。如果发现收集到的文献涉及了大量不同的方法，可以对比通过不同方法得到的结果和结论，比如定性和定量的研究分别得到了什么结果，实验性方法和理论性方法分别是怎样讨论研究主题的。

4）理论。文献综述通常是得出理论框架的基础，可在文献综述中讨论不同的理论、模型和关键概念的定义，或讨论不同理论之间的关系，或将各种理论相结合来得到研究框架。

和撰写学术论文一样，文献综述需要包含介绍、主题和结论。

在介绍部分，必须明确表明研究的关注点和目的，可以在综述中重述研究的问题并且对全文进行简单总结，可以强调该研究的时间性，如最近几年许多研究都关注问题A，或突出该领域研究的不足之处，如许多研究都关注A，但是很少有研究考虑B。

在主体部分，可以关注：①概括每个文献的主要关注点，并将它们总结成一个连贯的整体；②添加对于这些研究发现的见解；③批判性地归纳出这些文献的优缺点；④用连接性的词语和关键句表达文献之间的联系和对比，使行文更加流畅。

在总结部分，需要总结从文献中得到的关键发现并且强调这些发现的重要性，表明研究能怎样弥补这一领域的研究不足，能够做出怎样的贡献，或者讨论从现有的理论和方法中能够构建怎样的研究框架。

2.3 研究框架的构建

2.3.1 研究框架的内涵及其表现形式

在研究型论文中通常包含一个研究框架，研究框架为一篇论文提供最重要的结构或模型，可以为整个研究提供具体的步骤，研究者通常根据研究范围来确定研究框架。一个好的研究框架解释了想要通过研究得出怎样的结果，它定义了研究中的重点相关变量，并且大致介绍这些变量之间的关系。作为研究者需要在收集数据前确定好研究框架，研究框架通常也会用图表等可视化的格式来表示。研究框架通常被包含在文献综述部分，但是它也可以独立出来，形成一个部分。如果研究包括多个复杂的理论，那么建议将研究框架单独形成一个章节。在撰写研究框架时没有固定的要求，最重要的是形成清晰且符合逻辑的架构。例如，围绕研究问题，根据每个问题或关键概念建立框架。

2.3.2 理论框架构建步骤

研究者在解释现象、建立研究之间的联系和做出假设时需要形成理论框架，在理论框架中，需要向读者阐述有哪些理论能够支持研究结果，以表示研究是建立在坚实的理论基础上的。在开始做研究前，需要寻找已经形成的理论和模型，理论框架的根本用处就是向读者展示并且解释这些能够支持研究的理论和模型。一个研究主题下可能有很多不同的理论，所以理论框架也需要权衡和对比这些相关理论，并且展示出最重要且相关度最高的理论。理论框架会使研究领域逐渐明晰，读者在读理论框架时会感受到研究假设和研究理论基础。论文中的这一部分为之后的分析打下了基础，会使之后的研究成果展示更加直观。研究框架的构建可按以下几个步骤进行。

1. 确定研究的关键概念

从论文的研究问题中找到关键词，并以此展开解释关键概念，概念中通常会包含几个不同的定义，所以理论框架包含每个关键词的清晰解释。下面是一个实际应用的小例子。

公司 A 最近发现其线上消费者很少进行二次消费，管理层认为提高顾客忠诚度能够解决这一问题。为了进行这一研究，给出下面的问题陈述、研究目标和研究问题。

问题陈述：线上消费者不会进行二次消费。

研究目标：提高顾客忠诚度。

研究问题：如何提高消费者对于公司 A 的满意度，从而提高顾客忠诚度。

在上面的例子里，"顾客忠诚度"和"消费者满意度"是这个研究中的两个关键概念，那么理论框架就需要解释这两个概念的定义，并且讨论相关的理论，向读者解释这两个概念之间的关系。

2. 比较并且解释相关的理论

在完成文献综述后，已经确定了其他的研究者是如何定义概念和解释概念之间的联系的。当在形成自己的理论框架时，需要将重点放在对比和评估不同的学者给出解释的方法上，确保提到了最重要的相关理论概念。如果有更权威的理论或框架，但是不想应用于自己的研究，也需要向读者解释为什么它们不适用于本研究。

3. 说明这些理论的适用原因

除了讨论其他学者的理论，理论框架也要展示研究项目是如何运用这些理论的，需要关注以下几点：①利用具体情境检验理论；②以理论为基础解释研究结果；③批判地讨论或者挑战一些理论；④将不同的理论组合在一起形成一种新的诠释方式。在论文中，理论框架有时被包含在文献综述部分。如果研究涉及很多相关理论的话，可以将理论框架单独作为一个章节展开介绍。

2.3.3 假设提出方法及过程

假设是研究过程中能够被证实或否定的陈述，它是对研究问题的不确定的回答，其准确性还没有被验证。在一些研究项目中，可能需要给出多个假设来对应研究问题中的不同层面。假设不仅仅是一种猜测，假设需要建立在已有的理论和知识基础之上。假设具有可验证性，也就是说，能够通过科学的研究方法，如实验法、观察法或数据分析法，来支持或者否定这些假设。

假设通常是关于两个或多个变量之间的关系，所以在提出假设时需要先确定自变量和因变量。自变量是随着实验条件变化而改变的变量，可以由实验人员操控；因变量是随着自变量的变化而改变的变量，可以被实验人员观察或测量。比如，公司对广告的投入资金越多，其产品销量越大，在这个例子中，公司对产品广告的投入资金就是自变量，是一种假设的变化因素，其产品销量是因变量，是假设的被影响因素。假设提出方法须有以下几个步骤。

1. 提出问题

从提出一个研究问题着手撰写假设，这个问题需要十分具体，并且能够通过之后的研究回答。

2. 初步研究

对问题的回答需要基于关于这个话题已有的知识，这就需要去阅读理论和之前的研究来帮助形成研究假设。在这一步中，需要构建研究框架来决定研究的变量，并且思考变量间的关系。

3. 形成假设

在做了之前的准备后，应该对问题假设有了大致的决定。写出一个简洁直观的句子，如公司对产品广告的投入资金越多，其产品销量越大。

4. 提炼假设

需要确保假设十分具体并且可以被验证。有很多方法都能够帮助在提出假设时组织语言，但是要保证假设中包含相关变量、研究的对象、预期的结果等构成要件。

5. 提出假设时组织语言的方法

为了说明变量，可以写出一个简单的假设"如果……那么……"。第一部分"如果"给出了自变量，第二部分"那么"则给出了因变量："如果公司对产品广告的投入越多，那么其产品销量越大"。在学术研究中，假设通常用相关关系来陈述，可以直接陈述假设的变量之间的关系："公司对产品广告的投入资金对产品销量有积极影响"。

6. 写出完整的假设

如果研究包含数据检验，需要写一个原假设。原假设是默认的情况，通常写作 H_0，备择假设则是 H_1 或 H_a。H_0：公司对产品广告的投入对产品销量没有影响。H_1：公司对产品广告的投入对产品销量有积极影响。

2.3.4 示例与解读

举个例子来解释如何选择研究框架的形式。例如，希望知道是不是老板越关心员工的日常工作，公司的绩效就越好。为了解决这个问题，可以用调查问卷的方法去检验变量之间的关系。

如果希望检验一个因果关系，至少需要确定两个变量，即自变量和因变量。在上面的例子中，自变量是老板对员工日常工作的关心程度，因变量是公司的绩效。也就是说，公司的绩效取决于老板对员工日常工作的关心程度。那么假设就是，老板越关心员工的日常工作，公司的绩效就会越好。一般事物之间的关系可能会包含多个自变量，不过为了使得研究更加简明，通常只使用一个自变量，即老板对员工日常工作的关心程度。

为了使因果关系可视化，用最直观的表示方法来表示，如图 2-4 所示。每个变量写在方框中，关系则用箭头来表示，箭头从自变量指向因变量。

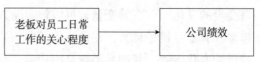

图2-4 包含自变量和因变量的研究框架

接下来，确定其他可能影响该因果关系的变量，一些常见的变量包括调节变量、控制变量、中介变量等。

现在将框架扩展，加入一个调节变量。调节变量会改变自变量对因变量的影响，这种改变也经常被叫作交互影响。在例子中，希望老板对员工日常工作的关心程度与公司绩效相关：老板越关心员工，公司绩效越好。现在加入一个调节变量"老板的情商"，如图 2-5 所示，老板的情商通常会影响老板对员工的关心程度：老板的情商越高，他对员工的关心程度越高。

接下来，还可以加入中介变量。在因果关系中，中介变量是能够将自变量和因变量联系起来的变量，使自变量与因变量之间的关系更加易于解释，如图 2-6 所示。

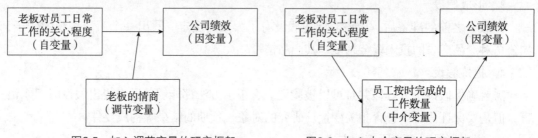

图2-5 加入调节变量的研究框架　　图2-6 加入中介变量的研究框架

中介变量"员工按时完成的工作数量"处于自变量和因变量之间，老板对员工日常工作的关心程度影响员工按时完成的工作数量，进而影响公司绩效。

在这个例子中，中介变量解释了为什么老板越关心员工，公司绩效就越好：老板越关心员工，员工按时完成的工作数量越多，从而公司绩效越高。加入中介变量，会使自变量与因变量的因果关系解释变得更加容易。

注意不要混淆调节变量和中介变量，为了区分它们，可以思考它们与因变量的关系：中介变量是被自变量影响的变量，所以它将自变量和因变量相联系，并且帮助解释它们之间的关系,而调节变量不会被自变量影响,它甚至会影响因变量。

为了检验因果关系,还需要考虑其他并不感兴趣的变量,但是这些变量可能会产生潜在影响。比如,如果老板的身体健康状况不好,他就会没有精力充分关心员工,所以将"老板的健康状况"纳为控制变量,如图 2-7 所示。

这表明需要使"老板的健康状况"在实验中保持一致,只考虑将健康状况良好的老板作为调查对象。

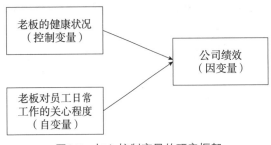

图2-7 加入控制变量的研究框架

2.4 研究过程的设计

2.4.1 科学研究方法的特征

在开展科学研究时,不少同学会产生疑惑:研究性学习与以往的学习有什么不同之处呢?

以往的学习主要是根据课本,接受老师传授的知识,学习前人的经验,这通常是一种资料抄写和信息搜集与调查的过程。当在阅读一篇文章时,老师可能会让我们阅读句子,以理解这个句子的意思;在阅读段落时标注重点,以确定这个段落中的关键点;在通篇读完文章后总结观点,以找到并且理解作者想要传达的信息。这种学习其实是在被动地接受作者的观点并进行推理的过程,但是很少评价。这是一种像海绵吸水一样的海绵式思维,信息就像水一样充斥在周围,而我们在做的是选择性获得信息。

在进行研究前,首先要做的就是转换思维模式,将从小到大固有的海绵式思维转换为淘金式思维,所谓淘金,就需要主动思考并且与信息的提供者互动。在面对一篇文章时,要主动提出问题,思考为什么作者要给出这个观点;在理解推理过程中,要质疑推导过程,看其是否符合逻辑;在评估材料时,想想这些论据的可信度如何。需要主动发现最有意义的论点和观念并且进行评价。

当思维从"在已知的世界里拷贝已知的知识"转变成"在未知的世界里寻求和探索未知的知识"时,那么恭喜你,你已经从学习型思维转变为了研究型思维。

研究的本质是获取新知识的过程,是发现、辨识、解释和解决新问题的过程。要保证知识的可靠性,可以从事实和逻辑出发,分别考虑。所谓符合事实,是指要有事实依据,那么在研究中就需要有真实的数据支撑;所谓符合逻辑,是指说话有道理,有理论依据,符合理性的基本规律。事实和逻辑相互印证才能保证知识的可靠性,二者不可偏废。

要讲求科学的研究方法,那么什么才是真正的科学呢?逻辑与观察构成了科学的支柱,科学的认知必须同时符合言之成理与合乎观察这两个基本标准。符合逻辑就是要符合人们共同遵循的逻辑推理准则,即从一些道理来推论出另外一些道理。符合观察则是指研究是可以被检验和复验的,科学知识应当基于经验和可观察的假设,要遵守经验客观性的准则，在科研中是不存在不证自明的事情的。

科学方法论是一个有明确规则和程序的体系。科学方法论的明确性、公开性和可接近性，使居于复验和建设性批判的架构（对新知识点是否正确的进一步探究）得以建立；科学方法论提供了论证的规则，即经验只有通过整理且与系统的逻辑架构相关联才有可能成为理论。同时，科学方法论还印证了主观互证的规则，这涉及科学家之间的相互观察与资料、信息的分享，由于在复验时事件的发生条件已经改变，科学家通过了解与评估他人所采用的方法，进行类似的观察，来达到验证事实与结论的目的。在社会科学研究中，科学方法论主要具有以下4个特征。

1. 实证性

社会科学理论必须通过数据和资料的双重验证，理论要与数据和资料所显示的结果相一致。此外，要注明使用材料的来源和获取方法。

2. 客观性

只要用同样的方法得出同样的结果，研究的结果就不能因研究者的身份或看法而改变。

3. 规范性

研究过程要能够为其他研究人员所理解，并且能够重复。

4. 概括性

科学是探索事物的普遍规律，强调寻找共性。

2.4.2 经济管理研究常见方法

按照资料收集的方式来分，可以将经济管理研究分为定性研究和定量研究，而与之相对应的两个流派分别是解释主义（Interpretivism）流派和实证主义（Empiricism）流派。解释主义着力于对客观事物及其现象做出解释和认识，而实证主义着力于探索客观事物及其现象的客观规律，即二者对于认识事物的本质持有不同的观点（本体论不同）。此外，定性研究和定量研究所遵循的认识世界的方法是不同的（即认知论不同），前者的直观表现是用文本性质的描述性资料来揭示事物的本质，其逻辑本质更接近于归纳，目的是对事物的内涵、特点、意义、隐喻等进行描述和解释，有利于对复杂具体的问题、事件、情境、现象进行深入剖析和全方位的观察与描述，以开辟新领域，创造新知识；后者的直观表现是使用数据以研究事物的量，其逻辑本质更接近于演绎，目的是将问题、事件、情境、现象赋予数值内涵，通过数量化对其进行测量、计算，以便用数据验证理论和所提出的假设关系，有利于验证事物之间的相关和因果关系，并将结果从样本推广到更大范围的研究总体，提出行动建议和指南。鉴于管理活动本身就兼具"质"与"量"的特性，因而定性研究和定量研究必须"两手抓"才能更好地回答管理学研究中所面临的不同问题。通常，有关经济管理采用的研究方法有实验研究方法、问卷研究方法、计量经济方法、数学建模研究方法、数据科学研究方法等。这些不同的研究方法拥有不同的基本特点、适用条件、使用规则、注意事项以及优点与局限。

2.5 结果讨论与总结

针对研究得到的结果进行深入讨论，比如是否符合预期以及前期假设，如果不符合预期，或者与目前文献结论存在差异，应该给出合理解释，并思考由此受到的启示。另外，相关的内容还可以包括理论应用和实践应用的贡献。比如，研究结果对相关领域的文献、知识、理论、模型等做了什么修改和改进，为后续的研究奠定了什么样的基础等。特别是针对经济管理研究，实践应用的讨论是本科生在利用科学方法研究问题并反馈管理实践的能力体现，这种思考可以将学术研究与实际应用相联系，应当在这部分讨论中给出实践启示和建议，并逻辑性地表述为何存在真实应用价值。同时，还应该讨论研究存在的不足和未来拟展开的研究。最后的总结部分是对全文的总括，简单总结研究的目的、使用的方法、做出的贡献等。

| 第3章 |

问卷研究方法

问卷是一种为了从受访者那里收集信息从而组成一系列问题的一种研究工具。问卷研究方法能够便捷和高效地帮助研究人员完成大量的样本数据收集,其内容包括行为、态度和特征,其方式包括面对面访谈、电话采访、发送网络问卷或邮寄问卷等。问卷解决了早期调查研究只针对少数个案进行深入访谈而存在极大定性与主观偏差的问题,提高了研究的普适性。如今,问卷研究方法已成为管理学、心理学、社会学等多学科研究人员实施研究的重要手段,极大地实现了社会科学研究从定性到定量、主观到实证的转变。

3.1 问卷研究方法的出发点和使用软件

3.1.1 问卷研究方法的出发点

问卷由测量而来。美国学者史蒂文斯(Stevens)在 1946 年提出:"测量就是依据某种法则给物体安排数字。"[Bryman, A. (2016). *Social research methods*. Oxford university press.] 对于量化来说,数据在映射我们生活的世界方面起到了重要作用,但这种映射很可能是脆弱的。通过工具测量并记录结果,要使测量有意义,就必须清楚地知道在整个过程中发生了什么。比如,1970 年美国人口普查显示美国并没有西班牙裔居民,而事实上约有 900 万西班牙人生活在美国。这是因为当时的人口普查问卷根本不包括"西班牙裔""拉丁裔"或者其他相关选项,人口普查问卷的疏忽使得这部分数据失去了意义。因此,要小心、严谨并持有怀疑态度地对待整个过程。

3.1.2 问卷研究方法的使用软件

问卷研究方法中需要使用的软件或平台包括问卷制作软件、问卷发布平台以及数据分析软件。

问卷制作软件通常兼具发布的功能，常用平台包括"问卷星"和"Credamo（见数）"。"问卷星"是目前较易于使用的在线平台，具有问卷调查、考试、测评、投票等功能，为用户提供在线设计问卷、采集数据、自定义报表、调查结果分析等系列服务。但该平台的问卷设计更偏向社会性质的问卷服务，题型相对简单，当问卷有较高要求，比如针对特定特征人群或随机分配多个问卷中的一种时，问卷星难以实现此类复杂功能。"Credamo（见数）"填补了这个空白，提供了专业调研、建模一体化数据平台，致力于为科研院校、企业和个人提供大规模调研、数据收集、建模分析及商业应用的一站式解决方案，能够实现更为复杂的问卷功能。

数据分析软件包括 SPSS、AMOS 和 SmartPLS 等。SPSS 能够实现一系列统计学分析运算、数据挖掘、预测分析和决策支持任务，是当今最权威的统计分析软件之一。AMOS 可以使用结构方程式，探索变量间的关系，并且能够便捷地进行结构方程建模，快速创建模型以检验变量之间的相互影响及其原因。软件基于方差分析、协方差、假设检验等基本分析法，实现简便的结构方程建模。SmartPLS 是相较于 AMOS 更易于操作但部分功能受限的偏最小二乘结构方程建模软件，在管理学、市场营销、组织行为学、信息系统等领域应用广泛。

3.2 测量层次、测量指标及量表的构建

3.2.1 测量层次

1. 定类测量

定类测量的本质是根据研究对象的属性和特征来对其赋予特定的名称或符号，以此来确定研究对象的类别，因此定类测量的根本目的就是对研究对象进行分类。定类测量最重要的特点是需要同时具有穷尽性和互斥性，具体来讲就是要包括全部类别并且每个研究对象只能归入一个类别。例如，性别、种族、职业、婚姻状况、户口类型等都是定类测量的一种，而针对性别，从生物学层面则分为男性、女性、中性、偏男两性人、偏女两性人、不完全男性、不完全女性 7 种性别类型。

2. 定序测量

定序测量也被称为等级测量或顺序测量。顺序测量是通过将研究对象按某种高度或大小的逻辑顺序放置，从而确定等级和顺序的方式进行的。因此，定序测量能够确定值的次序，但不能确定值之间的距离。以文化程度为例，小学、初中、高中和大学就构成定序测量，同样地，对应用软件使用频率的排序也构成定序测量。

3. 定距测量

定距测量不仅可以将社会现象或事物区分为不同的类别和层次，还可以确定它们之间

的距离和数量差异。简单来讲，定距测量的目的就在于衡量值与值之间的距离或数量上的差别，可以对值进行加减。在定距测量中，测量值虽然可以为 0，但不同于数学意义上的 0，就像 0 分不是没有成绩，0℃并不是没有温度，只是代表成绩和温度的绝对参照。

4．定比测量

定比测量除了具有上述三种测量的全部性质之外，还具有一个绝对零点（客观存在的零点，比如质量的零点为 0kg），这是将定比测量与定距测量区分开的标准。定比测量的测量值可以应用加、减、乘和除。表 3-1 可以帮助更直观地比较 4 种测量层次的异同。

表3-1　测量层次对照

测量层次	定类测量	定序测量	定距测量	定比测量
确定类别	是	是	是	是
变量顺序已定	—	是	是	是
中值	—	是	是	是
均值	—	—	是	是
可以评估变量间的差异	—	—	是	是
变量的加法和减法	—	—	是	是
变量的乘法和除法	—	—	—	是
绝对零值	—	—	—	是

3.2.2　测量指标

指标（Index）是表示概念或变量含义的一组可观察到的事物，是具体、客观的。比如，反映国家经济发展水平的指标包括国民生产总值（GNP）、国民收入、人均国民收入、经济发展速度、经济增长速度。

几乎每一个社会现象都可以被测量，但测量的准确程度却大有差异。寻找测量指标主要有两种方法：一是通过大量阅读文献，寻找前人证实过或者应用过的指标，然后针对自己的研究问题进行调整、补充或修改；二是研究者通过实地观察和无结构式访问收集资料，进行探索性研究得到需要的指标。然而，由于问题是抽象而复杂的，对于问题的测量并非有绝对的标准，比如对工作绩效的测量常使用企业关键绩效指标（Key Performance Indicator，KPI）进行，其中具体的指标选择需要根据企业战略目标提取，因此，不同组合的指标选择不仅能够反映构念上的差异，还能在正确性和完整性上进行优劣区分。

3.2.3　量表的构建

1．指标赋值

在为指标选择合适的回答选项后需要为各个选项赋予合适的分值，也就是指标赋值。科学的问卷调查研究需要通过合理的指标赋值建立单一的复合指标。

首先，这是一个对与工作有关的沮丧感进行调查的例子：

（A）在工作中，我觉得无精打采，而且十分忧郁。

○经常　　　　○有时　　　　○不常　　　　○从不

（B）在工作中,我无缘无故就会感觉到十分疲劳。

○经常　　　　○有时　　　　○不常　　　　○从不

指标赋值需要解决两个核心问题:第一,确定指标分值的范围,并使范围内的每一点都有足够的样本数,也就是分值的分配需要使范围能够测量变量的变异程度,同时要避免两个极端只有极少样本的情况,也就是每个选项都应该要有足够的样本量;第二,对每一个回答选项赋值,具体来说,就是在制作问卷时首先要确定对每个选项赋予的权重,但在一般情况下普遍对每个选项赋予相同的权重。

2. 指标鉴定

指标鉴定（Validation）的基本逻辑是该复合指标可以用于测量变量,指标鉴定由内在鉴定与外在鉴定两部分构成。内在鉴定也称项目分析,是指检验复合测量中的单个项目与变量之间的关系,也就是二者之间的相关性,如果指标与其项目表现不一致,这个指标就可能存在问题。外在鉴定是指检验复合测量中的单个项目与没有包含在复合测量中的指标之间的关系,可以通过增加其他项目的方式来考察相关性。当指标无法通过外在鉴定时,可能导致指标无法充分测量变量或检验项目无法充分测量变量。

3. 李克特量表

李克特量表是一种选择有限的、强迫选择的量表,在问卷中提供一系列从一个极端到另一个极端的答案,同时也是使用非常普遍的一种量表。其最大的优点是非常简单且易于使用。量表中的问题通常是对某个观点的陈述,并询问被试对该陈述的态度,如同意或不同意,但仅仅两个选择只能提供一个非常粗糙的证据,因此在李克特量表中通常提供4～8个选择,并按照程度排序,以下是采用了李克特量表的调查问卷案例。

以美国心理学家科斯塔（Costa）和麦克雷（McCrae）在1987年编制的大五人格量表为例:

（A）我喜欢那些可以单独做事,不被别人打扰的工作。

○非常不符合　　○不太符合　　○中立态度　　○比较符合　　○非常符合

（B）开始着手学习或工作之前,我会浪费很多时间。

○非常不符合　　○不太符合　　○中立态度　　○比较符合　　○非常符合

以国家统计局对统计咨询服务进行的调查问卷为例:

（C）您对"统计咨询"的答复内容是否满意?

○不满意,答非所问,晦涩难懂

○一般,答复过于宽泛,没有针对性

○满意,基本可以解答疑问,但不全面

○非常满意,回复内容准确、完整,帮助很大

（D）您对"统计咨询"服务的总体评价是?

○不满意　　○一般　　○满意　　○非常满意

李克特量表提供了一种对于受访者来说简单且容易理解的测量方式,鼓励受访者回答详细问题。表3-2列出了几个问题的常见答案选项,可供参考。

表3-2　常见答案选项

提问或陈述	答案选项
这家公司投入精力为顾客提供产品质量服务	强烈不同意，不同意，既不同意也不反对，同意，强烈同意
使用产品后您的满意程度如何	高度不满意，不满意，中立，满意，高度满意
我在购物时需要特定部门的帮助	从不，几乎不，中立，几乎每次，每次

4. 信度和效度

信度和效度是所有测量准确实施的重要前提，调查研究问卷至少要保证自己的测量是在一定程度上可信且有效的。信度（Reliability）是指可靠性、一致性或稳定性，也即完全一致或者非常相似的背景下重复测量能得到一致的结果，信度低的量表结果是不稳定的、反复无常的，也可以说该量表可信程度低。效度（Validity）是指有效性、真实性、正确性，也即量表是否能够有效、真实、正确地度量目标构念。

信度提供一种衡量事物一致性的方式。如果我们不能在同样的情景下测得一致的结果，那么我们的测量方法可能就不可靠。当前对于信度的测量主要有三个指标：

1）稳定性信度。稳定性信度所探讨的问题是：是否能在不同时间使用同一个测量工具或指标进行测量来获得相同的答案。该信度可以通过重测法（Test-retest Method）检验。

2）代表性信度。代表性信度反映使用同一个测量工具或指标对不同总体进行测量是否能够获得相同答案。可以通过次总体分析（Subpopulation Analysis）帮助判定。

3）等值信度。等值信度反映不同的指标是否能得出一致的结果，因此被用在研究者使用多重指标时。通常使用折半法（Split Half Method）来检验试题与长篇问卷的等值信度。此外，评分者间信度（Intercoder Reliability，又称编码员间信度）是用来评估评价者（编码员）之间一致性的一种特殊的等值信度。

表3-3所列为三种类型的信度区分。

表3-3　三种类型的信度区分

信度名称	测量目的	测量方法
稳定性信度	使用同一测量工具或指标，不同时间测量结果的一致性	重测法
代表性信度	使用同一测量工具或指标，不同总体测量结果的一致性	次总体分析
等值信度	不同指标测量结果的一致性	折半法

在对信度进行测量时，信度系数（Reliability Coefficient）是重要的指标，信度系数 = 真实值的方差 / 观测值的方差，但当我们不知道真实值是多少时，则需要其他方法来替代信度系数。替代信度的种类有以下几种（见表3-4）。

1）复本信度。复本信度（Alternate Form Reliability）有一个根本的假设，即认为如果同一个概念可以由两份不同的问卷来测量，当这两份问卷真实值、均值和方差都一致时，认为这两份问卷等价，且它们之间的相关系数可以间接表示信度。

2）重测信度。重测信度（Test-Rest Reliability）可以字面理解为重复测量的信度，也即同一组被试测试同一份量表，在两个不同的时间点进行测试的一致性程度。

3）内部一致性信度。内部一致性信度（Internal Consistency Reliability）用来评估量表内部指标之间的同质性。最常使用的内部一致性信度系数是cronbach α 系数，它通过测量该量表任意两题间的信度再取均值作为该量表的信度估计。

4）组合信度。当量表题项增加时必然会造成信度的增加，因此为了避免大量无关题项导致的高信度，引入组合信度（Composite Reliability）来区分真实方差与误差方差。组合信度通常与平均方差析出量（Average Variance Extracted, AVE）同时出现，代表真实方差占误差方差的平均比重。

表3-4　四种替代信度系数的指标

指标名称	替代要素
复本信度	等价量表，相同的调查对象，两份量表之间的相关系数
重测信度	相同量表，相同的调查对象，不同时间两次测试之间的相关系数
内部一致性信度	测量量表内任意两题间的信度取均值（Cronbach α系数）
组合信度	影响因变量的真实变量与因变量相关系数的平方

效度包含五种类型，具体如下：

1）表面效度。表面效度（Face Validity）是由专业评估人员共同对该量表做出的判断，即共同认为这个量表确实能够准确地测量出某个构念。

2）内容效度。内容效度（Content Validity）是指一个量表实际测到的内容与所要测量的内容之间的吻合程度，包括内容（内容是否能充分并准确地覆盖想要测量的目标构念）、指标（指标是否具有代表性，是否能合理地对不同重要性的构念成分进行分配）、形式和措辞（形式和措辞上是否符合国家文化及其用语习惯）3个方面。

3）内部结构效度。内部结构效度是指实际测量的数据结构与构念的预期结构相一致的程度，由两种判断方法构成：探索性因素分析（Exploratory Factor Analysis，EFA）和验证性因素分析（Confirmatory Factor Analysis，CFA）。探索性因素分析帮助开发量表，而验证性因素分析帮助检验量表。

4）效标效度。效标效度（Criteria Validaty）本质上测量的是相关性，也即使用针对同一个问题已经成熟的量表作为效标，并将开发的量表与效标进行比较。效标效度包括两种类型，如图3-1所示。

图3-1　两种类型的效标效度

5）建构效度。建构效度（Construct Validity）是指测量工具是否能够准确地度量或评估它所旨在测量的概念或构念，其方法包括聚合效度（Convergent Validity）与区别效度（Discriminant Validity）。聚合效度应用在多重指标产生趋同的结果或彼此相关的情况下，即测量同一个构念的不同工具需要有一致的结果。区别效度也称歧异效度，是指对于同一个问题，测量的数个指标不仅需要产生一致的结果，当测量完全相反的问题时，指标也需要得出负向的结果。

3.3 问卷调研与收集过程

3.3.1 抽样方法与调查方法

1. 抽样方法

抽样调查在社会科学研究中使用非常频繁,通过提取总体中的一部分单位来组成有代表性的样本,然后根据样本的研究结果估算并推断总体情况。相比于普查,抽样调查更能够节省时间和精力,减少调查量并更快地获取信息。在这里,我们将讨论抽样过程、不同的抽样方法及其合理选择。

如图 3-2 所示,一个完整的抽样流程包括以下 5 个步骤:

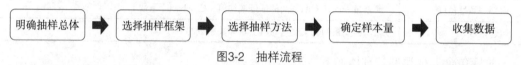

图3-2 抽样流程

第一步:明确抽样总体。对于抽样调查,存在两种不同的总体类型:全及总体与抽样总体。全及总体是针对研究问题唯一确定的,由研究对象的全部单位构成的总体。抽样总体则由从全及总体中抽出的部分总体单位构成,需要符合 3 个基本要求:与研究目标相关、能够全面反映全及总体的情况、符合成本效益原则。

第二步:选择抽样框架。抽样框架是总体中可以选择作为样本的名单列表或排序编号,是抽样总体的具体表现形式。

第三步:选择抽样方法。如图 3-3 所示,最基本的定量研究抽样方法包括非概率抽样与概率抽样两大类。非概率抽样的元素或单位被抽到的机会是不等的,不遵循随机原则,不能对总体做出估计与推断,但在针对特殊人群或特定情况的研究上具有较高的应用价值。概率抽样则是抽样总体中的每个单位都有相等的概率被抽到,需要满足随机性、可行性、信息性 3 个基本要求。随机性是指每个单位有相等的机会被抽出,可行性是指抽样切实可行,信息性是指样本需要尽可能精准高效地反映所需信息。

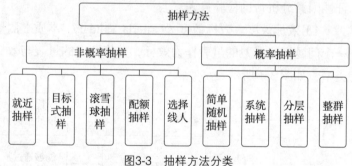

图3-3 抽样方法分类

一般来说,概率抽样的优点在于能够估计出抽样的误差并对总体做出推断,但往往概率抽样相比于非概率抽样需要更加精细的计划与更高的实施成本。

第四步:确定样本量。问卷调查需要设置"足够"的样本量以满足期望准确程度的同时提高抽样效率。有限的总体样本量确定可以参考如下公式:

$$n \geq \frac{N}{(\alpha/k)^2 \frac{N-1}{P(1-P)}+1}$$

式中，N 代表总体样本数；α 为显著性水平；k 为正态分布的分位数；P 值通常设为 0.5。

当总体非常大或无限大时，可以参考如下公式：

$$n \geq \left(\frac{\alpha}{k}\right)^2 P(1-P)$$

第五步：收集数据。在完成以上步骤后，制定具体的实施细节并收集数据。

2. 调查方法

最常用的调查方法包括实地观察法、问卷调查法、访谈调查法、文献调查法 4 种，其他还包括会议调查法、实验调查法、专家调查法、抽样调查法、典型调查法、统计调查法等，本书只对前 4 种方法进行介绍。

1）实地观察法。实地观察法是由研究人员直接在现场有目的、有计划地运用感官或科学工具来观察研究对象的行为并将其记录下来以此收集信息的一种调查方法，能够获得最直观、具体、及时的一手资料，但具有较强的主观性。

2）问卷调查法。问卷调查法是社会研究中经常用到的一种方法，是间接的书面访谈，适用于针对研究问题较短时期进行相对简单、大样本量、大范围的调查。

3）访谈调查法。访谈调查法是通过研究人员与受访者之间面对面进行口头交谈来了解调查问题的一种方式。

4）文献调查法。文献调查法通过收集、阅读、理解、记录摘取大量文献资料来理解目标研究问题的一种研究方法，是社会调查的基础。

3.3.2 问卷的构建

结构化问卷是进行调查研究最常用的方式之一，此外，实验、实地研究或者各种类型的资料收集活动都需要应用问卷进行调查。因此，如何构建一份科学的问卷是每一位研究者都需要掌握的实践技能。

1. 问卷格式

一份格式混乱、描述冗长难懂的问卷不仅会导致受访者心理上的反感，更会导致受访者无法理解问题的含义从而不能给出符合实际的答案，进而导致无效问卷的产生，因此问卷的呈现必须简洁、整齐、美观。习惯上，我们可能会使用 A、B、C 或 [ ] 来展示选项，但根据美国著名社会学家艾尔·巴比的经验，盒式选择是最好的回答格式（如□或○）。通常在计算机上制作问卷时，盒式选择会呈现出图 3-4 所示的效果。

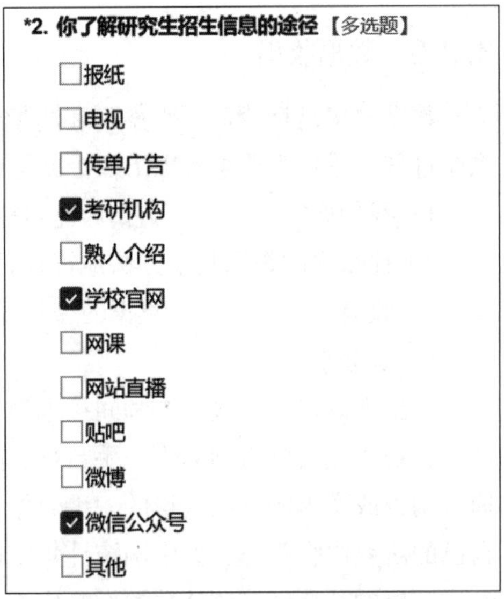

除了需要整洁地呈现，良好的问卷还需保证其完整性。基本结构包括问卷标题、前言、指导语、主体以及结语五个部分。

图 3-4 盒式选择示例

2. 关联问题

当研究者意图调查特定主题时，后续问题的呈现取决于受访者对先前问题的回答，这样的问题称为关联问题。合理地使用关联问题可以帮助受访者避免回答不相关的问题。

3. 矩阵问题

矩阵问题是有着相同回答选项的一系列问题，以类似矩阵的形式调查受访者态度上的差异。图 3-5 所示为问卷星矩阵量表操作界面。

图3-5　问卷星矩阵量表操作界面

4. 预调查

效率是一项研究开展调查和收集数据需要考虑的关键要素之一，尽管我们通过各种指导原则尽可能地避免错误，但错误的可能性依旧存在。为了避免大规模成本损失、确定大规模调查是否值得、提高调查效率，研究者往往会采用预调查的方法来检查并测试问卷。

预调查的研究对象不需要经过严格的抽样筛选，也不需要具有高度代表性，只需要以较少的样本发现可能对结果产生不利影响的特定问题、是否能得到预期的结果即可，这些结果还能够帮助确定调查形式是否合适、后续技术是否支持等问题，在修改好问卷后可以进行第二次预调查，以确定错误或者问题是否得到有效的解决。

3.3.3　数据收集

数据收集是把我们所观察到和测量到的定性或定量数据进行收集、记录和处理的一个系统过程，重点需要思考以下 3 个问题：

1）我的研究目标是什么？为此目标，我需要什么类型的数据？

2）什么样的数据收集方法最符合目标？这些数据来自哪里？

3）收集、记录和处理数据的完整计划是什么？

1. 数据来源

数据来源包括直接来源和间接来源两种类型。直接来源数据是研究者自己通过自己的调查、观察或实验得到的第一手数据。间接来源数据也被称为二手数据，通过对他人先前通过调查或实验的方法获得的一手数据进行提取、整合、加工而获得，研究者可用它来为自己的研究内容服务，如中国统计年鉴以及各个地区编制的统计年鉴等，这些由国家或者地方刊出的社会经济统计数据经常作为分析地区发展使用的数据材料。其他常用的二手数据包括文献资料、会议资料、互联网资料等。

2. 数据收集公式

调查研究主要以4种方式进行——在线调查、电话调查、邮件调查和现场调查。在确定数据收集方式时，需要考虑如下几个问题：

1）从研究者角度出发，该项调查需要花费多大成本联系调查参与者？收集数据需要花费多大成本？时间成本方面如何？需要多高的回收率？

2）从调查参与者的角度出发，参与人的识字水平如何？能否正确理解问题？参与人是否便于回答问题？是否会造成不必要的负担？

3）从提问的角度出发，该问题是否过于复杂？是否涉及敏感问题？该问题是开放式还是封闭式问题？

基于此，我们结合各收集方式的优缺点做出选择，如表3-5所示。

表3-5 不同数据收集方式优劣对比

收集方式	优点	缺点
在线调查	在线调查是一种成本低廉并且能够较快收集信息的方式，非常便于被调查者填写，被调查者能够根据自己的时间自行安排；问卷通常是程序化的，能够依照先前填写的经验、模式帮助理解复杂问题，而且由于匿名的性质，被调查者通常愿意较真实地报告一些敏感信息	回收率可能比较低；对参与人识字与理解能力提出较高要求；只能提出有限个开放式问题且受访者的疑问不能得到解决
电话调查	电话调查能直接联系到受访者，回复率较高；能即时收集信息，响应速度较快；被调查者对该调查的顾虑和问题能够通过电话的即时回馈立刻得到解决	话费成本较高，根据电话的方式可能无法联系到部分潜在的受访者群体；电话调查一般耗时不可太长，开放式问题的使用同样受到限制
邮件调查	邮件调查的优点与问卷调查相似，同样成本低，便于受访者填写	回复率普遍较低；不适合没有电子设备、低文化水平的受访者；由于没有采访者，因此不能探究某问题更多的细节，同样无法解决受访者对调查的疑问
现场调查	现场调查是回复率最高的收集方式；更加适合收集复杂且深入的信息，并能即刻解决受访者的疑问；有大量机会使用开放式的问题	成本非常高，且需要投入大量的时间成本；受访者可能不愿意与采访人面对面地分享信息或回答敏感问题

3.3.4 问卷调研的评估

1. 优点

1）具有较高的效率。首先，问卷调查由于采用选择题的形式，作答起来简单、快捷，这使得更多受访者愿意填写问卷。其次，传播途径非常广，微信群、朋友圈、微博、知乎、邮件等都是常用手段。

2）具有客观性。在涉及自身隐私的问题上，受访者无须担心研究人员或熟人知道答案，因此为受访者提供了按照自己内心真实的想法来答题的机会，减少顾虑。

3）具有广泛性。问卷调查的发放是随机的，各类人群都有机会接触该问卷，而不限年龄、性别、职业等。不同类型的受访者根据自身情况进行选择，促进了研究结论普适性的提高。

4）处理更方便。由于答案格式的统一，调查者能更方便地处理并使用信息。此外，网络问卷能够极大利用计算机技术，提高数据分析的效率和效果。

2. 缺点

1）缺乏弹性。由于受访者始终接触固定答案选项，思维上极大可能受到限制，导致即使设计者给出更多选项，涉及更大、更全面的范围，答题者仍然无法表达自己真实的想法。

2）容易错答。受访者在作答时较为自由，不会感到一定的压力，做完问卷后也不会对自己的答案进行复查，可能会出现答案选择错误的情况，甚至会遗漏题目。

3）回收率和有效性低。由于网络问卷具有匿名的性质，导致部分受访者可能不会认真阅读问题，随意作答，更难使受访者自愿自觉地重视调查，从而影响问卷的真实性，降低有效性。

3.4 问卷的数据分析

3.4.1 信度检验及效度检验

1. 信度检验

一个基本的信度检验流程包括 4 个步骤：第一步，分析克隆巴赫系数（Cronbach's Alpha）。该系数也称 α 系数，是最为常见的信度指标，通常针对李克特量表构成的问卷，我们在结论中会报告 α 系数来表明问卷可靠程度或者结构效度。α 系数值的范围在 0 到 1 之间，判断标准以 0.6 为界限，范围内值越高说明问卷信度越高。当 α 系数低于 0.6 时说明信度不佳，在撰写论文时，我们通常要求 α 系数大于 0.8，但探索性研究大于 0.7 即可。第二步，看 CITC 值（校正的项总计相关性），这个指标反映的是题项之间的相关关系，比如一份问卷通过 5 道题调查客户满意度，那么得到的 CITC 值即代表这 5 道题之间的相关关系。一般情况下要求 CITC 值大于 0.4，当 CITC 值小于 0.3 时，考虑删除该题项。同时，如删除某项后的 α 系数明显高于原 α 系数，也考虑删除该题项。第三步，通过以上指标删除不合理题项，重新进行一轮分析。第四步，对分析做出总结。

需要注意的是，我们有时候会通过反向题来避免受访者的答题惯性，在这种情况下，我们要尤其重视数据分析前的数据清洗过程，将答案重新编码为相同变量或不同变量，然后进行分析，否则会导致数据、结论失效。

下面我们从一个简单的例子来看 SPSS 的信度分析操作流程。例如，一次针对客户满意度的调查，为了了解该问卷中的 5 个问题是否都可靠地测量了相同的潜在变量（满意度），使用 SPSS 22.0 中文版进行了信度检验。

单击顶部菜单栏分析—度量—可靠性分析，如图 3-6 所示。

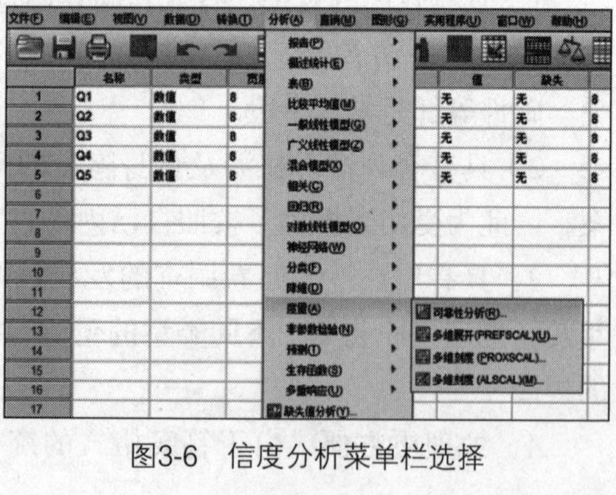

将 5 个题项拖拽或使用红框按钮选进项目栏中，模型选择 α，如图 3-7 所示。

单击 Statistics 按钮，勾选需要测量的

图3-6 信度分析菜单栏选择

项目，此处"如果项已删除则进行度量"即 CITC 值，单击"继续"生成输出，如图 3-8 所示。

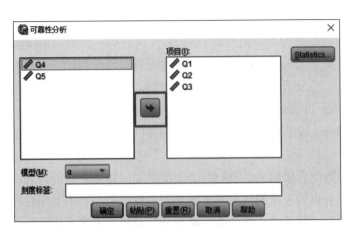
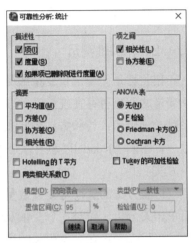

图3-7　项目、模型选择　　　　　　　　图3-8　统计项目选择

2. 效度检验

第一，分析 KMO 值和 P 值，KMO 值用于比较变量间简单相关系数和偏相关系数的指标，范围在 0 到 1 之间，越接近 1 越适合做因子分析，一般我们要求 KMO 值大于 0.6，但值得注意的是，若该变量只有 2 个题项，则 KMO 值恒等于 0.5。P 值是显著性，在效度检验中无过高要求，显著即可。第二，分析题项与因子之间的对应关系是否与预期基本一致，对应的不一致一般包括 3 种情况：①一个分析项对应多个因子导致该题项无法进行归类；②题项与对应因子的关系出现严重偏差；③题项在各个因子下的载荷系数值或共同度都很低（以 0.4 或 0.5 为标准）。第三，根据以上两个标准判断是否删除题项，并重新进行分析，直到效度达标。第四，进行分析总结。

内容效度的检验难以通过指标反映，通常需要向专家请教来检验。结构效度分析的具体操作需要在菜单栏中选择分析—降维—因子分析，如图 3-9 所示。

随后，同分析信度一样，将所有需要分析的变量选择进变量栏中，单击"描述"按钮，勾选"KMO 和 Bartlett 的球形度检验"，单击"继续"，如图 3-10 所示。

图3-9　结构效度菜单栏选择　　　　　图3-10　结构效度相关系数及显著性检验选择

其余可以更改的分析方法在"抽取""旋转""得分"和"选项"中根据自身研究做出调整，最后单击"确定"输出结果。此外，还需结合累计方差解释率和因子分析结果共同做出判断，这一部分将在 3.5 节中详细展开。

3.4.2 相关性测量

相关性是衡量定量变量或分类变量之间关系的标准。相关性分析有两个目的：一是判断变量之间是否存在统计学关联；二是分析这个关联的强度和方向。相关系数的存在为关系赋予了价值，检验方法包括皮尔逊（Pearson）相关系数、斯皮尔曼（Spearman）相关系数、肯德尔（Kendall）秩相关系数等，那么这就出现了相关性测量的第二个问题：选择检验方法。

检验方法的选择与变量数量和类型直接相关，我们对 2 个变量之间相关关系的研究用简单相关分析，而对 3 个变量及以上相关关系的研究则多用复相关或偏相关。本节中我们暂且将目光聚焦在简单相关的测量上。除了数量外，变量类型是导致统计方法不同的第二要素，需要进行明确的判断，在相关性分析中主要考虑的数据类型分为连续变量、有序分类变量、二分类变量和无序分类变量 4 种。表 3-6 所列为变量类型对比。

表3-6 变量类型对比

变量类型	概念	简单案例
连续变量	对于一个连续的指标进行测量，得到在一定区间内可以任意取值，且等距区间表示相同差异的一系列数值	温度、体重、时间、成绩
有序分类变量	取值的各类别存在已排序的、程度上的差异 根据类别之间的差异程度又做定距与否的细分，定距变量可以进行赋值分析，不是定距变量则只能对类别进行分析	满意度测量：1=非常满意，2=满意，3=一般，4=不满意，5=非常不满意 军衔：将官、校官、尉官
二分类变量	只有2个类别的分类变量，2个类别间互斥且无程度或顺序上的差异	性别：男、女
无序分类变量	3个类别及以上互斥的，无程度或顺序上差异的分类变量	出行方式：地铁、公交、自驾、出租、自行车

有一点需要引起特别的重视：相关性不等于因果关系。这是初学者非常容易混淆的地方，我们可以说高热量饮食与糖尿病相关，但不能说高热量饮食是患糖尿病的原因。如何理解并应用这些相关性的统计分析往往依赖于研究人员的经验，因此，相关性分析其实是更进一步的研究和更深入见解的基础。

基于以上理解，现在我们可以尝试回答第二个问题了——选择什么样的检验方法。

1. 连续变量 + 连续变量

皮尔逊相关系数（Pearson Correlation Coefficient）用于测量两个连续变量数据集之间的线性关系。当两个变量的数据是连续的、呈正态分布、线性关系时，我们可以使用皮尔逊相关系数，但无法区分因变量与自变量，比如测量每日跑步公里数与体重之间的皮尔逊系数值为 0.8，将两个变量的因果关系互换得到的值仍旧是 0.8，因此该系数只能说明两个变量之间存在关系，在这种情况下可以通过简单线性回归来辅助判断因果关系。

皮尔逊相关系数值介于 -1 到 1，正数表示正相关，负数表示负相关，且绝对值越大，相关性越强，相关性为 0 则代表两者之间不存在线性关系。以下为皮尔逊相关的 SPSS 操作。

菜单栏中选择分析—相关—双变量，如图 3-11 所示。

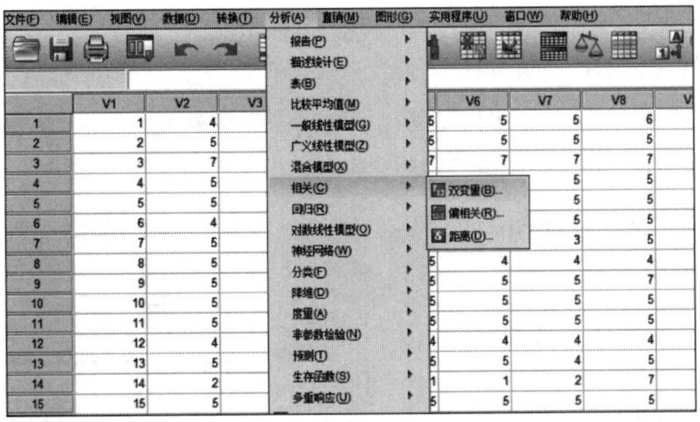

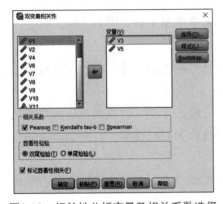

图3-11 相关性分析菜单栏选择

将需要分析的两个连续变量选择进右侧变量栏，相关系数勾选 Pearson，单击“确定”，如图 3-12 所示。

SPSS 自动计算出皮尔逊相关系数，报告结果如图 3-13 所示。

图3-12 相关性分析变量及相关系数选择

相关

相关

		V3	V5
V3	皮尔逊（Pearson）相关	1	.225*
	显著性（双尾）		.024
	N	100	100
V5	皮尔逊（Pearson）相关	.225*	1
	显著性（双尾）	.024	
	N	100	100

* 相关性在0.05上显著（双尾）。

图3-13 皮尔逊相关系数输出结果

根据上图所示，V3 与 V5 之间的皮尔逊相关系数为 0.225，即 V3 与 V5 之间正相关，但相关性弱，在 0.05 的水平上显著。

2. 有序分类变量 + 有序分类 / 二分类变量

当变量是定距变量时，我们可以使用 Mantel-Haenszel 趋势检验。该检验方法要求一个变量是有序分类变量，另一个变量是有序分类 / 二分类变量。

当变量不是定距变量时，我们可以使用 Spearman 相关系数，该相关系数也是统计学中最常用的相关系数之一，用于度量两个变量之间的关联强度和方向，适用于存在有序分类变量或未通过皮尔逊积矩相关假设的连续数据。当连续、正态、线性 3 个数据条件任一不满足时就可以使用 Spearman 相关系数代替 Pearson 相关系数。

第二种检验方法是 Kendall’s tau-b 相关系数，是一种用于检验至少有一个有序分类变量关联强度和方向的非参数分析方法。该相关系数对数据的假设要求与 Spearman 相关系数相同，但一般来说更适用于存在多种关联的、行与列数量相同的数据（如列联表），而 tau-c 更适合长方形表格。

Spearman 相关系数与 Kendall's tau-b 相关系数的选择同样可在 SPSS 双变量相关性选项中进行，分析—相关—双变量，勾选 Spearman 或 Kendall's tau-b，如图 3-14 所示。

3. 无序分类变量 + 无序分类变量

卡方检验能够比较一个列联表中的两个分类变量之间的相关关系。但该检验只显示卡方值、P 值，只能判断是否相关而不能对关联强度做出判断，需要结合 Cramer's V 来指出关联强度。

3.4.3 回归分析

回归分析是一种预测性的建模技术，它帮助我们发现数据的趋势。从根本上说，回归是利用一组数据，将其对应点拟合到一个图中，以此进行描述、解释和做出"最佳的预测"。回归分析技术包

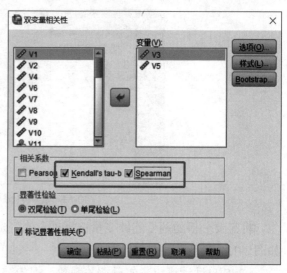

图 3-14 Spearman 与 Kendall's tau-b 相关系数的选择

括线性回归、逻辑回归、多项式回归、逐步回归等，本节聚焦于最常用的线性回归。

1. 简单线性回归

回归分析中自变量也称预测变量或解释变量，是已经确定的、独立的连续变量，表示为 X。

回归分析中因变量也称效标变量或反应变量，是依赖于 X 的，被视为反应或结果的连续变量，表示为 Y。描述 Y 如何与 X 相关的数学模型被称为回归模型，试图沿着一条直线来建立两个变量之间的关系称为线性回归。

在简单线性回归中，观察值只有一个自变量和一个因变量。典型的简单线性回归模型即 $y=\beta_0+\beta_1 x+\varepsilon$。

因此，简单线性回归就是只有一个自变量，用一个等式准确地描述的回归方程，它能够帮助我们研究两个连续变量之间的关系。但需要注意的是，这种关系并不是确定的，它只是一种统计关系，我们可以看一个例子：随着身高的增加，对体重的估计也会增加，虽然我们可以据此判断出身高与体重的相关关系，但对此的预测并不是完美的，因为体重还可能受很多其他因素的影响。

2. 普通最小二乘法

普通最小二乘法（OLS）也称最小平方法，是回归分析中最常用的估计方法，通过最小化平方和来建立回归模型，简单来说，就是试图找到通过样本数据的一条线（样本数据通常称为观察值，观察值在这条线上对应的点称为拟合值），通过最小化观察值和对应拟合值差异的平方的和来寻找最佳拟合值。如图 3-15 所示，可以通过图像来直观理解。

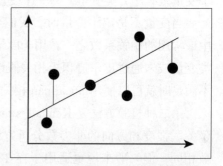

图 3-15 普通最小二乘法的图像理解

用数学符号来表示，普通最小二乘法公式为

$$\min \sum_i (y_i - \hat{y})^2$$

式中，$\hat{y}$ 代表 y 的拟合值；y_i 是 y 的观测值；min 是求平方和的最小值。我们通过选择 β 值（回归线的斜率和截距），使残差平方和的值尽可能小，这便是 OLS 回归。在统计学中，我们之所以不使用"误差"而用"残差"来代表这些点的"差数或差额"，是因为它并不包含"错误"的意思。

对于简单线性回归模型 $y=\beta_0+\beta_1 x+\varepsilon$ 来说，我们已知所有的 x 值，那么我们利用 OLS 估计的那条线是什么？是 $\hat{y}=\hat{\beta}_0+\hat{\beta}_1 x$，我们称之为 OLS 回归线。具体地，

$\hat{\beta}_1 = \dfrac{\sum_{i=1}^{n}(x_i-\bar{x})(y_i-\bar{y})}{\sum_{i=1}^{n}(x_i-\bar{x})^2}$，$\hat{\beta}_0 = \bar{y} - \hat{\beta}_1 \bar{x}$，这里"$\hat{\beta}$"代表估值，"$\bar{y}$"代表均值。普通最小二乘法估计 β 值非常便利且简洁、高效，但它同时存在着一定的局限性，我们可以通过使用 OLS 分析方法的 4 条基本假设看出，它其实对数据提出了极高要求：①y 与 x 存在线性关系；②x 为随机变量；③没有一个自变量是常数且自变量之间不存在严格多重共线性；④零条件均值，$E(u|x)=0$，即对于任一 x_i，其误差期望为 0；⑤同方差性，即对于任一 x_i，其方差相同。所以，这种方法其实是非常敏感的，当受到上述 5 个条件中的任一个影响时，其结果都会受到影响。

3. 多元线性回归

在经验研究中，使用简单回归分析有一个很大的问题：因为只有一个自变量，所以我们不能控制其他条件，分析在其他条件不变的情况下某自变量对 y 的影响。为了解决这个问题，我们引入了多元回归分析。当回归分析中只有一个因变量但存在两个及以上自变量时，称该分析为复回归分析或多元回归分析，同简单线性回归模型一样，线性即代表着试图沿着一条直线来建立变量之间的关系，直观的，我们可以通过这个公式来理解：$y=\beta_0+\beta_1 x_1+\beta_2 x_2+\cdots+\beta_n x_n+\varepsilon$。

同样地，多元线性回归在满足假设的情况下也可以简便地使用普通最小二乘法进行估计，但更重要的是我们如何解释估计出的方程？以含有两个变量的情况为例：$\hat{y}=\hat{\beta}_0+\hat{\beta}_1 x_1+\hat{\beta}_2 x_2$，这里 $\hat{\beta}_1$、$\hat{\beta}_2$ 具有偏效应或其他条件不变的解释，通常情况下我们从变化的角度出发进行解释，根据原方程相减，抵消 $\hat{\beta}_0$，我们可以得到这样一个式子：$\Delta \hat{y}=\hat{\beta}_1 \Delta x_1+\hat{\beta}_2 \Delta x_2$，如果我们要控制 x_2，就令 $\Delta x_2=0$，由此我们可以得到 $\Delta \hat{y}=\hat{\beta}_1 \Delta x_1$，于是我们可以这样解释：当其他条件不变时，提高一个单位的 x_1 会导致 y 的估值变化 $\hat{\beta}_1$。

通常回归模型可由 SPSS 简单实现，步骤如下：

单击菜单栏分析—回归—线性，无论简单回归还是多元回归都选择线性，如图 3-16 所示。

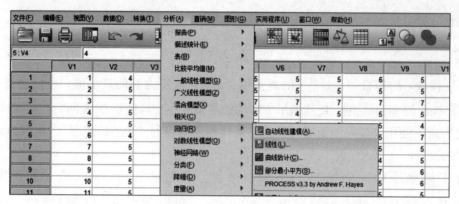

图3-16 线性回归菜单栏选择

将因变量选入右侧因变量框中，自变量选入自变量框中，单击"确定"，如图3-17所示。

如图3-18所示，根据SPSS自动计算出的输出结果，我们可以得到 $V6 = 1.134 + 0.168V3 + 0.347V4 + 0.248V5$，且 $\hat{\beta}_0$、$\hat{\beta}_1$、$\hat{\beta}_2$、$\hat{\beta}_3$ 都在0.05的水平上显著。

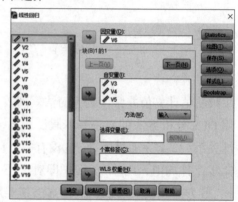

图3-17 线性回归变量选择

系数

模型		非标准化系数		标准化系数	T	显著性
		B	标准错误	Beta		
1	（常数）	1.134	0.473		2.396	0.019
	V3	0.168	0.072	0.204	2.340	0.021
	V4	0.347	0.110	0.308	3.170	0.002
	V5	0.248	0.078	0.291	3.167	0.002

图3-18 线性回归输出结果

3.4.4 统计显著性检验

显著性检验在统计学中是统计假设检验的一种，常用来判断两个或多个数据集之间是否存在统计意义上的显著区别。

一般来讲，显著性检验根据分析目的做出区分，主要分为针对变量的显著性检验和针对模型的显著性检验。为了判断回归方程中某自变量是否能够显著地影响因变量，即针对变量的显著性检验，在这种情况下使用 T 检验。T 检验又称 Student's test，适用于小样本量（$n<30$）且总体标准差未知的正态分布数据，能够检验两个总体的均值差异是否显著。通过 T 检验我们能够得到一个判断的重要指标——P value，即在零假设为真的情况下，结果有多罕见。P 值本质上是一个概率值，值越低，结果越不可能是偶然的。当变量的 P value < 1 − 置信度时，认为该变量通过检验，否则需要考虑在方程中将该变量取消，重新

设定方程。

T 检验可以通过菜单栏分析—比较平均值—独立样本 T 检验（根据分析目的更改）实现，如图 3-19 所示。

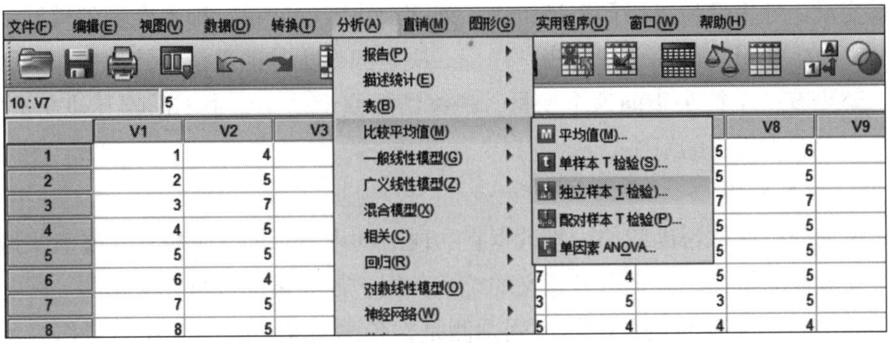

图 3-19　T 检验菜单栏选择

将需要进行检验的变量放入检验变量，分组变量 V31（性别）以 0 为男性、1 为女性，如图 3-20 所示。

由图 3-21 可知，显著性（P 值）为 0.533>0.05，因此在 V1 变量上男性与女性之间并无显著差异。

在回归方程中，针对模型的显著性检验通常使用 F 检验 (Significance F) 来判断模型是否具有预测能力。其零假设是方程所有回归系数都为 0。通常 F 检验需要建立在所有自变量通过 T 检验都显示显著的基础上进行，否则没有意义。当方程的 Significance F < 1 − 置信度时代表方程通过检验；否则方程未通过检验，需要重新设定方程。

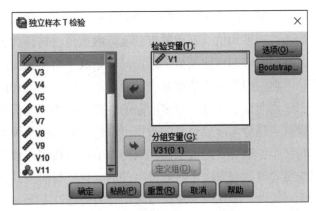

图 3-20　独立样本 T 检验变量选择

独立样本检验

		Levene的变异数相等测试		针对平均值是否相等的t检验					95%置信区间	
		F	显著性	T	df	显著性（双尾）	平均差异	标准误差	下限	上限
V1	采用相等变异数	0.391	0.533	1.037	98	0.302	6.629	6.391	-6.053	19.312
	不采用相等变异数			1.041	52.445	0.303	6.629	6.370	-6.150	19.409

图 3-21　独立样本 T 检验输出报告

3.4.5　路径与时间序列分析

1. 路径分析

路径分析用来分析变量之间的因果关系（如单向的相关关系），是多元线性回归模型的拓展。路径图是路径分析的主要工具，此外引用隐变量概念来描述那些不可观测但可以通过其他可观察变量的测量者进行推断的变量，比如生活质量，隐变量通常写在椭圆框内，而可以观察的变量通常写在方框内。在路径图中，箭头表面变量间的关系是线性的，单箭头代表因果关系，箭头方向也代表着因果关系发生的方向，双箭头代表相关关系。此外，为了区分路径图不同特征的变量，根据特征将它们分为3个类别：外生变量、内生变量与最终结果变量。外生变量可以简单理解为"外部"决定的变量，即不会受到模型中其他变量的影响；内生变量可以简单理解为"内部"决定的变量，即受模型其他变量的影响，在路径图中至少有一个箭头指向这个变量；最终结果变量是模型中不影响其他变量的变量，在路径图中没有指出去的箭头。

2．时间序列分析

时间序列分析通常帮助我们识别数据在一段时间内显示的常见模式，专家采用特定的方法来研究数据的特征，并提取有意义的统计数据，最终帮助进行业务预测。因此，预测是时间序列分析的主要目的。时间序列预测是把预测对象过去的变化趋势作为预测的依据，将未来视为"过去历史的延伸"。

主要的时间序列预测方法有4种：第一，移动平均法。通过计算完整数据集不同时期的一系列平均值，利用最近的实际数据值进行预测的一种方法。第二，指数平滑法。结合某些时间序列预测模型，通过计算指数平滑值来预测某一现象的未来。其原理是：任何一个时期的指数平滑值都是当前时期的实际观察值和前一时期的指数平滑值的加权平均。第三，周期变动预测。很多产品的生产和销售活动具有周期性，比如空调、冰激凌等。季节模式、趋势与季节模式的数据可以使用周期变动预测，其具体方法是将同季数据的平均值与历年各季总平均值相比，求得季节指数而进行预测。第四，马尔可夫预测。应用马尔可夫链的理论和方法来对随机事件的变化进行研究并分析预测未来变化趋势，其重要特点是无后效性，即认为未来只与现在有关而与过去无关。

3.4.6　因子分析

因子分析以降维的思想为基础，是指通过研究原始变量相关矩阵内部的依赖关系，把一些具有信息重叠、关系错综复杂的变量总结为少数几个综合因子，以此来赋予意义，便于管理和理解的一种多变量统计方法，简单来说，就是通过选择一类变量，能够共同反映某种不可观测情况的变动。因子分析建立在主成分分析的基础上，主成分分析更多的可以理解为一种技术，目的是找到 x（x_i 可能不存在意义），是从 y 到 x 的过程，而因子分析更多可以理解为目的，分析 y 如何通过有意义的 x 变动，是从 x 到 y 的过程，因此因子分析与主成分分析最大的不同在于每个 x 是否都能根据理论归结出明确的意义，即每个 x_i 不可或缺。

因子分析的流程遵循这样一个顺序：

1）根据自己的研究问题选取原始变量。

2）对数据进行标准化处理，并求相关矩阵。标准化是将数据按一定规则进行缩放，使其投射在一个较小的、确定的有限范围内，以此来去除数据单位的限制便于比较。相关矩阵也称相关系数矩阵，该矩阵的行、列都由自变量之间的相关系数构成。

3）判断简单相关系数是否绝大多数大于0.3、KMO统计量至少大于0.5、Bartlett's球形度检验显著拒绝。至少满足这三个条件才表明数据适合进行因子分析，否则需要考虑其他方法。

4）求公共因子及载荷矩阵，求解方法包括主成分法、极大似然法、主轴因子法等。因子载荷表明 x_i 对公共因子的依赖程度和相对重要性，绝对值越大，密切程度越高。至于选择几个公共因子则取决于研究者本人。

5）因子旋转，旋转方法包括正交旋转和斜交旋转。目的是更好地解释因子与原始变量之间的关系。

6）计算因子得分，其含义是计算不可观测的公共因子在每个原始变量上的得分。

7）进一步对研究问题深入分析。

使用 SPSS 进行因子分析的操作如图 3-22 所示，菜单栏选择分析—降维—因子分析。

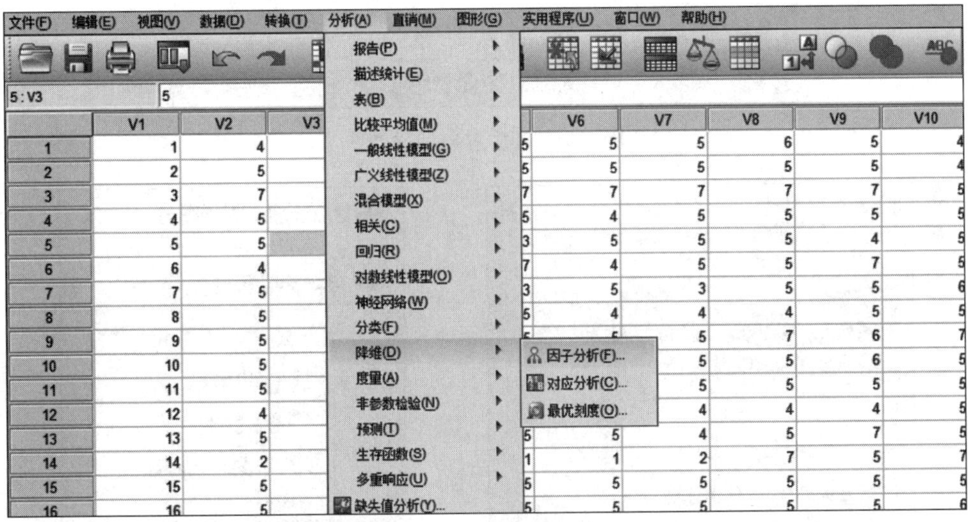

图3-22 因子分析菜单栏选择

如图 3-23 所示，将需要分析的变量选进右侧框内。

如图 3-24～图 3-27 所示，在因子分析描述、抽取、旋转、得分中勾选需要的项目。

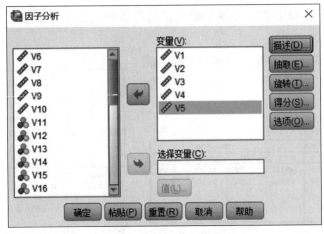

图3-23 因子分析变量选择

图3-24 因子分析描述选择

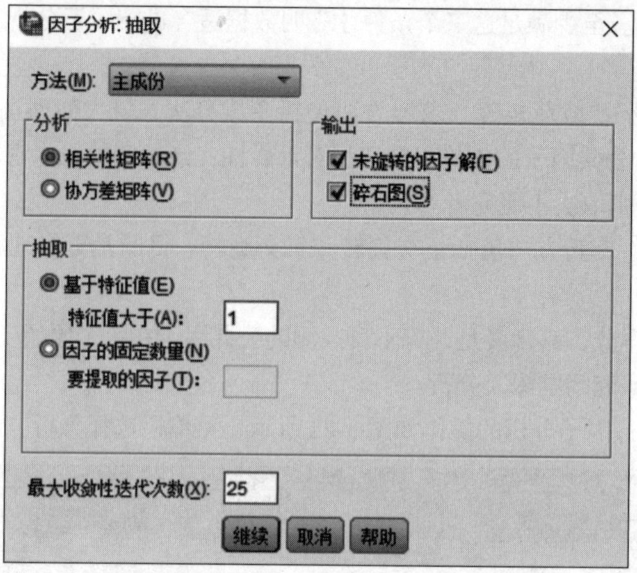

图3-25　因子分析抽取选择

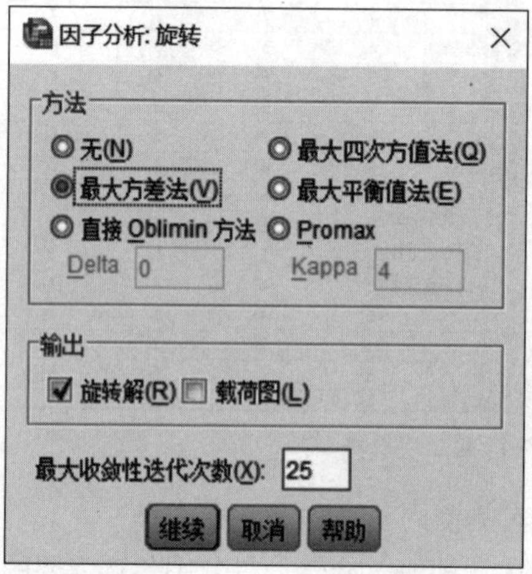

图3-26　因子分析旋转选择

图3-27　因子分析得分选择

单击"确定"得到图3-28因子分析报告，可知5个变量可以总结为2个主要因子，累计能够解释66.606%的变异。

根据图3-29可以看出每个因子都由哪些变量组成及其因子载荷的大小，一般大于0.5的就归于该因子当中，以此总结出新的有意义的因子。

方差解释率分析

成分	起始特征值			提取平方和载入			循环平方和载入		
	统计	变异的%	累加%	统计	变异的%	累加%	统计	变异的%	累加%
1	2.306	46.129	46.129	2.306	46.129	46.129	2.268	45.363	45.363
2	1.024	20.476	66.606	1.024	20.476	66.606	1.062	21.243	66.606
3	0.800	15.997	82.602						
4	0.479	9.578	92.181						
5	0.391	7.819	100.000						

提取方法：主成分分析。

图3-28　因子分析报告

旋转成分矩阵[a]

	成分	
	1	2
V1	-0.034	0.919
V2	0.802	-0.195
V3	0.690	-0.333
V4	0.798	0.016
V5	0.714	0.261

提取方法：主成分分析。
旋转方法：具有Kaiser正规化的最大变异法。
a　在3迭代中收敛循环。

图3-29　因子分析旋转成分矩阵报告

3.4.7 方差分析

方差分析（ANOVA）是一种用于检查两个或多个组的均值是否存在显著差异的统计分析技术，即通过比较不同样本的平均值来检查一个或多个因素的影响。其实，从本质上来讲，方差分析使用的是统计显著性的逻辑，就是 F 检验。

单因素方差分析评估单一因素对实验有无显著性影响，此外还用于确定 3 个及 3 个以上独立组的平均值之间是否存在统计学上的显著差异。但需要注意的是，单因素方差分析只能得出至少有两组之间存在显著差异，而不能告知具体是哪些组存在显著差异。使用 SPSS 进行单因素方差分析的步骤如图 3-30 所示，菜单栏选择分析—比较平均值（M）—单因素 ANOVA。

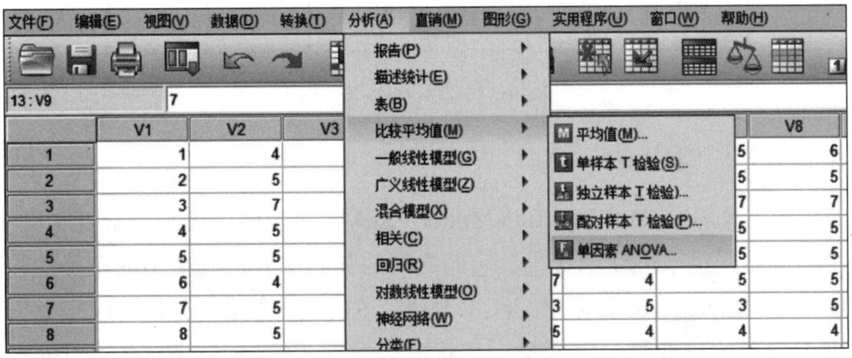

图3-30 单因素方差分析菜单栏选择

如图 3-31 所示，将 V31（性别）选入因子，V1 选入因变量列表，检验性别是否对 V1 有显著影响。

如图 3-32 所示，在"选项"中将"方差同质性检验（H）"勾上。

由图 3-33 可知，显著性为 0.302>0.05，因此性别对 V1 无显著性影响。

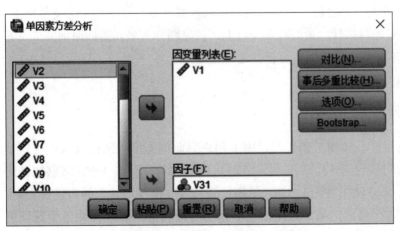

图3-31 单因素方差分析变量选择

图3-32 单因素方差分析选项选择

双因素方差分析是单因素方差分析的拓展，用于确定两个及以上因素的不同水平对结果是否有显著的影响，比如年龄和收入对焦虑程度的影响。双因素方差分析不仅能够分析主效应，还能分析交互效应。在焦虑程度这个例子中，年龄和收入被称为双因素方差分析的因素，而这些因素多是分类变量，可以划分为不同的水平。年龄和收入可以分为高、中、低3个层次，因此，该案例中有 3×3=9 个实验组，通过双因素方差分析，我们可以知道收入对焦虑程度的影响在年龄的不同水平上是否有显著差异（或年龄对焦虑程度的影响在收入的不同水平上是否有显著差异），即年龄与收入的交互作用。

方差分析

V1	平方和	df	平均值平方	F	显著性
组间	904.917	1	904.917	1.076	0.302
组内	82420.083	98	841.021		
总计	83325.000	99			

图3-33 单因素方差分析报告

3.4.8 结构方程模型

结构方程模型（Structural Equation Model，SEM）是反映隐变量与显变量的一组方程，目的是通过测量显变量来推断隐变量及它们之间的关系，并检验模型的正确性，因此也被称为潜变量模型（Latent Variable Model，LVM）。SEM 结合路径分析与因子分析，可以同时检验模型中包含的显变量、潜变量、干扰或误差项（Error Term）之间的关系，进而获得自变量对因变量的直接效果（Direct Effect）、间接效果（Indirect Effect）或总效果（Total Effect）。相比于传统的多元回归技术，SEM 有 3 个主要的优势：第一，能够对误差项做出准确的评估；第二，能够通过观察变量来估计隐变量；第三，能够同时提供总体模型和独立参数估计检验。

结构方程模型由测量方程和结构方程构成，测量方程即描述如何利用指标来测量潜变量，当然，指标含有测量误差。结构方程反映潜变量之间的关系，但潜变量之间不含测量误差。SEM 适用于"量大"的分析：一是需要较多的观察变量。对于一个潜变量来说，至少需要 2 个观察变量来进行估计，最好有 3 个以上，该原则称为多元指标原则。二是需要较大的样本量。当样本量低于 100 时，分析普遍不稳定。

3.5 问卷研究实例

为了了解某线下销售产品转线上销售时，网上用户对此的态度，使用技术接受模型进行解释。该案例中的问卷包括 5 个维度，分别为 PU（感知有用性）、PEOU（感知易用性）、ATU（使用态度）、IU（使用意图）、UB（使用行为）。PU 维度由 6 个题项进行测量，PEOU 维度由 6 个题项进行测量，ATU 维度由 5 个题项进行测量，IU 维度由 6 个题项进行测量，UB 维度由 6 个题项进行测量。研究者用随机抽样的方法收取问卷，剔除填答不全或无效问卷后，得到有效问卷 100 份。

首先使用 SPSS 测量问卷的信度与效度。信度检验步骤已于 3.4.1 部分详细介绍，即针对每个变量的对应题项分别进行"分析—度量—可靠性分析",最后再对所有题项进行信度分析,问卷信度与效度测量结果如表 3-7 所示。

表3-7 问卷信度与效度测量结果

变量名	Cronbach α	基于标准化项目的Cronbach α	项目个数
PU	0.828	0.836	6
PEOU	0.807	0.805	6
ATU	0.905	0.906	5
IU	0.959	0.960	6
UB	0.910	0.912	6
累计	0.929	0.932	29

Cronbach α 系数均大于 0.8,问卷总信度大于 0.9,因此该问卷信度高。

利用 SPSS 进行效度分析主要看 4 个指标:一是 KMO 值;二是 Bartlett 球形度检验显著性;三是累计方差解释率要较高;四是旋转后矩阵每个主成分的较高值需要与变量大致相对应。

首先,如图 3-34 所示,将所有测量项选入变量栏。

其次,如图 3-35~图 3-37 所示,选择需要的分析项。

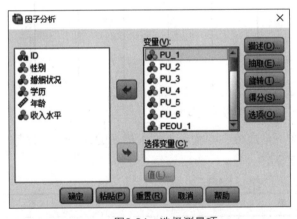

图3-34 选择测量项

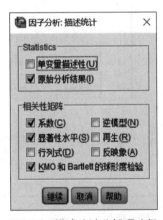

图3-35 描述统计分析项选择

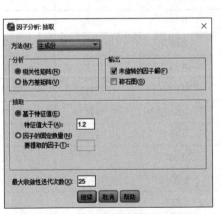

图3-36 抽取分析项选择

图3-37 旋转分析项选择

最后，单击"确定"输出结果，见表 3-8，可知 KMO 值大于 0.8，且 Bartlett 球形度检验 P 值为 0.000，小于 0.01，因此显著。

表3-8　KMO与Bartlett检验结果

Kaiser-Meyer-Olkin 测量取样适当性		0.850
Bartlett 球形度检验	近似卡方	2320.305
	df	406
	显著性	0.000

由图 3-38 可知，累计方差解释率达 69.518%，能够满足解释要求。

成分	起始特征值			提取平方和载入			循环平方和载入		
	统计	变异的%	累加%	统计	变异的%	累加%	统计	变异的%	累加%
1	10.759	37.100	37.100	10.759	37.100	37.100	5.724	19.738	19.738
2	3.662	12.628	49.728	3.662	12.628	49.728	4.228	14.579	34.317
3	2.615	9.017	58.745	2.615	9.017	58.745	4.060	13.999	48.316
4	1.770	6.103	64.848	1.770	6.103	64.848	3.269	11.271	59.587
5	1.354	4.671	69.518	1.354	4.671	69.518	2.880	9.932	69.518
6	1.005	3.467	72.985						
7	.852	2.939	75.924						
8	.781	2.693	78.617						
9	.768	2.647	81.265						
10	.667	2.299	83.564						
11	.573	1.976	85.540						
12	.518	1.786	87.326						
13	.432	1.489	88.815						
14	.400	1.379	90.194						
15	.366	1.263	91.458						
16	.336	1.159	92.617						

图3-38　累计方差解释率结果

由表 3-9 可知，每个变量的题项在每个成分中都大致占据了最高的几个因子载荷，因此，综合以上 4 点可以判断该问卷效度良好。

表3-9　旋转成分矩阵[①]

变量题项	成分				
	1	2	3	4	5
PU_1	0.345	0.058	0.138	0.042	0.766
PU_2	0.296	0.048	0.018	−0.020	0.683
PU_3	0.178	0.416	0.237	0.127	0.582
PU_4	0.237	0.246	0.026	0.315	0.496
PU_5	0.127	0.429	0.347	0.243	0.515
PU_6	0.206	0.373	0.304	0.170	0.575
PEOU_1	0.103	0.121	0.087	0.840	0.027
PEOU_2	0.046	0.213	0.032	0.788	0.160
PEOU_3	0.175	−0.101	0.057	0.622	0.157
PEOU_4	0.082	0.081	−0.058	0.647	0.002

（续）

变量题项	成分				
	1	2	3	4	5
PEOU_5	−0.001	0.015	0.114	0.712	−0.002
PEOU_6	0.430	0.209	0.072	0.466	0.144
ATU_1	0.087	0.060	0.854	0.118	0.185
ATU_2	0.159	0.041	0.825	0.041	0.152
ATU_3	0.075	−0.071	0.839	0.108	0.112
ATU_4	0.048	−0.095	0.877	0.015	0.063
ATU_5	0.129	0.074	0.769	−0.017	−0.024
IU_1	0.774	0.099	0.076	0.209	0.327
IU_2	0.828	0.220	0.146	0.147	0.211
IU_3	0.809	0.273	0.174	0.091	0.282
IU_4	0.846	0.238	0.136	0.130	0.205
IU_5	0.863	0.248	0.078	0.085	0.208
IU_6	0.850	0.279	0.047	0.114	0.164
UB_1	0.253	0.784	−0.152	0.125	0.214
UB_2	0.282	0.841	−0.088	0.180	0.190
UB_3	0.211	0.865	−0.066	0.040	0.188
UB_4	0.548	0.628	0.028	0.110	0.193
UB_5	0.346	0.709	0.174	0.060	0.006
UB_6	0.591	0.475	0.336	−0.060	0.018

提取方法：主成分分析。
旋转方法：具有 Kaiser 正规化的最大变异法。
① 在6次迭代中收敛循环。

值得注意的是，信效度检验不仅可以利用 SPSS 进行，AMOS 或 SmartPLS 都是非常方便的工具，在此案例中我们使用 SmartPLS 进行其后结构方程模型的分析，主要原因是样本量很小，而 SmartPLS 相较于其他软件能更好地对非正态分布数据、小样本数据、形成性测量模型、单一测量指标进行处理。

如图 3-39 所示，安装 SmartPLS 后将在项目管理器中导入数据并双击创建模型。

图3-39 数据导入与创建模型

如图 3-40 所示，按住 Shift 将同一个变量的多个测量项选中，再将其拖入右边空白处，可以通过右键菜单命令设置潜变量名称或隐藏所选结构的指标。

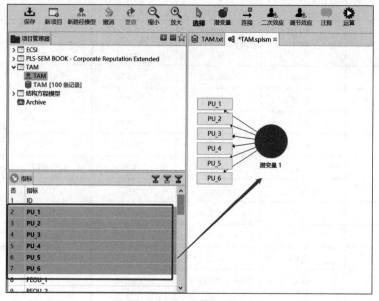

图3-40　模型搭建步骤

如图 3-41 所示，单击连接将所有变量依据模型连接起来。

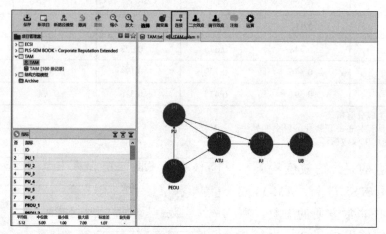

图3-41　连接变量

在使用偏最小二乘法（PLS）进行计算时，我们一般保留加权方案与最大迭代次数的默认设置，但需要注意的是，结束准则的系数一般设置在 5~10，且不能被样本数整除。如图 3-42 所示，单击"开始计算"进行计算。

如图 3-43 所示，所有计算结果都可以从下方菜单栏单击查看，重点关注的指标包括 R^2、构面信度与效度、区别效度等。

通过 Bootsrapping 计算，我们能够得到完整的路径系数与对应 P 值，如图 3-44 所示，在菜单栏"运算"中选择"自助法"，修改子样本数量及结果数量，并单击"开始计算"，结果如图 3-45 所示。

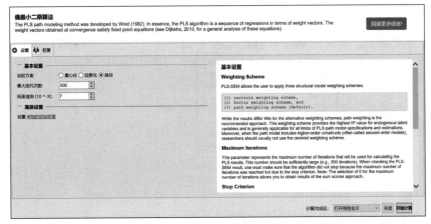

图3-42　PLS计算

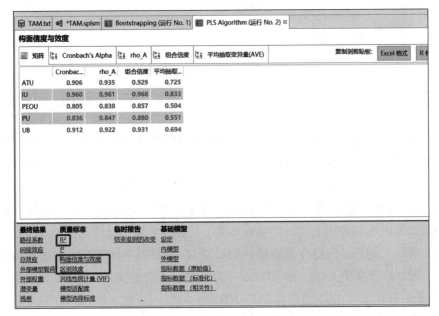

图3-43　PLS计算结果

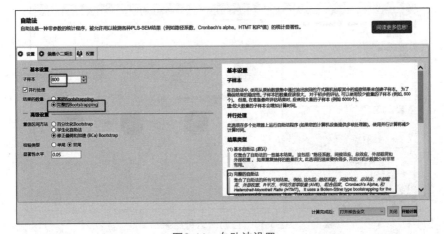

图3-44　自助法设置

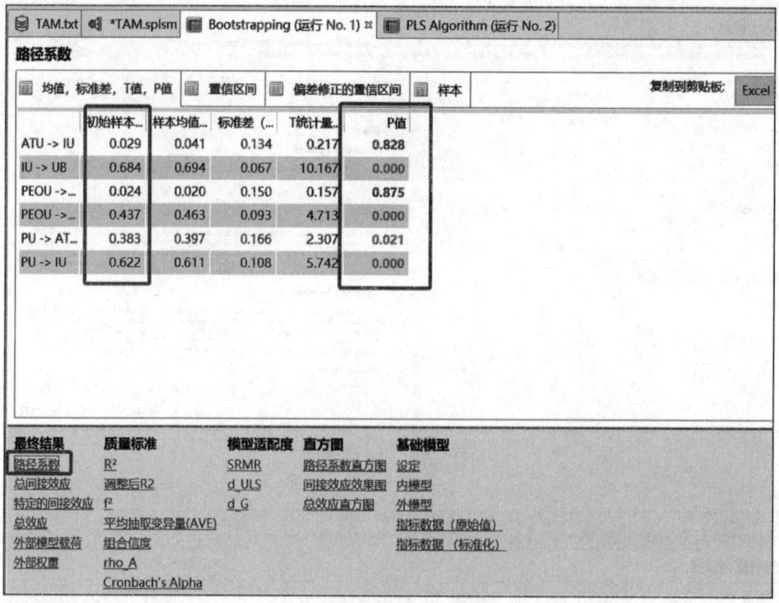

图3-45 自助法运行结果

如图3-46所示，可以看到完整的路径系数及显著性，系数的显示可以在左侧菜单栏进行调整。此外，SmartPLS的优点在于相比于其他软件更能非常便捷地分析调节效应，在右键菜单命令中单击"添加调节效应"，通过修改自变量与调节变量即可进行分析。随后路径系数与显著性帮助我们判断假设是否成立，针对问题进行分析解释并得出结论，例如，根据图3-46所示，PU显著影响IU，即使用意图随感知有用性的变化而变化，同时IU显著影响UB，即使用行为随使用意图的变化而变化，而PEOU则不能显著影响ATU，即感知易用性对使用态度的影响不显著，其原因需要结合其他指标（如方差膨胀因子等）进行解释。此外，值得注意的是，ATU对IU的影响不显著意味着该案例的中介变量不成立，同样以该案例为例，若ATU是中介变量，则需要满足：①PU显著影响ATU；②ATU显著影响IU；③控制路径为PU—ATU与ATU—IU时，PU对IU的显著影响减小或者不再显著。

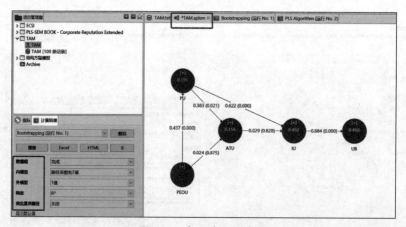

图3-46 自助法运行结果

第 4 章
行为实验研究方法

实验观测技术和神经科学的快速发展推动了多学科的交叉融合,为不同学科的研究提供了新视角、新理论和新方法。其中,行为实验从行为角度揭示了个体的思想、行为及规律,而神经实验帮助人们打开大脑的"黑箱",从认知与神经科学的层面直观探索思想和行为背后的认知机制。在管理学研究中,实验管理学与其他研究方法相互补充,共同推动了管理学的进步,神经管理学则运用神经科学技术来探究个体在经济管理问题中的大脑活动与思维过程。本书将从行为实验研究方法(第 4 章)和神经实验研究方法(第 5 章)两部分展开分析,帮助读者了解行为实验和神经实验的相关概念、具体操作及其在管理学领域中的应用。

4.1 行为实验研究概述

4.1.1 行为实验的定义

行为实验是科学研究的途径之一,是通过科学分析揭示个体的思想、行为及其规律的科学。通俗来讲,行为实验通过人为操作环境导致某些行为发生变化,并对这些变化进行观测、记录和解释。

我们可以从词语构成的角度来深刻理解行为实验的定义。行为实验由"行为"和"实验"两部分构成,其中,行为是途径,实验是方法。行为是个体主观经验的具体化、外在化、指标化。举个例子,在一堂数学课上,老师问学生们这节课学习效果如何,学生们纷纷回答,"我学得很好""我学得很认真""我学得不太好"。学习效果的好与不好是很难评判的，因为它看不见摸不着且非常主观，难以量化。那么，如何将学习效果可视化呢？我们可以通过选择具体的行为指标来替代主观的口头描述，例如可以用习题正确的数量表示学习效果，习题正确的数量越多代表学习效果越好，习题正确的数量越少代表学习效果越差。实验是引起、控制和观察行为的方法，自然发生背景下的行为具有偶然性，受到多种因素的影响，因此很难确定其因果关系，且很难重复操作。但是实验能够控制与研究问题无关的其他因素，通过人为操纵想要研究的变量确定不同变量之间的关系，通过重复获得较为稳定的结果。

4.1.2 行为实验研究的优势与局限

行为实验研究在各个学科中得到了广泛的应用，与观察法和相关研究法不同，实验法脱离描述性层次，采用变量操纵、人为控制和因果推论，具备完整的解释、检验和预测的功能，优势明显，但也有一定的局限。

1. 优势

（1）因果推论

行为实验研究的关键是能够得出因果推论，即某个因素的操纵是否能够引起另一个因素的变化。研究者一般将实验所操纵的因素（自变量）称为原因，将相应的变化因素（因变量）称为结果，即实验效应。效应是指在操纵和不操纵自变量时，或在操纵了不同水平的自变量时，因变量之间所存在的差异。由于行为实验研究对可能引起因变量变化的所有无关变量进行控制，存在的自变量的操纵会引起因变量的变化，因此可以推断因变量的变化是由自变量的操纵所引起的，具有一定的科学性。

（2）变量操纵

行为实验研究中的变量操纵主要涉及两个方面：一是研究变量的操作性定义问题。如前所述，在行为实验研究中很多变量是难以客观观察和测量的，因此研究者通常需要将抽象的概念转化为具体的、可观测和记录的行为项目，从而获取研究中的统计数据，便于进行后续的统计分析。二是研究中对变量的人为操纵。在自然情景中，研究者想要研究的对象出现概率是不确定的，等待研究对象的出现通常是低效的、随机的，因此人为操纵自变量能够在短时间内高效获取数据，获得因果推论，提高实验效率。

（3）人为控制

自然发生的行为往往受到多种因素的作用，难以控制无关因素对因变量的影响，研究者想要研究的自变量和无关变量的影响往往难以剥离。行为实验研究的优势之一就是能够人为地对与研究目的无关但是却能够引起因变量变化的因素进行人为控制，使因变量的变化尽量基于自变量的操纵。

2. 局限

1）变量操纵的局限。尽管研究者能够对自变量进行操纵以便确定因果关系，但是可以操纵的自变量是有限的。首先，现实情境中仍然存在一些不能直接操纵的变量，例如被试的性别、年龄、智力情况、天气情况等。其次，有些变量的操纵可能是挑战道德底线、违背研究伦理的，例如被试的受伤情况、受伤位置、某些犯罪行为的产生等不宜也难以人为操纵。

2）人为控制的弊端。行为实验研究中的人为控制能够使研究获得较为精确的因果推论，减少无关变量的影响，但是严格控制的黑暗面则是生态效度的降低。有研究者指出，某些在实验室研究中得出的结论经过了严格的人为操纵与控制，难以推论到自然发生的情境中。

4.1.3 行为实验研究的适用范围和场景

行为实验研究能够进行因果推论，并且可以进行人为操纵与控制，因此得到了多种学科的青睐。目前，行为实验研究被广泛地应用在管理学、经济学、心理学、教育学、传播学、生物学、医学等多个领域。

行为实验研究的适用范围主要围绕以下几个方面：①该研究问题以具体的行为表现为研究对象；②该研究问题需要获得可以观测和记录的统计数据；③该研究问题中的自变量和因变量的发生具有明显的时间顺序和相关关系；④该研究问题需要排除其他可能变量的影响。

行为实验研究的场景体现在以下几方面：

其一，管理学中的行为实验。管理学研究中通常运用实验的方法对特定的组织和市场环境中委托人与代理人、代理人与代理人之间的行为交互作用及其对激励与协调机制的影响进行研究。

其二，经济学中的行为实验。与其他领域的行为实验显著不同，经济学中的行为实验通常涉及金钱激励问题，为被试（参与者）提供激励相容的金钱作为标准研究方法。通过仿真方法创造与实际经济相似的一种实验室环境，操纵相应的实验参数，获得统计数据并检验已有的经济理论及其前提假设，或者发现新的理论，或者为一些决策提供理论分析。

其三，心理学中的行为实验。心理学中的行为实验就是以实验的方法进行研究。人类的心理现象主要包括心理过程和人格心理，其中，心理过程包括认知过程、情绪情感过程和意志过程，人格心理包括人格倾向和人格心理特征。

其四，教育学中的行为实验。以实验的方法研究教育问题，通常以儿童为实验对象，观察其在教育过程中的发展、变化特点，以发现教育变量间的因果关系，并据此揭示教育原理，确立教育原则。

其五，传播学中的行为实验。通过运用实验的方法研究社会信息系统，人类的传播行为和传播过程发生、发展的规律，以及传播与人和社会的关系。

行为实验研究在不同领域都有广泛的应用，通过实验的方法探究不同学科中的研究问题和规律获得因果推论。

4.1.4 行为实验研究的发展趋势

1. 研究问题多元化

研究问题的多元化取向是当今行为实验研究的重要趋势之一，这个多元化并不是单维的数量变化，而是涉及更深层次的立体整合。具体来说，行为实验研究的广度不断扩展，由单一学科的研究提升到多学科的研究再到交叉学科的研究；行为实验研究的深度不断加大，借助不断发展的科学技术及多学科的研究范式，行为实验研究从表面探索逐渐深入到问题的内核和本质。

先看学科交叉融合。不同学科之间的交叉、融合和渗透是当前学科发展的趋势，学科交叉融合体现了知识生产的需要。在面对相同的研究问题时，不同的学科往往有其固定的研究思路和研究方法，而学科交叉突破了单一学科的限制，有利于打破学科思维定式，击破学科研究盲点，从不同学科的角度思考当前的领域可能发现新的研究问题。学科交叉融合了不同学科的研究范式，推动了研究方法的进步。当前行为实验研究应用到管理学、心理学、教育学、社会学、传播学、生物学、医学等多个领域，推动了不同领域的发展。

再观跨文化研究。个体的成长受到环境因素的影响，文化背景是产生个体差异的重要来源。从实践过程来看，行为实验研究中的被试可能来自不同的国家和民族，具有不同的文化背景，被试的文化背景差异可能会对个体的心理和行为产生影响。因此，跨文化研究不仅可以消除实验研究中的无关变量，纯化研究操纵，还能够探索文化因素对个体发展的影响，具有重要的实际意义。从理论构建来看，跨文化研究形成不同的文化视角，推动了文化多样性的本质化、结构化和互动化，促进了不同文化背景下的多学科理论的融合构建，具有重要的理论价值。

2. 研究方法整合化

行为实验研究涉及具体的实验设计问题和范式使用问题，针对不同的研究目的和研究变量往往可以采取不同的实验设计和范式。每一种设计和范式都有特有的优势和局限，同一个研究问题采用不同的研究方法会有不一样的发现，能扩展现有的研究结果，使研究过程更为严谨，研究结果更具有普适性。

1）定性与定量的结合。行为实验研究本身是一种定量的研究方法，但是目前很多研究都十分重视定量与定性方法的结合，将定性研究与定量研究的成果相互补充，使研究结果更加充实、研究结论更加深刻。定性分析和定量分析是行为科学研究中的两大基本范式，分别侧重不同的方面。定性分析主要采用访谈、观察、文献分析和回顾等方法获得研究资料，通过对资料的收集和整理得出研究结论。定量分析则主要通过实验、调查、测验等方法获得具体的研究数据，并通过对数据的进一步处理得出统计结果和研究结论。定性分析和定量分析具有不同的理论基础，定性分析建立在解释学、现象学等人文主义方法论基础上，而定量分析则建立在实证主义方法论基础上。

2）多种实验设计的运用。此处的实验设计是指狭义的实验设计，即具体的实验处理。行为实验研究经常使用的实验设计类型有以下几种：①从自变量数量上来划分，可以分为单因素实验设计和多因素实验设计；②从被试所接受的处理水平上来划分，可以分为被试内设计、被试间设计和混合设计。不同的实验设计有其特有的优势。当前的行为实验研究并不会固定地使用某一种实验设计，而是会根据实验目的与变量特点选择合适的实验设计方法。在某些包含多个子研究的行为实验研究中还会实施不同的实验设计，以期得到精确、严谨的数据结果。

3. 研究结果生态化

生态化既是行为实验研究的特点也是目标,研究结果的生态化说明了其外部效度(生态效度)问题,也就是研究结果的普适性问题,即当前的研究结果能够推论到样本总体和其他同类现象中的程度。研究结果的外部效度是衡量该结果是否具有实际价值的重要指标,为提高研究结果的生态效度,行为实验研究在实验环境、实验设计和统计分析方面均进行了重点把控。

1)实验环境。行为实验研究的特点是能够对与实验无关的变量进行较为全面的控制,而实验室研究作为研究者所创造的人工环境能够对实验进行较为精准的控制,但是这种控制在一定程度上牺牲了研究的生态效度。因此,行为实验研究也十分重视现场研究的应用,与实验室研究相比,现场研究体现了实验环境的真实性,同时也在一定程度上实现了研究者对无关变量的控制,提高了研究的生态效度。

2)多因素实验设计。行为实验研究通常考察自变量对因变量的影响,但是影响个体的因素往往是复杂的、多维的、动态的,单因素实验设计只考虑一个自变量对因变量的影响,但是真实情境下,该因变量往往是多个因素共同作用和交互影响的结果。因此,多因素实验设计能够在一定程度上考虑多个自变量对因变量的影响,并对其交互作用进行了更深层次的探索,利于剖析因子间的复杂关系。

3)统计分析。在实验控制与生态效度的平衡中,有些变量难以剔除或控制,或者该变量剔除后会严重影响实验结果的准确性和生态效度。因此,在实验过程中对改变量应予以保留,在统计分析的过程中采用协方差分析,将协变量对因变量的影响从自变量中分离出去,从而提高实验结果的精确度和统计检验的灵敏度。

4.2 行为实验研究分类

行为实验研究不仅仅局限于实验室内,研究者们也在探索、尝试和应用于其他的场所。根据行为实验发生的场所不同,可以将行为实验研究分为现场实验、实验室实验和互联网实验3个大类。

4.2.1 现场实验

现场实验(Field Experiment)是指在真实的自然情景中所进行的实验,通常也被称为田野实验。现场实验中,实验者所关注的行为在出现概率上更具不确定性,因此研究通常有两种方式:一是随机地等待所观测变量的自然发生(出现);二是以符合真实情景的方式创造所观测变量发生的机会。举个例子,研究者想要观察不同时间段的个体助人行为是否存在差异,选取两个时间段作为自变量的两个水平,分别是早上8点(早高峰)和下午3点进行现场实验,具体地点选择某商场附近的路口。那么,我们如何观测个体助人行为呢?一种方法是不进行任何人为操纵,仅在旁边静静等待、观察和记录。一旦有人遇到困难需要帮助,且其他行人实施了助人行为就进行相应的记录;另一种方法是让一名主试"伪装"成遇到困难的行人,观察其他行人是否实施助人行为。比较两种方式可以发现,第一种操纵更具生态性但效率低下，当研究对场景的自然性有严格要求且研究变量难以操纵时，可以选择第一种方式。第二种操纵则能够大大提升研究所观测变量的发生概率，节省了研究时间。因此，研究过程中需要根据不同的研究目的和所研究变量选择不同的具体操纵方式。

1）现场实验的优势。与其他分类相比，现场实验的最大优势就是自然性，现场实验的自然性主要包括3个方面：一是环境的自然性，现场实验通常在真实的现实情景中展开；二是行为的自然性，现场实验中所引发的行为更贴近生活中个体的自然反应；三是处理方式的自然性，现场实验中对所要研究变量的引发较少加入人为处理，通常以贴近现实情景的方式进行。因此，现场实验具有较高的生态效度，大大提升了研究结果推论到实践中的程度。

2）现场实验的局限。如前所述，现场实验减少了人为操纵，具有较高的生态效度。但是与实验室实验相比，现场实验虽然对无关变量进行了控制，但是控制标准较为宽松，难以达到实验室实验中的控制水平。

4.2.2 实验室实验

实验室实验（Laboratory Experiment）是指在实验室中开展的研究。实验室研究通常会对自变量进行人为操纵，并严格控制无关变量的影响。

1）实验室实验的优势。实验室实验对实验过程进行了十分严格的控制，避免了无关变量对因变量的影响，获得了更为精确的研究数据。从实验环境来看，实验室实验对可能影响被试的光照、温度、湿度、空间秩序等无关变量进行了恒定处理，避免了这些因素可能产生的影响。从被试个体来看，研究者往往会对被试的年龄、受教育水平、左右利手、视力情况等进行控制。从主试方面来看，实验室实验对主试的性别、年龄、语音语速等方面进行控制，减少主试因素对实验过程的无关影响。从实验处理来看，实验室实验仅操纵所关注变量的不同水平，保持其他因素的恒定，例如探究广告中不同大小的字体对个体购买意愿的影响，那么在实验室实验中，通常仅对字体的大小进行操纵，使字体的颜色、字体类型、呈现角度等方面均保持一致，减少无关变量对研究结果的影响。

2）实验室实验的局限。与现场实验相比，实验室实验的生态效度较低。在真实情景中，个体的行为往往受到多种因素的共同作用，而实验室实验仅关注个别变量的影响，通过对无关因素的严格控制将自变量对因变量的影响纯化，从而获得了较为精确和可重复的研究结果，但是研究结果推论到实际生活中的程度一直受到争议。

4.2.3 互联网实验

互联网实验（Internet Experiment）是指在互联网上开展的实验研究，互联网实验同样包括对自变量的操纵、因变量的测量以及无关变量的控制3个方面。

1）互联网实验的优势。①突破时空限制，互联网实验不需要固定的研究场所，为数据收集提供了诸多便利。首先，超越时空距离的特点使互联网实验成为跨文化研究的重要途径，不同国家和地区的被试都可以通过互联网进行实验，便利了文化差异的相关研究。

其次，突破时空限制削弱了重大突发事件对行为研究的影响。重大突发事件可能使实验室受到影响，大量行为实验研究无法开展。在这种情境下，互联网实验能够发挥其特有的优势，研究者只需将实验研究放在线上实验平台便能够在家收集数据。②节约成本。由于互联网实验在网络平台收集数据，因此节省了实验场地、设备投入、设备管理、人员时间等成本。

2）互联网实验的局限。①由于互联网实验依托线上平台进行，其应用范围取决于线上实验平台的普及度，目前线上实验平台的覆盖不够广泛，有很多群体难以参与到线上实验中来。②互联网实验还有可能存在数据收集不稳定、平台操作复杂、体验感差等问题，影响实验数据的收集。③互联网实验脱离了实验室环境，被试随时随地都可以在线上平台参与研究，对于实验环境中被试个体因素的控制较差，可能会影响实验结果的精确度。

4.3 行为实验研究原理

行为实验研究具有可操作性、可控制性、可分析性、客观性、真实性等特点，具有严密的逻辑和实施顺序，本书将对行为实验研究的一般操作过程进行讲解，展示行为实验研究的原理。

4.3.1 研究问题与研究假设

研究问题的提出是科学研究的第一步，任何研究的开展都从好的选题开始，能够发现和提出问题是研究工作的开端，也是最重要的一步。确立研究问题以后，结合相关文献和理论的梳理提出相应的研究假设，为后续研究打下基础。

1. 研究问题的确立

先厘清研究问题的来源，其来源主要有以下几个方面：

1）日常生活经验。日常生活中我们总会遇到一些问题，这些问题可能是你看到的、听到的，甚至联想到的。我们对这些问题存在好奇，无法知晓答案，那么我们就将此问题记录下来，因为它有可能成为一个好的研究问题。例如，有一天你去超市购物，听到超市里一直在放音乐，音乐声欢快跳跃、富有节奏，给你留下了很深的印象。购物结束后，你到一家茶餐厅准备吃点东西休息一下，这时候你发现茶餐厅的音乐却总是缓慢优雅，与超市中的音乐类型截然不同。为什么超市和餐厅内的音乐风格如此迥异呢？不同的音乐设计对购物体验和购物意愿会有影响吗？这些来源于你身边的问题都能够带来科研的启发。

2）实际问题解决。实际问题的困境也是确立研究问题的来源之一，为了走出实际困境，需要进行相应的科学研究。例如，医学研究中某些疑难杂症的治疗、企业中员工工作效率的提升、学校中学生学习动机的提升等都能够成为研究问题，为实际问题的解决提供思路和途径。

3）理论发展需求。从已有的理论或假说开始探究，从实际经验的角度验证理论和假说的正确性，也有可能找到研究问题，提出研究假设。以认知失调理论为例，1957年心理学家费斯廷格提出认知失调理论，该理论认为当个体的行为与信念、价值观相互冲突时，会体验到认知失调。为了消除这种失调带来的不适感，个体会努力克服冲突以达到内在和谐，因此可能改变行为并使其符合自己的信念或态度。随后费斯廷格进行了一项实验来验证其观点，该实验分为两个阶段：第一阶段，被试均进行了 1 小时的简单任务重复操作，可以想见，这个任务非常无聊。第二阶段，被试被随机分成 3 组，第一组为控制组，先进行短暂休息。第二组和第三组被试均成为实验助手，协助主试完成后续实验，他们需要告诉新来的被试：这个实验非常有趣（说谎）。担任助手完毕后，第二组被试得到了 1 美元，第三组被试得到了 20 美元作为报酬。随后所有被试进行实验任务有趣程度和再次参与实验意愿的评价，结果显示，第二组被试（得到 1 美元）的评价分数显著高于第三组被试（得到 20 美元）。这是因为第三组被试得到较高的报酬，因此他们认为自己的说谎行为是为了得到更多的报酬，而第二组被试只得到 1 美元报酬，他们无法用外在的诱因解释说谎行为，便会认为实验本身就很有趣。研究结果支持了费斯廷格之前所提出的认知失调理论。因此，为了发展和验证已有的理论和假说，可以进行相应的科学探索。

4）前人研究。文献阅读是产生研究思路的重要途径，通过一定量的文献积累，我们能够了解到当前领域中有什么问题已经解决，有哪些问题存在争议，哪些问题是研究的热点问题，还有什么问题是当前的研究难点。通过对以往文献的梳理，我们能够找到研究问题，并具有一定量的文献支撑，有利于提出科学的研究假设。

2. 研究问题的评估

关于研究问题的评估，可以从以下几个方面入手：

1）研究问题是否有价值。研究问题的价值包括实践价值和理论价值，具体而言，研究问题应该对实践有一定的指导意义，能够帮助现实问题的解释或解决。另外，研究问题应对理论发展有所贡献，或验证理论，或推动理论的不断完善。

2）研究问题是否有可行性。每个研究问题在被试群体的选择、实验者的专业能力和伦理敏感性等方面都有所差异。当你确定了相应的研究问题之后，应该思考这个研究问题需要的被试对象是否难以寻找，该研究是否涉及伦理道德问题，实验过程是否难以操作等问题。考虑研究的可行性，能够避免研究中走弯路。

3）研究问题是否有创新。一个好的研究问题需要具有创新性，创新包括两个方面：一是研究主题、角度的新颖性；二是研究设计、方法的新颖性。通过对前人文献的梳理，我们能够了解当前领域的研究进展。如果研究问题已有前人探究过，那么可以转换研究角度，思考其中的不足，或者采用更好的设计、统计方法等来进行验证。如果未有人探究过，那么应该先推敲该选题的可行性，再结合相关领域的研究设计、范式进行深入探索。

确立研究问题之后就可以形成相应的研究假设了，研究假设通常经由两个途径提出：一是源自文献的梳理综述；二是来源于相关的理论。

3. 研究假设

研究问题的确立必须明确以下两个方面：

（1）假设的概念与标准

假设（Hypothesis）是指对研究结果的假定性说明，是在一定文献和理论基础之上对研究结果的预期。在日常生活中，当人们提出相应的问题以后，通常会在心中对问题的答案有一个可能的预期，这个预期或基于生活经验或基于书本知识。相同的过程迁移到科学研究中来，对研究结果的预测就是研究假设的形成，一个科学的研究假设并不是凭空捏造的，需要从文献的梳理中获得，前人研究、理论分析和经验都能够推动假设的提出。研究假设应当是明确的，其陈述应该准确，不应含糊不清或存在歧义。研究假设还应该是能够被检验的，研究假设的真伪能够通过实验的结果进行验证。

（2）研究假设与虚无假设

结合实验与统计过程，我们需要对研究假设和虚无假设进行区分。研究假设是指根据已有的理论和经验所得出的假定性预期，也是研究者希望证实的预期，通常也被称为对立假设、备择假设，记作 H_1。但是在统计过程中，研究假设并不能被直接检验，需要建立和研究假设相对的假设进行统计验证，这个假设称为虚无假设（Null Hypothesis），也称无差假设、零假设或原假设，记作 H_0。虚无假设与研究假设相互排斥，二者只有一个正确，若实验结果证明 H_0 为真，则 H_1 为假；若 H_0 为假，则 H_1 为真。举个例子，为了探究工人的积极发言与意见采纳对工人工作效率的影响，某研究者进入工厂开展实验，研究者假设工人的积极发言与意见采纳能够显著提升其工作效率。实验开始，该工厂的晨会分为两个大组进行：第一组工人的晨会以组长发言为主，工人们只能听会，不能参与发言和决策；第二组工人的晨会以工人发言、组长总结为主要模式，工人们的意见纳入厂长的决策之中。第一组工人的工作效率为 u_0，第二组工人的工作效率为 u_1，那么研究假设为 H_1：$u_1 \neq u_0$，而相应的虚无假设为 H_0：$u_1 = u_0$。

假设检验的基本思想是小概率事件原理和反证法，人们通常将发生概率不超过 0.05 或 0.01 的事件称为"小概率事件"，小概率事件在一次试验中不可能发生，如果小概率事件在一次试验中发生了则称为"不合理现象"。在假设检验过程中，首先假设 H_0 为真，若出现"不合理现象"，则拒绝接受 H_0，转而接受 H_1；若没有出现"不合理现象"，则接受 H_0，拒绝 H_1。

假设检验的过程中，我们需要区分两类错误：Ⅰ型错误和Ⅱ型错误。Ⅰ型错误是指当 H_0 为真时，却被错误地拒绝了，也称为 α 错误或弃真错误。Ⅱ型错误是指当 H_0 错误时，却被接受了，也称为 β 错误或取伪错误。具体如表4-1所示。

表4-1 假设检验中的两类错误

	接受H_0	拒绝H_0
H_0为真	正确	Ⅰ型错误
H_0为假	Ⅱ型错误	正确

4.3.2 变量的选择与控制

变量是行为实验的核心，变量的选取和控制对于获取高质量的研究数据、得出科学的研究推论具有重要意义。如前所述，行为实验需要人为操纵和控制，而操纵和控制的对象就是变量，一个好的实验离不开有效的变量操纵和严格的变量控制。本书将从自变量、因变量和控制变量 3 个方面展开讲解。

1. 自变量

1）自变量的定义。自变量是指研究者能够操纵且会对因变量产生影响的变量。在具体的实验研究中，需要根据研究问题、研究目的选择自变量。

根据不同的标准可以将自变量分成不同的类别。以作业变量自变量的操作水平为标准进行划分，可以将自变量分为操作性自变量和选择性自变量。操作性自变量是指实验者能够进行直接操纵的变量，例如在记忆实验中，被试对实验材料的学习时长、学习次数都取决于主试的决定，能够通过具体的操纵改变其对因变量的可能影响。选择性自变量是指被试可以选择但无法改变的自变量，例如被试的性别、年龄、智商、气质、受教育水平等无法改变的被试自变量。

根据自变量的来源可以将自变量分为作业自变量、环境自变量、被试自变量。作业自变量是指将实验过程中的任务作为自变量，一般而言，作业自变量涉及实验任务的不同特征。例如，探究词语性质是否影响被试的记忆程度，那么词语的使用频率、具体性、配对词之间的语义关联性等都可以作为作业变量进行操纵。环境自变量是指可以操纵的环境特征，例如温度、湿度、亮度、噪声强度等。被试自变量是指被试自身的特质，例如被试的年龄、性别、左右利手、智力、动机、态度等。

2）自变量的控制。①明确操作定义。操作定义是指用可以感知、度量的事物、时间、现象和方法对自变量做出具体的界定。操作定义能够为具体的自变量操纵指明方向，例如，某研究者想探究个体的疲劳程度是否影响其对享乐型产品的购买意愿，在该研究中自变量是个体的疲劳程度，但是"疲劳"是一个相对抽象的词语，仿佛无法直接操纵和测量，那么需要对"疲劳"下一个操作定义，可以将其定义为个体的工作时间或单位时间内工作量的多少。个体的工作时间越长，或者单位时间内需要完成的工作量越多，那么就会越"疲劳"。在此实验中，我们可以将不同的被试随机分配到工作时间长（3 小时）和工作时间短（1 小时）的组，探究不同组被试对享乐型产品的购买意愿。②确定变量水平。通过对自变量下操作定义能够让研究者明确如何操纵自变量，那么应该将自变量操纵到什么程度是需要进一步确定的问题，操纵自变量的程度就是自变量的水平。一般而言，自变量的水平根据研究问题和研究目的确定，结合上文中对"疲劳"所下的操作定义，研究者将被试随机分配到了工作时间长和工作时间短的组，那么这个 3 小时和 1 小时就是自变量的两个水平，根据研究需要可以添加自变量水平，例如可以将疲劳程度分为 30 分钟、1 小时、3 小时、5 小时等。自变量水平的确定并不是凭空想象，需要文献和理论的支持，多多查阅文献是做好科学研究的唯一捷径。③刺激呈现的控制。除了明确操作定义和自变量的水平以外，如果研究自变量为作业自变量，还应该注意刺激呈现的控制，主要包括刺激的呈现方式、呈现时间、不同条件之间的时间间隔等，具体刺激呈现问题应参考借鉴相关研究文献，力求规范。

2. 因变量

1）因变量的定义。因变量是指能够观测或记录的由自变量的操纵所引起的变化。不同的研究问题能够选取的因变量指标很多，我们可以简单地将其分为客观指标和主观指标两个大类。常见的客观因变量指标有被试的反应速度（如被试学习某种实验材料所用的时间）、被试反应的正确性（如实验要求被试看到箭头按左键、看到圆圈按右键，被试做出正确反应的次数占总反应次数的百分比）、反应难度、反应强度等。主观指标是指被试的主观报告，例如实验要求被试体验不同屏幕大小的手机，体验时间为 10 分钟，10 分钟后被试口头报告自己的使用感受等。

2）因变量的控制。①因变量指标的选择。因变量指标的选取需要遵循以下原则：有效性、客观性、可靠性、数量化。有效性是指因变量指标能够充分反映所观测的现象或过程，如果不具有代表性或代表过于片面则会影响实验效度。客观性是指因变量的指标是客观存在的，而不是主观臆测的，能够进行观测和记录。可靠性是指因变量指标是较为稳定的，能够直接反映行为的变化，不会受到其他因素的影响而混淆实验结果。数量化是指因变量指标能够量化和记录，便于进行统计分析。②量程限制。因变量的选择应能够有效反映所观测的变化，而量程问题是掩盖真实结果的重要问题。行为实验中的量程限制主要包括天花板效应和地板效应两个方面，天花板效应是指被试所要完成的任务过于简单，以至于所有的被试都能够很好地完成；地板效应是指被试所要完成的任务难度过高，以至于所有水平的被试都无法完成。例如，在班级的期末考试中，每门课的试卷题目都会包括难度高、难度一般和难度低的题目，这样就能够使试题难度适中从而有更高的区分度，将不同水平的学生区分开来。倘若试题难度非常低，那么学习较差的同学也能得到 100 分；若试题难度过高，难到学习好的同学也无法做出来，全班同学都得了 0 分。这两种情况就是天花板效应和地板效应，由于无法对学生水平进行区分，从而失去了考试的意义。相同的情况迁移到行为实验中来，若因为因变量的量程选择过宽或者过窄而导致被试水平无法区分，则失去了实验的意义。③反应控制。实验过程中，被试的反应可能千差万别，因此需要对被试的反应进行控制，将其控制在实验者所感兴趣的维度上，因此可以通过指导语告知被试实验过程中的具体操作，必要时可以在被试反应时给予一定的标示，例如实验要求被试看到不同的颜色要按不同字母的按键，那么可以在键盘上贴上颜色标签，避免被试记错而按错按键，影响实验结果。当然，具体的反应控制应该通过查阅文献、借鉴前人的研究，使实验过程更加严谨。

3. 控制变量

（1）控制变量的来源

控制变量是指与实验过程中除自变量以外任何能对因变量产生影响的变量。控制变量具有两个特点：一是与实验无关；二是可能对因变量产生影响，因此需要对其进行控制。根据控制变量的来源不同，可以从主试、被试、环境和设计 4 个方面进行控制。

1）主试。实验过程中，主试往往起到引导实验进程的作用，在被试对实验的理解、被试操作的规范和数据结果质量等方面有着十分重要的影响。主试是否按照操作手册进行规范施测，主试的语音语调、面部表情，主试是否存在故意提高声音、制造紧张气氛等行为，主试是否给被试提示、暗示，主试对可能影响实验结果的标准控制不一、随心所欲等，都有可能对因变量产生混淆作用，影响数据质量。

2）被试。被试的性别、年龄、受教育水平、身心健康状况、注意力、实验动机和态度等都有可能影响实验结果。除此之外，还应该注意被试要求特征的影响，实验过程中被试并非完全被动，他们可能带有某种动机或态度来完成实验，并因此影响实验结果。以霍桑效应为例，从 1927 年到 1932 年，研究者到霍桑工厂开展实验，探究工作条件（如照明强度）与生产效率之间的关系，研究结果显示不同的实验处理都有助于提高生产力，即使控制条件恢复到初始状态，促进作用仍然存在。被试效率的提高并非由于实验处理，而是因为工人们知道自己正在参与实验，所以每位工人的工作都十分努力。因此，绩效的提高并非由实验条件造成，而是由于被试自身的反应。

3）环境。实验环境的温度、湿度、照明情况、是否有噪声，实验设备是否齐全，实验设备是否符合实验要求，实验环境的场地大小和整洁情况等都会影响实验过程乃至实验结果。除此以外，如果采取线上实验方式进行实验，那么实验平台的稳定性以及被试是否能够熟练地操作实验系统都需要实验人员纳入考虑范围。

4）设计。在实验设计方面，研究者应注意被试在实验过程中的顺序效应产生的影响，例如由此产生的练习效应、疲劳效应、顺序误差、习惯误差等。

（2）控制变量的控制方法

由于实验过程中某些无关变量可能会对实验结果产生影响，因此需要对这些无关变量进行控制，根据不同无关变量的特征和实验操作，可以选择以下方法进行控制：

1）消除法。消除法是指将实验中的无关变量直接排除，以避免某些无关变量的影响。例如，实验过程中如果有声音存在可能会影响实验结果，那么可以利用隔音实验室消除声音的影响。主试的期望效应和被试的要求特征可能会影响实验结果，那么可以采取双盲实验法，主试和被试都不知道被测者的组别，消除实验过程中个体的主观偏差与个体偏好。

2）恒定法。恒定法是指当某些无关变量难以消除时，让其保持恒定以控制其影响。例如，为了控制光照对实验结果的可能影响，将实验室内的光照设置在同一强度。

3）匹配法。匹配法是指将具有不同特点的被试人为地划分，将具有相同特质的被试划分到一个组内，使被试在一定程度上同质，排除无关变量的影响。例如，在某个实验中，被试的年龄、设备使用熟悉度、人格特质等可能会对实验结果产生影响，那么可以将具有相近年龄、设备使用熟悉程度或相同人格特质的被试分为一组进行测试，有效避免无关变量的混淆作用。

4）随机化法。随机化法是指将被试随机地分配到不同的实验条件中，每个被试分配到不同条件下的机会是均等的，由于被试差异的存在，随机化法相当于对额外变量进行了匹配，解决了系统性偏差的问题。

5）抵消平衡法。抵消平衡法是指通过综合平衡的方法，将无关变量的影响相互抵消。由于某些无关变量难以消除或恒定，例如实验过程中产生的顺序效应，造成被试产生反应习惯和疲劳等，影响实验结果，可以采用 ABBA 法或拉丁方设计将这些额外变量的影响抵消。

6）统计控制。在实验开始之前，研究者往往经过多角度的思考尽量避免了无关变量的影响，但是也存在控制不完全的情况，这样就需要实验后控制来减少无关变量的影响。

具体可以通过剔除极端数值、统计矫正和协方差分析等方法来消除无关变量对实验结果的影响。

4.3.3 被试的选择与抽样

被试的选择与抽样是行为实验中的重要一环，行为实验结果的解释和应用是一种推论过程，将通过部分被试得到的结果推论到总体中，那么被试的选择就至关重要。举个例子，当人们去菜市场买樱桃的时候，只能看到樱桃的外观，并不能尝到樱桃的味道。那么，我们如何才能买到又大又甜的樱桃呢？当你犹豫不决的时候，卖家跟你说："我这儿的樱桃是最甜的，不信你尝尝。"你从一堆樱桃中挑了一个樱桃放入口中，品尝它到底甜不甜。其实，你挑选这一个樱桃的过程就是抽样的过程，那么我们应该怎样去挑选这个樱桃、挑选几个樱桃最合适，都是我们在抽样中需要考虑的问题。同样地，在被试的选取中有两点需要重点掌握：一是如何选择"合适的"被试；二是如何"恰当地"选择被试。本书将从以下两个方面展开讨论：

1. 被试的选择和样本容量

被试的选取是否符合要求直接影响研究结果，一般而言，被试的选择过程包括两个方面：一是确定被试来源；二是确定被试的选取数量，即样本容量的大小。

1）被试的来源。被试的选择应该符合研究主题要求，研究者应重点考虑课题的性质以及研究结果的概括程度。从大的方面考虑，研究应该首先确定实验需要的是人类被试还是非人类被试，这取决于实验选题对被试的影响以及实验需要控制的变量。其次，被试具有差异性，这种差异性不仅来自个体本身，也有可能来自个体所在环境的影响。例如，不同国家、不同民族的被试可能存在共性，因此研究被试的选取还应该考虑研究结论所推论的总体，如某研究探究的是具有长期工作经验的个体，个体在选择被试的时候应该注意从公司内部进行筛选，而不应该进入校园选择。

2）样本容量。样本容量是指该实验所需要的被试数量。确定样本容量是正式实施实验之前的重要步骤之一，被试数量的选取并不是随心所欲的，需要按照一定的规则来确定。目前确定样本容量的方式主要依据效应量（Effect Size）来计算，效应量的选择通常有以下两种途径：第一，查阅所研究变量的相关文献，记录以往研究中不同实验中的效应量，了解以往研究中效应量的范围，根据效应量的最小值和最大值计算样本容量的最小值和最大值，在此范围内确定研究的样本容量；第二，在实施正式实验之前，进行预实验，根据预实验的效应量计算正式实验中的样本容量。

那么，效应量到底是什么？其实，效应量是指不依赖于样本大小却能够反映自变量和因变量之间关联强度的一种指标。在实验研究中，出现的误差越大则效应量越小，误差越小则效应量越大。常见的效应量指标有 d、r_{pb}、η^2、ω^2，当进行 T 检验时，可以使用 d 和 r_{pb} 作为效应量指标，当进行方差分析时，可以使用 η^2 和 ω^2 作为效应量指标。

那么，如何根据效应量计算出样本大小的具体数字？有很多软件可以协助研究者进行计算，例如 PASS（Power Analysis and Sample Size）、SAS Power and Sample Size、G*Power 等。

2. 抽样方法

抽样方法可以分为概率抽样和非概率抽样。

（1）概率抽样

概率抽样是指在取样过程中，每个被试被包括在样本中的概率是已知的。常见的概率抽样技术主要有以下几种：

1）简单随机抽样。简单随机抽样是指在取样的过程中，每个个体被抽到的概率是均等的。例如，某学院举行迎新晚会，晚会共有300名观众参与，会场内的座位按照1～300的数字排序，300名观众入场后随机入座。晚会中途有一个抽奖环节，随机抽取5名幸运观众，抽奖箱内有写有1～300的小纸条，被抽取出来的数字即为获奖者的座位号，那么这种抽奖方法就是简单随机取样。

2）系统抽样。系统抽样是指从总体中随机选取一点为取样起始点，然后每隔 K 项元素取一个元素作为样本。K 是根据样本容量与总体数量的比值确定的。例如，总样本量为1万，取样量为100，那么样本容量与总体数量的比值为1/100，需要选取的样本为从随机起始点开始的第100名、200名、300名……直到选择完100个样本为止。

3）分层抽样。分层抽样是指先将总体分为多个层次，再从每个层次中随机抽取样本。例如，研究者想要从某高中选取300名被试进行实验，已知该高中有3 000名学生，高一、高二、高三年级的学生各1 000名，那么可以先将3 000名学生按照年级划分，再从每个年级中分别抽取100（300/3 000×1 000）名学生，这就是分层随机取样。

4）整群抽样。整群抽样是指将总体分为若干群体，再从各群体中进行随机抽样。其中，将总体分解为若干群体时，需要注意使各群体内的样本尽量同质。

（2）非概率抽样

非概率抽样是指在取样过程中不考虑随机性问题，非概率抽样也是抽取样本的常用方法，尤其体现在定性研究中。详见图3-3。

4.3.4 实验设计

实验设计是进行实验之前所做的具体计划，通过实验设计能够帮助研究者控制实验条件和辅助实验程序设计。实验设计是行为实验研究的灵魂，决定实验的成败。一个好的实验设计通常符合以下标准：一是使实验具有良好的信度，提高实验结果的可靠性；二是使实验具有良好的效度，能够解决该研究所探究的问题；三是能够很好地控制无关变量的影响。

1. 实验设计中的关键概念

1）因素。因素是指研究者所感兴趣并进行操纵的一个变量，即自变量。

2）水平。水平是指在实验过程中所操纵的变量的每个特定的值。例如，某研究者想要探究电商平台的评价情绪（效价和唤醒度）对顾客购买意愿的影响，其中效价分为积极情绪、中性情绪、消极情绪，唤醒度分为低唤醒度和高唤醒度，因此这是一个3×2的实验设计，这个设计中包含2个因素，分别为评论情绪的效价和唤醒度，其中第一个自变量（效价）有3个处理水平（积极、中性、消极），第二个自变量（唤醒度）有2个处理水平

（低唤醒度、高唤醒度）。

3）主效应、交互作用和简单效应。主效应是指在实验中由一个因素的不同水平所引起的变异叫作因素的主效应。例如，在上一个 3×2 的两因素实验中，A 因素有 3 个水平，B 因素有 2 个水平，当忽略 B 因素各个水平的差异时，只用 A 因素 A1、A2、A3 水平的数据来计算方差，从而得出 A 因素的主效应。当忽略 A 因素各个水平的差异时，只用 B1、B2 水平的数据来计算方差，从而得出 B 因素的主效应。

交互作用是指当一个自变量的效应随着另一个自变量水平的变化而变化时，即两个因素之间存在交互作用。也就是说，一个因素的水平在另一个因素的不同水平上的变化趋势不一致。

简单效应是指一个因素的水平在另一个因素的某个水平上的变异，当方差分析中发现存在交互作用时，需要进行简单效应检验。例如，在一个 2×2 的两因素实验中，A 因素的 2 个水平在 B1 水平上的方差叫作 A 在 B1 水平上的简单效应，A 因素的 2 个水平在 B2 水平上的方差叫作 A 在 B2 水平上的简单效应。

2．实验设计的分类

（1）非实验设计、准实验设计和真实验设计

根据对实验控制条件的严密程度的不同，可以将实验设计分为非实验设计、准实验设计和真实验设计。

非实验设计无法操纵自变量，通过事件自然发生后，对观察的自变量与因变量使用方法估计它们之间的关系。

准实验设计是介于非实验设计和真实验设计之间的一种实验设计，其实验控制比非实验设计严格，但是不如真实验设计对无关变量控制的全面。

真实验设计是对实验条件控制程度较严格的实验设计，在真实验设计中，研究者能够有效地操纵实验变量和控制无关变量，在被试选择和分配中遵循随机化原则，从而使实验结果能够客观地反映实验处理的作用，并能够很好地推论到总体中。

（2）单因素实验设计和多因素实验设计

根据实验中要操纵变量的多少，可以将实验设计分为单因素实验设计和多因素实验设计。

单因素实验设计是指在实验中仅操纵一个自变量。多因素实验设计是指在实验设计中操纵两个及以上自变量。真实情境中各个因素之间并不是相互独立的，不同因素可能会共同作用于因变量，与单因素实验设计相比，多因素实验设计则更全面地考虑了不同因素之间的交互作用，使研究结果更具生态效度。

（3）被试内实验设计、被试间实验设计和混合实验设计

根据在自变量及其各个处理水平中是否使用相同的被试，可以将实验设计分为被试内实验设计、被试间实验设计和混合实验设计。

1）被试内实验设计。被试内实验设计是指在实验过程中，每个被试都需要接受自变量所有水平的处理。例如，某研究者想要探究不同压力水平对个体风险决策的影响，压力

水平分为无压力、中等压力和重度压力，那么如果采用被试内实验设计，则每一个被试都需要在3种压力情境下进行实验。

被试内实验设计的优势：第一，能够节省被试数量；第二，能够控制不同组之间的个体差异。

被试内实验设计的局限：第一，实验处理之间存在相互影响；第二，存在顺序效应，例如位置效应、延续效应和差异延续效应。因此，在被试内实验设计中必须对实验处理进行平衡化处理，避免顺序效应对实验处理效应的混淆，常用的平衡设计有ABBA设计和拉丁方设计。

2）被试间实验设计。被试间实验设计是指在实验过程中，每个被试只接受一个自变量水平的处理。在刚才的例子中，每个被试只需要接受一个自变量水平的处理，也就是研究者需要将被试随机分为3个小组，其中第一组接受无压力水平处理，第二组接受中等水平压力处理，第三组接受重度压力水平处理。

被试间实验设计的优势：能够避免不同实验处理通过被试相互"污染"。

被试间实验设计的局限：第一，需要较多被试，花费较多人力物力。第二，被试个体间的差异可能降低实验处理的有效性，因此在被试间实验设计中需要利用匹配法和随机化法来控制个体差异。

3）混合实验设计。混合实验设计是指在一个实验中同时采用被试内实验设计和被试间实验设计，混合设计一般出现在多因素实验中，它要求至少有一个自变量使用被试内实验设计，且至少有一个自变量使用被试间实验设计。

混合实验设计综合了被试内实验设计和被试间实验设计的优点，能够有效地控制无关变量的影响，因此得到了广泛使用。

4.4 行为实验研究实例

4.4.1 现场实验研究实例

文献来源：Wu, S. J. ,&Paluck, E. L. .（2020）. Participatory practices at work change attitudes and behavior toward societal authority and justice. Nature Communications, 11（1），2633.

研究问题：探究参与性工作实践是否能够改变个体对权威的态度和对公平的感知。

研究假设：参与性工作实践能够降低个体对权威的态度和对公平的感知。

【研究1】

研究对象：某地工厂员工（主要是女工）——来自外地；员工动机——绩效（多劳多得）；工作环境——较封闭，分小组工作，不轻易变组，每个小组有一个组长，小组间基本无交流。

研究设计：

自变量：员工晨会参与方式——实验组（Experimental Group，自下而上）和控制组

（Control Group，自上而下）。

实验组：组长提出问题，组员参与讨论，说明本周的工作目标，如何进行具体工作，工作中的经验分享等，组长尽量避免打断组员发言。

控制组：组长总结，布置任务和目标，组员不发言。

因变量：通过问卷调查对权威的态度、对公平的态度和感知、不同地位社会群体间的冲突感知、工作之外的其他参与行为4个部分。

研究结果：在对权威的普遍态度上，实验组被试对权威的态度显著低于控制组，参与性晨会改变了参与者对权威的态度。在对公平的态度和感知上，实验组得分显著低于控制组被试。在对不同地位社会群体间的冲突感知上，实验组和控制组对富人群体和普通民众之间的冲突感知没有显著差异，但是实验组被试在经理和工人之间的冲突感知显著高于控制组。在工作之外的其他参与行为（对参与政治的兴趣、在家庭和社会生活中的参与行为）上，实验组被试的得分显著高于控制组。

【研究2】

研究问题：探索【研究1】的结果是否可以推广到不同文化背景下的其他群体。

研究对象：某大学院系团队，32个院系（172名师生）。

研究设计：同【研究1】，但是因变量只测量了两个部分：对权威的态度、对公平的态度和感知。

研究结果：数据结果复制了【研究1】中的结果。

研究结论：参与性经验能够对民主态度和激励自主产生影响。

4.4.2 实验室实验研究实例

文献来源：Melumad, S., & Pham, M. T..（2020）. The smartphone as a pacifying technology. Journal of Consumer Research，47（2），237-255.

研究问题：探究在压力情境下，消费者使用智能手机能否为个体提供心理安慰并减轻其压力感知。

研究假设：

H_1：消费者能够从智能手机中获得心理安慰，原因是手机具有高度个性化、便携性、隐私感、令人愉悦的触感等特性。

H_2：压力情境下，消费者表现出越来越倾向于寻找和使用智能手机作为应对他们不适的手段（即使存在其他替代性物品）。

H_3：智能手机能够提供心理安慰，即使是短暂地使用手机也可以缓解压力。

H_{3A}：使用智能手机比使用具有类似功能的个人设备（笔记本计算机）更能缓解压力。

H_{3B}：使用自己的智能手机比使用其他人的智能手机更能缓解压力。

【研究1】

研究目的：探究智能手机作为心理舒适感来源的基础机制，评估这种心理舒适感所带来的作用。

研究方法：使用问卷调查，问卷主要聚焦在使用手机所提供的心理舒适感、心理舒适感的来源、使用手机所带来的影响（缓解个体压力）、个体差异等方面。

研究结果：通过对数据进行结构方程模型构建，数据结果显示手机作为令人安心的存在，其个性化、便携性、隐私性、令人愉悦的触感都是重要组成部分，这种安心的存在提供了心理舒适感，手机的使用能够缓解个体压力。

【研究 2】

研究目的：探究实验室实验中，智能手机的使用能够提供心理安慰，即在压力情境下，消费者寻找和使用智能手机的频率显著提高。

研究设计：单因素被试间设计，自变量为压力情境的设置，即高压情境和低压情境，因变量为手机使用行为。

研究流程：实验室被分成两个区域：一个区域是等候区，该区域内包含一张桌子和一把椅子，桌子上放有报纸；另一个区域是调查区，该区域同样有一张桌子和一把椅子。被试首先进入等候区，并将个人物品（包括手机和其他可能分散注意力的物品）放在等候区。随后被试进入调查区，填写心理舒适感问卷，并随机进入压力情境（高压情境和低压情境），在高压情境下，告知被试需要在 5 分钟内准备书面演讲，并将在镜头下背诵此演讲稿；在低压情境下，告知被试只需要在 5 分钟内准备书面演讲，不需要在镜头下背诵此演讲稿。经历压力情境后再次进入等候区等待，等待时间为 10 分钟，在等候区被试能够拿到其个人物品并浏览报纸。

研究结果：通过对被试在等候区的行为数据记录分析，结果显示对于所有被试而言，经历过高压情境的被试，进入等候区后第一时间拿起手机的概率以及与手机互动的平均时间显著高于低压情境下的被试。对在 10 分钟的等候时间内使用过手机的被试进行分析发现，经历过高压情境的被试，进入等候区第一时间拿起手机的概率以及与手机互动的平均时间同样显著高于低压情境下的被试，且高压情境下的被试第一次拿起手机的时间显著低于低压情境下的被试。研究结果显示，高压情境使消费者更有可能寻找和使用智能手机，以此作为应对心理不适的一种手段，证实了假设 H_2。

【研究 3】

研究目的：由【研究 2】结果可知智能手机能够提供心理安慰，本研究将具体探究使用智能手机与使用具有类似功能的个人设备（笔记本计算机）在缓解压力方面是否存在差异。

研究设计：2（设备：智能手机和笔记本计算机）× 3（时间：时间 1、时间 2 和时间 3）的混合设计。其中，设备是被试间自变量，时间是被试内自变量，因变量为心理舒适感。

研究流程：所有被试被要求带着其智能手机和笔记本计算机进入实验室，并将手机和笔记本计算机放在不同的隔间内。随后进行第一次心理舒适感测量，测量结束后进入压力情境，通过进行 3 个难度依次上升的任务对被试施压，压力操纵结束后进行第二次心理舒适感测量。随后被试被随机分配到不同的隔间，通过智能手机或者笔记本计算机浏览一个相同的社交网页，浏览时间为5分钟。5分钟后，进行第三次心理舒适感测量。

研究结果：对数据进行方差分析，结果显示时间主效应显著，从时间1到时间2，被试的心理舒适感显著降低，从时间2到时间3，被试的心理舒适感显著提升，说明经历压力情境能够降低个体的心理舒适感，而使用智能手机或笔记本计算机能够缓解心理压力。在时间2到时间3内，时间与设备的交互作用显著，使用智能手机的被试，其心理舒适感显著高于使用笔记本计算机的被试。且使用手机的被试在时间3上的心理舒适感显著高于时间1，而使用笔记本计算机的被试在时间3上的心理舒适感仅回到时间1的舒适感水平。研究证明了假设 H_{3A}，与其他设备相比，智能手机的使用能够提升个体的心理舒适感，缓解个体压力。

【研究4】

研究目的：研究进一步探究使用自己的智能手机与使用其他人的智能手机在缓解压力方面是否存在差异。

研究设计：2（设备所有权：个人智能手机和实验室智能手机）×3（时间：时间1、时间2和时间3）的混合设计。其中，设备所有权是被试间自变量，时间是被试内自变量，因变量为心理舒适感。

研究流程：研究流程与【研究3】相同，唯一的不同是不同隔间内的设备为个人私有的智能手机或实验室提供的智能手机。

研究结果：对数据进行方差分析，结果显示时间主效应显著，从时间1到时间2，被试的心理舒适感显著降低，从时间2到时间3，被试的心理舒适感显著提升，说明经历压力情境能够降低个体的心理舒适感，而使用智能手机能够缓解心理压力。在时间2到时间3内，时间与设备的交互作用显著，使用私人智能手机的被试，其心理舒适感显著高于使用实验室智能手机的被试。研究证明了假设 H_{3B}，使用自己的智能手机比使用其他人的智能手机更能缓解压力。

4.4.3 互联网实验研究实例

文献来源：Sun, T., Viswanathan, S., & Zheleva, E..（2021）. Creating social contagion through firm-mediated message design: evidence from a randomized field experiment. Management Science, 67（2），808-827.

研究问题：探究一家公司是否以及如何仅仅通过改变客户与朋友分享的信息来增强社会传染。

研究设计：2（购买状态信息：有和无）×2（推荐奖励信息：有和无）的被试间设计，因变量为收件人的购买行为和推荐行为。

研究流程：与每日交易在线平台合作，由发件人向收件人发送邮件，邮件信息主要有无购买信息无推荐奖励信息、有购买信息无推荐奖励信息、无购买信息有推荐奖励信息、有购买信息有推荐奖励信息4种。邮件设计如图4-1所示。

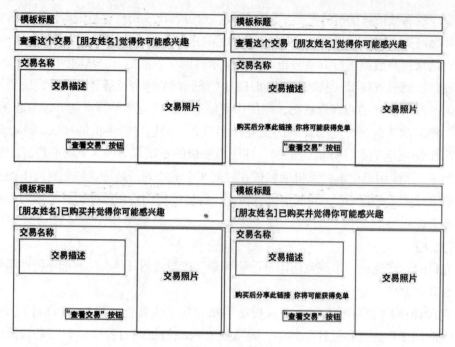

图4-1 邮件设计

研究结果： 通过对数据进行分析发现，①只添加有关发件人购买状态的信息会增加收件人购买的可能性，但对后续推荐没有影响；②添加关于推荐奖励的信息只会增加收件人的后续推荐，但对购买可能性没有影响；③添加关于发送人购买和推荐奖励的信息既不会增加购买也不会增加后续推荐的可能性。研究者进一步利用了交易、接收者、发送者和社会关系特征等信息建模，结果表明，社会学习和社会效用具有重要作用，而收件人购买行为的减少主要是由于信誉度问题导致的社会学习的降低。

| 第5章 |

神经实验研究方法

5.1 神经实验研究概述

神经实验研究是指采用认知与神经科学的手段，结合实验研究探索个体心理与行为及其认知机制的方法。常用的神经实验技术有眼动技术、脑电技术、功能磁共振成像技术等。

眼动技术通过记录眼睛注视点的位置变化追踪眼睛的运动痕迹。眼动技术的优势是具有实时性，能够实时地关注被试眼睛注视点的位置变化，提供准确的视觉信息；具有非掩饰性，能够通过眼睛运动直观反映个体的视觉信息加工过程；具有客观性，提供客观数据指标进行分析。眼动技术的局限是更适合认知加工的早期阶段，在情绪情感以及其他高级心理过程中的使用需要谨慎。

脑电技术通过记录神经元活动所诱发的电信号进行后续分析，探究个体的认知加工过程。脑电技术的优势是具有较高的时间分辨率，能够记录毫秒级的时间变化；脑电设备是无侵入性设备，不会对被试产生任何安全威胁；可以与其他认知神经科学的工具同步使用；设备的使用和维护都相对简单。脑电技术的局限是空间分辨率较差，只能检测大脑皮层的神经元信号；信噪比较低，需要反复叠加。

功能磁共振成像技术通过记录神经元活动过程中所诱发的血氧变化产生的磁信号，探索大脑的认知加工过程。功能磁共振的优势是具有较高的空间分辨率，能够对脑区进行精准定位；无侵入性，能够更安全和无创地对大脑进行可视化。功能磁共振成像技术的局限是时间分辨率较差，设备价格昂贵，对被试要求较高。

5.2 常用的神经实验技术

5.2.1 眼动技术

眼睛是重要的视觉器官，视觉是人们获取信息的主要来源，外界的视觉刺激通过眼睛转换为视觉信息，通过神经信号传输给大脑，于是我们就看见了眼前的花草树木、书本知识、亲人朋友。那么，我们的眼睛看了哪里？看了多久？注视的顺序是什么？我们的眼睛是怎样看的？在看的时候都发生了什么样的认知过程？这些问题我们可以通过眼动技术来进行探索。眼动技术就是通过专业的仪器捕捉人眼的运动轨迹，通过提取其中的关键数据，例如注视点、注视时间、眼跳等数据，进行统计分析，从而提取视觉信息并探究个体内在认知过程的技术。

1. 生理基础

眼睛是视觉产生的重要部分，眼睛、视神经和视觉中枢的协同活动使人们产生了视觉。眼睛由折光系统和感光系统两个部分组成，在眼球的结构中，角膜、瞳孔、房水、晶状体和玻璃体是重要的眼内折光装置；视网膜上的感光细胞（视杆细胞和视锥细胞）是眼睛的感光系统。角膜具有聚集光线的作用，外界的光刺激通过角膜进入眼睛，虹膜内的肌肉收缩或舒张调整瞳孔的大小，来控制进光量，通过睫状肌的收缩和舒张改变了晶状体的形状聚焦光线。外界的视觉刺激通过眼睛的折光系统在视网膜上成像，视网膜上的光感受器将光能转换为神经冲动，通过视神经将神经冲动传入视觉中枢，从而产生了视觉。眼球结构如图 5-1 所示。

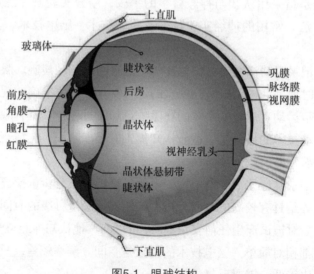

图5-1 眼球结构

眼球上有 3 对眼外肌控制着眼球的运动，其中内直肌和外直肌相互制约控制着眼球的水平运动，即左右移动；上直肌和下直肌相互制约控制着眼球的垂直运动，即内上方向和内下方向的移动；上斜肌和下斜肌控制着眼球的外上方向和外下方向的移动，其中上斜肌引起眼球的外下侧运动，下斜肌引起眼球的外上侧运动。眼球的 3 对眼外肌结构如图 5-2 所示。

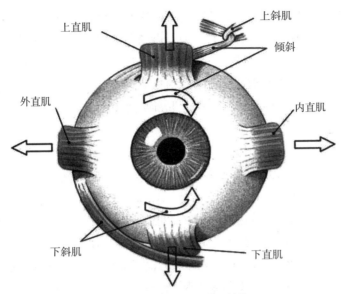

图5-2 眼球的3对眼外肌结构

2. 眼动的原因

从上一小节中我们可以了解到，外界的光线通过角膜、虹膜、晶状体、玻璃体等折光系统在视网膜上成像，视网膜上的感光细胞将光能转换为神经冲动，经由视神经传入大脑，从而形成视觉。在视网膜上有一块黄色区域，在视神经盘颞侧约3.5mm处，被称为黄斑，其中央的凹陷被称为中央凹，即视网膜中视觉最敏锐、看得最清晰的区域。在中央凹外侧区域±1°～±5°的范围被称为副中央凹，这个区域能够获取部分视觉信息，但是并不够清晰，也就是人们通常所说的"余光"。副中央凹再向外侧就是边缘区域，在这个区域几乎不能获取到有效的信息。

由于眼球在静止时所获取的信息是有限的，为了保证使运动着的物体或足够大的物体/区域在视网膜上能够连续成像，视网膜需要不断接收外界光线刺激，因此必须通过眼球的运动来配合。但是眼动的范围是有限的，当移动范围超过12°时，就需要头动进行辅助。

3. 眼动的基本模式

为了能够看清物体并维持清楚的视觉成像，眼睛必须进行眼动。眼动通常有3种基本模式：注视、眼跳和追随运动。

注视是指在个体进行视觉搜索时会有意识或无意识地将目光集中在部分信息上，注视的目的是将眼睛的中央凹对准某一物体或范围，从而获得最清晰的视觉信息。注视的速度为10°/s～15°/s，注视的范围为0.5°～2°，注视的持续时间通常为50～250ms，期间眼睛保持相对稳定的状态。但是需要注意的是，在注视的过程中，眼球并不是完全静止的，而是伴随着3种运动：漂移、震颤和不随意眼跳。

眼跳是将注视点从一个点快速移动到另一个点的行为，眼跳的目的是通过改变注视点，使所要关注的内容落在视网膜最敏锐的中央凹区域。眼跳的速度很快，为30°/s～100°/s，且双眼的眼跳几乎是一致的。因此，当我们在注视某个对象时，眼动的轨迹并不是一条平滑的直线，而是由很多微小的、停顿的眼跳组成的不平滑的线条。

追随运动是指在观察运动的客体时，为了得到和维持相对清晰的成像而使眼睛跟随这个客体运动的方式。在追随运动的过程中经常需要眼跳的辅助参与，由于个体不能完全预测所关注客体的运动路径和运动速度，眼睛的追随运动会出现过快或过慢的情况，这时候会通过眼跳进行辅助校正，使眼睛的注视点重新回到客体上。

4. 眼动仪概述

眼球的运动直观地显示了个体所关注的客体是什么，个体如何关注这些客体，更重要的是，眼球的运动能够揭示大脑正在发生的认知过程，因此研究者们通过研究眼球的运动来探究个体的心理活动。

眼动仪是一种能够记录眼球运动的仪器，通过记录个体在处理视觉信息时的眼球运动轨迹，提取注视点、注视时间、眼跳距离等重要数据，对眼动的过程进行量化。

随着科学技术的不断发展，眼动仪的种类也不断丰富。目前常用的眼动仪主要有3种：桌面式眼动仪、头戴式眼动仪和虚拟现实眼动仪。

1）桌面式眼动仪。桌面式眼动仪通常以长方形的形态吸附于显示屏的下方，或者与屏幕结合为一体。桌面式眼动仪的优点是具有较高采样率和较高稳定性，非接触设计，不需要任何穿戴设备，因此适合在实验室内使用。

2）头戴式眼动仪。头戴式眼动仪通常是通过穿戴在眼睛周围的设备采集眼球的运动信息，一般为眼镜样式。该种类型的眼动仪通常自带场景摄像头和离线处理设备，能够采集和记录被试视野坐标系的位移和旋转，将坐标信息转换为注视位置。头戴式眼动仪的优点是十分便携，穿戴式设备无须限制被试的空间运动，因此适合各种户外、运动等研究场景。

3）虚拟现实眼动仪。虚拟现实眼动仪是通过将眼动仪设备放置在VR（虚拟现实）头盔内部，实现个体在虚拟环境下的眼动数据采集。虚拟现实眼动仪既能够使被试置身于虚拟环境中，又能够采集和记录到个体在三维空间内的注视信息，实现了设备集成化和数据交互化，适用于虚拟仿真情境下的眼动研究。

眼动仪的选择没有好坏之分，需要研究者们根据研究内容和研究目的进行选择。具体而言，如果研究目标的二维平面内容能够以图片、视频等方式呈现在计算机上，那么可以选择桌面式眼动仪。如果研究目标是三维立体内容，需要在一定的场景中呈现，那么可以选择头戴式眼动仪。研究者需要结合自己的研究在数据采集的准确性、精确性和生态性之间进行权衡，选择最合适的数据采集方式。

5. 眼动追踪和分析过程

为了了解个体的眼动信息，探究个体的认知过程，我们想要通过眼动追踪技术进行科学研究。一般而言，眼动实验的过程通常包括实验设计、被试选取、数据采集和数据分析等阶段。结合不同的研究任务选取适合的眼动仪进行探究，那么具体的数据采集和分析过程是怎样的？有什么需要注意的要点吗？眼动仪的系列和型号多种多样，但是不同系列和型号的眼动仪在基本操作上有很多相同之处，本节将以Tobii系列眼动仪的操作和分析过程为例，对眼动数据的采集和分析进行详细介绍。

6. 眼动实验程序创建

首先打开 Tobii Pro Lab 软件，单击 Create new Project 可以创建一个新的项目，项目文件类型有"Screen""Glasses""Scene Camera""VR360""External Presenter"5种。"Screen"类型是可以在屏幕上呈现文字、视频、图片、网页等刺激材料的实验类型；"Glasses"类型是可以通过头戴式眼动仪采集数据的实验类型；"Scene Camera"类型是可以测试实物类刺激材料的实验类型，需要连接外部摄像头辅助数据采集；"VR360"类型可以采集和分析 VR 环境中的数据；"External Presenter"类型是可以与第三方软件进行同步数据采集的类型，例如与 E-prime 进行同步。选定项目类型后需要对实验项目进行命名和保存。

Tobii Pro Lab 中的"Design"模块用于刺激材料的设计。刺激材料的设计分为时间轴和媒体材料两大部分，时间轴能够直观地展示实验的流程，在时间轴上可以根据实验任务添加不同类型的刺激材料。媒体材料支持多种类型，例如文字、图片、视频、网页等材料。

被试信息的创建用于记录被试的姓名、年龄、性别等信息，研究者可以根据实验需要对这些信息进行定义，用于后续的数据筛选和分析。在"Tobii test"菜单栏中，单击"Participant Variables"，右侧会出现被试属性框，研究者能够对被试的变量进行定义并添加多个实验所需要的不同被试变量属性；单击"Participants"能够对被试的名称进行定义，在这里可以输入被试的姓名，并添加已经定义过的被试属性信息。

7. 眼动实验数据采集

首先应该确保眼动仪与计算机是否成功连接，并对眼动仪的各项设定以及被试位置进行调整，准备完毕后可以进行后续工作。在数据正式采集之前需要进行校准，校准是保证数据质量的重要步骤，由于不同被试的眼部特征具有差异，通过前期校准能够确保眼动仪了解不同被试的眼部特征，有利于后续数据的精确计算和采集。Tobii Pro Lab 的默认校准方式为点状呈现，校准点的数量有 2、5、9 点，校准点的数量根据屏幕大小确定，屏幕越大需要的校准点越多，一般而言，5 点校准使用较多。校准过程还涉及校准点的颜色、背景颜色等自定义要素，研究者可以进行多种选择。

打开"Record"模块进行数据采集工作。选择连接成功的"Eye Tracker"后，软件会显示两只眼睛的状态，继续选择需要测试的实验，选择和编辑被试信息，进行校准过程，如果校准不好，可以进行重新校准，校准满意后单击"Accept"进入正式的数据采集过程。

8. 眼动实验数据分析

数据采集完成后便进入数据分析阶段。

1) 记录回放。在 Tobii Pro Lab 中，能够清晰地看到每一条数据记录，通过双击进入任意一条数据可以对数据记录进行回放。数据收集完成后的记录信息主要包括记录的名称、被试相关信息、记录开始时间、记录持续时间等，该信息一旦生成无法更改。在记录回放的过程中，可以通过眼动过滤器对数据进行分类处理，并将数据叠加到所录制的视频上。通过使用自定义 TOI（兴趣区间）工具将数据记录分割为与数据分析相关的事件间隔，从而实现与任务和编码行为相关指标的计算、与 AOI（兴趣区域）相关指标的计算和眼动数据的可视化。记录回放过程中也能够进行事件的记录与管理，包括对事件添加标记、快速定位事件发生的时间点等。

2）数据可视化。在数据分析过程中，数据可视化模块能够让研究者对数据结果有一个直观的了解。其中，热点图（Heat Map）和注视轨迹图（Gaze Pot）是常见的眼动数据可视化形式。

热点图是以颜色呈现个体视觉关注度的形式，通过热点图能够直观显示被试的关注区域和关注时间，红色区域通常表示被试对该区域的关注度较高、看的时间较久，而绿色区域则表示被试对该区域的关注度较低、关注时间较短。具体操作步骤为：单击可视化模块，在右侧面板工具中选择热点图，继续选择生成热点图时需要使用的眼动过滤器，在 TOI 工具中选择用于可视化的兴趣区间，在数据选择工具中选择想要进行热点图可视化的记录与时间间隔，对于热点图的计算依据进行设置，生成热点图。

注视轨迹图是通过在刺激材料上呈现注视点的位置和顺序表明被试的注视轨迹。在注视轨迹图中，圆点的大小表明注视时间的长短，圆点内的数字表明注视的顺序。具体的操作步骤与热点图一致，但是在选择图示形式时需要选择注视轨迹图按钮。

9. 创建和管理 AOI

AOI 是指研究者在研究中所关注的重点区域，划分 AOI 后，研究者能够对该区域内的对象进行数值和统计分析。

首先应该单击一个刺激材料，单击 AOI 编辑器按钮，单击要使用的图形工具（如多边形、矩形、椭圆）并添加 AOI。随后在 AOI 列表中，双击当前的 AOI 名称并输入新的名称，完成该 AOI 的命名。

如果想要改变 AOI 的形状，可在 AOI 工具栏中单击选择 / 移动顶点工具，通过拖动顶点以改变 AOI 形状。如果想要改变 AOI 的大小，可在 AOI 工具栏中单击选择 / 移动 AOI 工具，通过调整长方形四角的大小来改变 AOI 的大小。在 AOI 工具栏中单击选择 / 移动 AOI 工具，将 AOI 拖到新位置来实现 AOI 的移动。在 AOI 工具栏中单击选择 / 移动 AOI 工具，通过右击想剪切或复制的 AOI，然后从菜单中选择复制或剪切，再右击该快照并选择粘贴。

10. 数据指标与分析导出

通过创建 AOI 和选择时间片段，研究者能够选择相应的统计指标进行后续的统计分析，并将结果导出。常用的眼动指标有访问时长、首次注视时间、访问次数、访问百分比、眼跳潜伏期、平均注视次数（访问次数）、平均眼跳幅度、确认时间、扫描路径比等，具体指标的选择需结合相应的研究和相关文献确定。

数据导出时，首先在"Analyze"菜单中选择"Data Export"，在数据选择面板展开"Tags"部分，默认情况下"All Tags"已被选中，如果你只想选择部分标签，单击"All Tags"复选框显示已创建的组，继续打开不同的组来选择其中的标签并选择要导出的数据，也可以在"Analyze"菜单中选择"Metrics"，进而选择相应的眼动指标导出。在数据选择面板展开"Tags"部分，单击"All Tags"复选框显示已创建的组，继续打开不同的组来选择其中的标签，然后选择要导出的数据。

11. 眼动追踪和分析中的注意要点

其一，实验前准备。在进行眼动实验之前需要对实验设备进行检查，查看各个部分是否已经连接好，其次应该注意显示器的位置，眼动追踪范围的限制主要和眼动仪的摆放位置有关，眼动仪位置欠佳会导致无法采集到数据。具体而言，被试的眼睛到显示器的距离应该是显示器长边的 1.75 倍，因此需要提前计算和放置，达到控制被试眼睛与屏幕距离的目的，特殊群体建议使用下巴托进行固定。其次应该注意被试的坐高，使被试的眼睛能够直视屏幕中心，保证观看视角。

其二，被试选择。根据实验任务要求选择被试群体，结合仪器设备和实验任务对被试的视力以及是否能够戴眼镜参与实验进行要求。还应该提前告知被试保证休息，因为在疲劳状态下个体对眼球运动的控制能力下降，会引起疲劳性漂移，影响数据质量，所以应该尽量避免疲劳带来的消极影响。

其三，指标选择。每个研究都会有很多眼动指标可供选择，首先，指标的选择需要建立在对相关文献充分掌握的基础上，结合前人文献进行选择。其次，在进行报告时并不需要将每个指标都写在报告中，应该聚焦于几个高敏感性、能充分反映研究操纵效果的指标进行报告。

其四，数据处理。为了保证数据质量，在进行数据分析之前应该将每个被试、每页记录都检查一遍，偏移大的数据应该予以剔除，未追踪的数据予以剔除，未认真完成实验的被试数据予以剔除。

其五，数据质量评估。数据质量应包含准确度和精确度两个方面，结合具体的实验任务在准确度和精确度两个方面进行衡量。准确度是指实验所得到的注视位置与真实注视位置之间的差异；精确度是指数据的可重复性和方差、误差的分散程度。数据处理延迟（即眼球注视位置开始变化到眼动仪识别出变化过程中的延迟）、时间分辨率（采样率）、空间分辨率（可检测到的最小眼动变化）等都可能对数据的准确度和精确度产生影响。

5.2.2 脑电技术

脑电技术是指通过一定的仪器记录大脑皮层或头皮表面的自发放电活动，提取 EEG（脑电波）信号并进行后续分析。脑电技术广泛地应用于管理学、心理学、医学等领域，推动了学科交叉融合。

1. 脑电技术的生理基础

大脑皮层或头皮表面的自发放电活动主要源自脑细胞间的突触后电位放电，当神经元受到刺激时，后突触的神经元兴奋，细胞膜对离子的通透性发生改变，具体表现为对 Na^+ 和 K^+ 的通透性升高，且对 Na^+ 的通透性高于 K^+，因此 Na^+ 由细胞外向细胞内快速扩散，细胞膜内电位急剧上升且高于细胞膜外电位，形成动作电位的上升支。当膜内侧的正电位增大到足以阻止 Na^+ 的进一步内流时，Na^+ 通道失活关闭。但是 K^+ 通道开放，K^+ 快速从细胞内扩散至细胞外，正离子外流导致细胞膜内电位迅速下降，形成了动作电位的下降支。这种电位变化就是动作电位，膜内电位的变化产生局部电流。

2. 脑电的分类

根据脑电频率，可以将脑电分为 δ 波、θ 波、α 波、β 波、γ 波。

δ 波的频率为 0.5～3.5Hz，波幅为 10～30μV，主要见于前额部。在睡眠过程中的第三阶段和第四阶段，δ 波开始出现并达到高潮。

θ 波的频率为 4～7Hz，波幅为 10～30μV，主要见于颞叶，并出现在个体进入冥想、昏昏欲睡等状态时。

α 波的频率为 8～13Hz，波幅为 30～50μV，以枕叶和顶叶最明显，其次是额叶、颞叶，α 波与情感加工密切相关。

β 波的频率为 14～25Hz，波幅为 5～30μV，主要见于中央区和额叶，与运动控制、肌肉收缩以及活跃的想法密切相关。

γ 波的频率为 26Hz 以上，γ 波具有多种功能，与认知加工密切相关。

继续看看 ERP（事件相关电位）诱发电位分析。

如前所述，EEG 信号中包含丰富的信息，这些信号往往是由多个活动共同产生的，包含多种认知过程，不同的认知过程很难从中分离开来。EEG 信号微弱，难以进行直接的观察和分析，因此研究者们通过进行 ERP 诱发电位分析，通过将不同心理活动所产生的 EEG 信号进行叠加平均，提取 ERP 信号进行分析。

ERP 是指当对感觉系统或者脑的某一部位施加外部刺激时，给予或撤销刺激都会引起脑区的电位变化。所施加的外部刺激就是一种事件（Event），因此又称诱发电位。

3. 工作原理

在 EEG 信号采集完毕后，研究者需要在 EEG 信号中进行 ERP 信号的提取，由于不同的刺激所对应的 ERP 波形和潜伏期是相对固定的，因此通过叠加平均的方式，将每种实验条件下每个刺激所产生的 EEG 进行叠加，用叠加后的值除以叠加的次数，可以得到每种刺激条件下的 ERP 值。

根据不同的分类标准，可以将 ERP 成分进行多种分类。根据潜伏期进行划分，可以将 ERP 分为早成分［10ms（含）以内］、中成分［10～50ms（含）］、晚成分［50～500ms（含）］和慢波（500ms 以后）。根据刺激的感觉通路进行划分，可以将 ERP 分为视觉诱发电位、听觉诱发电位和体感诱发电位。

ERP 的命名规则主要依据两个方面：一是 ERP 波形的正负；二是 ERP 的潜伏期。当 ERP 波形的幅值大于 0 时，该 ERP 波为正波，命名为 P；当 ERP 波形的幅值小于 0 时，该 ERP 波为负波，命名为 N。潜伏期是该 ERP 成分所出现的时间位置，例如 P300，说明该 ERP 成分为正波，出现的时间位置在 300ms 左右。

4. 流程分析

（1）脑电数据采集

1）实验器材准备。ERP 设备准备，具体包括显示器、放大器、刺激器、电极帽等，查看设备连接和参数设定是否符合要求。此外，还应该准备实验过程中所需的其他物品，例如头发清洗工具（毛巾、洗发膏、梳子、吹风机等）、纸巾、磨砂膏、棉棒、注射器、实验需要的各类记录表格等。

2）被试预约。首先应根据实验需要预约相应被试，对被试群体的选择范围进行界定，注意视力、左右利手等问题，在专业选择上应尽量避免对本研究数据可能存在影响的专业。预约被试时应告知或要求被试在正式参与实验之前需保证充分休息，避免剧烈的体力或脑力活动，减少疲劳对实验结果的影响，保证实验过程中的注意力集中。

3）实验流程。让被试填写个人信息和知情同意书，了解被试的左右利手和视力情况等。如果被试没有提前洗头则需要带被试进入洗头区域，进行头发、头皮清洗并吹干。向被试介绍脑电相关知识，告知被试脑电实验的无损伤性，告知被试后续流程，包括涂抹医用导电膏和再次洗头等。告知被试实验相关注意事项，包括实验中需要进行的操作和需要注意的事项，提醒被试尽量减少活动和集中注意力等。在被试完全理解实验要求和流程后，进行佩戴电极帽和降电阻的操作，随后进行实验的预记录，在被试练习结束后开始正式记录。脑电记录过程中，研究者应时刻关注被试状态并对被试状态或实验过程中出现的状况进行记录，便于后续参考。

（2）脑电数据处理与分析

在进行 EEG 数据采集之后，需要对数据进行进一步的处理分析，具体包括 EEG 信号预处理、ERP 信号的提取和后续的统计分析过程。下面本书将以 EEGLAB 的处理方法为例，对脑电数据的处理分析进行介绍。

1）数据导入和预览。如图 5-3 所示，将 EEG 数据导入 EEGLAB 中，File—load existing data，导入成功后能够看到 EEG 数据的基本信息，例如通道数、采样频率等。

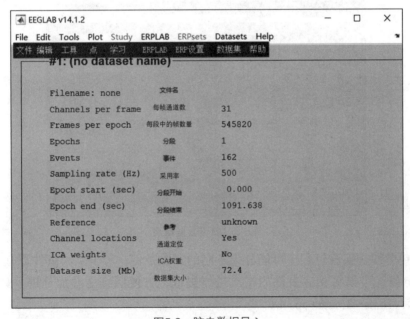

图5-3 脑电数据导入

2）头皮定位。通过进行头皮定位查看电极信息，查看是否存在坏电极，为避免坏电极对其他数据产生影响，可以采用插值法等方法进行坏电极处理。如图 5-4 所示，具体操作为 Edit—Channel locations，可以单击 Plot 2-D、Plot 3-D 分别画出电极分布图的 2D 和 3D 图。

3）滤波。通过低通滤波和高通滤波消除工频干扰带来的影响，在此步骤还需要消除陷波的影响。具体操作如图 5-5 所示，Tools—Filter the data—Basic FIR filter—Lower/Higher。

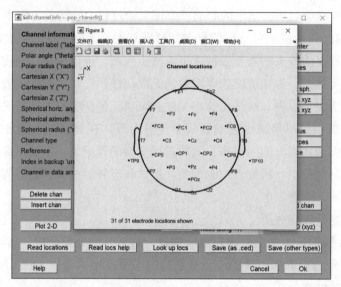

图5-4　脑电数据头皮定位

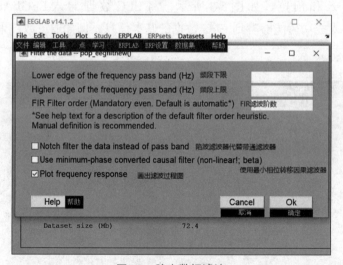

图5-5　脑电数据滤波

4）脑电分段。实验过程中可能分为不同的实验条件，每个实验条件下有多个试次，通过脑电分段，可以将相应事件的试次进行提取，方便后续的叠加处理。具体操作如图 5-6 所示，Tools—Extract epochs。

5）基线校正。基线校正与脑电分段几乎同步进行，通过基线校正能够消除线性漂移带来的伪迹。

6）独立成分分析（Independent Component Analysis, ICA）。独立成分分析能够有效地检测、分离和消除 EEG 数据中的各种伪迹，具体操作为 Tools—RUN ICA，如图 5-7 所示。

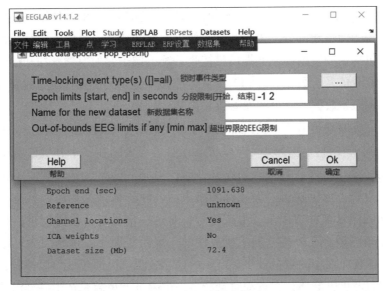

图5-6 脑电数据分段

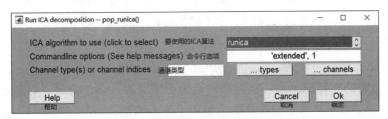

图5-7 脑电数据独立成分分析

7）去除伪迹。在此步骤需要对眼电、肌电等伪迹进行查看，结合每一种伪迹的特点进行辨认，将伪迹去除，在此过程中可以通过 AAR 插件和 ADJUST 插件辅助去除。

8）叠加平均和总平均。通过前述步骤的基本处理，能够得到一份相对干净的脑电数据，后续需要对 EEG 数据进行叠加处理，得到 ERP 数据。

9）统计分析。得到 ERP 数据后，研究者可以结合研究目的和以往文献对数据进行进一步的统计分析和报告。

5.2.3 功能磁共振成像技术

功能磁共振成像（Functional Magnetic Resonance Imaging，FMRI）结合了功能、解剖和影像的优势，广泛地应用于基础和临床脑研究中，且功能磁共振成像具有较高的空间分辨率，与其他脑研究技术相互补充，成为探究人脑功能最常用的方法之一。下面，本书将从磁共振基础、功能磁共振成像基础和功能磁共振成像分析流程3个方面进行讲解，具体介绍功能磁共振成像的实验设计、数据采集和数据的分析处理。

1. 磁共振基础

磁共振成像（MRI）利用核磁共振（NMR）的原理，通过施加梯度磁场来检测电磁波的发射，由于物质内部结构中发射的能量衰减不同，可以检测到电磁波。由此得到构成这一物体原子核的位置与种类，并绘制物体内部图像。

核磁共振图像的获取依赖于相应的硬件系统，主要包括磁体部分、磁共振波谱仪部分、数据处理和图像重建部分。主磁体具有较大的空间范围，可以提供强大的磁场。磁共振波谱仪主要包括射频发射与磁共振信号接收系统，用于发射射频脉冲和接收人体反映出来的自由感应衰减信号。数据处理和图像重建部分将磁共振信号转换为数字量并存储，由图像处理机处理原始数据，获得图像参数并存储。

核磁共振成像原理是由于大脑内部的原子核始终处于自旋状态，在正常的情况下，这些原子核的自旋轴在排列上呈现无规律状态，但是当大脑在一个外置磁场中时，原子核的自旋轴由无序变得有序。在加入射频脉冲时，射频的能量会施加到原子核的自旋系统上，原子核在射频方向上旋进。射频脉冲结束后，原子核恢复到原始状态，原子核自旋系统上所施加的能量被释放出来，形成信号，对这些信号进行检测记录，从而得到运动中原子核的分布图像。在核磁共振中所关注的一般是氢原子，这是因为氢原子只有一个质子，且氢原子在血液中的数量较多，产生的信号较强。氢原子核可以被看作一个始终处于自旋状态中的带正电球体，在运动时会产生一个磁场，也就是产生一个沿着旋转轴的净磁矩。氢原子核的净磁化强度是一个矢量，能够分成与磁场平行的纵向成分和与磁场垂直的横向成分。在磁共振成像的过程中，原子核的磁矩会存在三种状态。第一，在大脑进入磁场前，氢原子核的磁矩朝向是随机的。第二，当大脑进入磁场后，一定数量的氢原子核的磁矩朝向会随磁场方向排列，氢原子核开始在主磁场的方向上旋进。第三，当从外界以90°方向加入短暂的射频脉冲后，射频脉冲会为原系统加入新的能量，打破了原有系统的平衡状态，激发了氢原子核，低能稳态的氢质子吸收能量。当射频脉冲结束后，系统恢复平衡状态，吸收了射频能量的氢质子开始释放能量，氢原子核的磁矩回到之前的低能量状态，能量被释放出来产生了信号，这个过程就是弛豫。其中，氢质子释放能量编程低能稳态的氢质子，其纵向矢量开始恢复，这段时间为纵向弛豫，也就是自旋－晶格弛豫（T1弛豫）；此时氢质子的横向矢量开始减少，磁净化强度呈指数衰减，这段时间为横向弛豫，即自旋－自旋弛豫（T2弛豫），弛豫过程中产生的信号即磁共振成像所测量的信号。需要注意的是，加入射频脉冲和弛豫过程在磁共振成像实验中会重复多次。磁共振成像流程如图5-8所示。

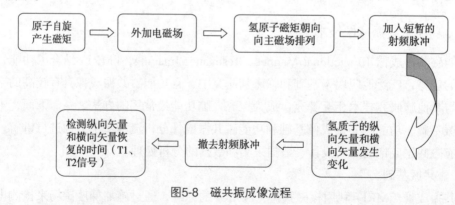

图5-8　磁共振成像流程

2. 功能磁共振成像基础

功能磁共振成像是指利用磁共振成像来检测局部的血氧变化，从而反映局部的脑活动量。根据血流动力学，大脑中的神经元活动时，血流会增加，而增加的血流量多于细胞活动时所需要的血氧量，造成了相对过剩的局部血氧量，而功能磁共振成像所检测的信号正是依赖于这种血氧信号。血红蛋白在血流中携带氧，当氧被吸收时变为脱氧血红蛋白，由于脱氧血红蛋白比氧合血红蛋白对磁场更加敏感，FMRI 所测量的就是氧合血红蛋白与脱氧血红蛋白之间的比率，被称为血氧水平依赖（Blood Oxygenation Level Dependent，BOLD），即 BOLD 信号。

在进行后续学习之前，先简单介绍一些功能磁共振成像中经常用到的专业术语。

1）Resting-state（静息态）：当个体不进行任何任务的时候，即清醒、闭眼或者放松状态下所产生的 BOLD 信号。

2）TR：两个 90° 射频脉冲之间的时间间隔。

3）TE：90° 射频脉冲和信号测量之间的时间间隔。

4）Slice number（层数）：大脑的扫描过程是一层一层进行的，由于信号可能会受到相邻层的影响，扫描时是隔层扫描的，扫描完成后再重建为一个完整的大脑。

5）Volume（体积）：扫描完成后所重建的大脑就是一个 volume。具体而言，在一个 TR 时间内扫描了若干层（具体层数以 Slice number 所设的层数为准），然后就重建出了一个 volume。

6）Voxel（体素）：体积的基本单位，一个体素就是一个单位，大脑被分成了许多小方块（体素），体素与图像的单位 pixel（像素）相对应。

7）Time point（时间点）：通常情况下，扫描和重建一个 volume 被称为一个 time point，功能磁共振成像中需要扫描多个 time point 或者 volume，再计算出时间序列变化。

如前所述，T1 弛豫和 T2 弛豫过程中所产生的信号是磁共振成像所测量记录的信号。大脑不同组织的 T1 和 T2 弛豫率存在差异，在功能磁共振成像中，还需要注意另一个信号，即 T2* 信号。下面我们将对这几种信号进行解释对比。在弛豫过程中，纵向弛豫中，净磁化强度在纵向（z 轴）上呈指数增长，增长到原来磁化强度的 63% 所需要的时间为 T1，当时间 TE 和时间 TR 都保持相对较短的时间时，T1 加权信号最大化，此时的扫描被称为"T1 加权扫描"。在横向弛豫中，原子核的净磁化强度呈指数减小，磁化强度衰减到原强度的 37% 时所需要的时间为 T2，当时间 TE 和时间 TR 都相对较长时，T2 加权信号最大化，此时的扫描被称为"T2 加权扫描"。T2* 信号是 T2 和主磁场相互作用的结果，脱氧血红蛋白会抑制磁共振信号，而脱氧血红蛋白浓度的升高会导致磁共振信号的减弱，这种信号的减弱被称为 T2* 衰减。BOLD fMRI 所测量的正是富含氧合血红蛋白和脱氧血红蛋白的血液之间的 T2* 信号差异。

3. 功能磁共振成像分析流程

通过以上对核磁共振成像和功能磁共振成像原理的讲解，我们对磁共振成像技术已经有了基本的了解。功能磁共振作为具有较高时间分辨率和高空间分辨率的脑成像工具，在脑研究中发挥了巨大的作用，从功能磁共振的操作流程来看，大概可以分为功能磁共振实验设计、功能磁共振数据采集与功能磁共振数据分析处理 3 个部分。

（1）功能磁共振实验设计

功能磁共振成像依赖 BOLD 信号，但是 BOLD 信号并不能直接反映神经活动，因此提高磁共振的扫描速度并不能无限地提高时间分辨率，且 BOLD 只能测量血管内的事件，提高成像分辨率并不能无限地提高空间分辨率。但是好的实验设计却能够提高功能磁共振成像的时间和空间分辨率。

具体而言，功能磁共振实验设计可以分为静息态实验设计和任务态实验设计两大类。静息态实验设计是最简单和最直接的实验设计，因为被试不需要进行任何任务操作，只需要在被试清醒、闭眼或者放松状态下进行数据收集即可。任务态实验设计需要被试进行一定的任务操作，其中根据任务态实验中刺激的呈现方式可以把 fMRI 实验设计分成区组设计、事件相关设计和混合设计 3 种。

1）区组设计。区组设计包含两种或多种实验条件，不同实验条件交替呈现，但是每个区组仅呈现一种实验条件。实验条件的呈现顺序需要在被试间进行平衡，每个区组之间的时间间隔取决于不同的实验刺激类型。区组设计的优点是方法简单且统计功效高。区组设计的缺点是由于每个区组内只有一个实验条件，难以进行随机化操作，被试可能产生练习效应。

2）事件相关设计。事件相关设计中刺激的呈现顺序随机，能够描述大脑功能与离散事件的相关。事件相关设计的优点是试次能够随机呈现，从而能够避免潜在的混淆效应，例如练习效应等，且能够去除一些无效试次，做出更加有效的推论。事件相关设计的缺点是分析过程较为复杂，信噪比降低，统计功效低。

3）混合设计。混合设计综合了区组设计和事件相关设计的优点，在事件相关设计中使用区组设计，能够提供持续和瞬间功能激活情况。但是混合设计需要较多的被试量，持续信号的统计检验力较低。

（2）功能磁共振数据采集

实验数据采集是进行功能磁共振成像分析的重要一环，数据的质量往往是决定研究成败的关键。

从被试招募说起，功能磁共振成像实验对于被试的要求较高，具体如下：①被试应身体健康，且精神状态良好，没有幽闭恐惧症；②被试应避免穿戴带有金属的衣物，并确定身体内不带有金属物品，例如假牙、心脏起搏器等；③被试在实验过程中应该尽量保持头部静止不动。

在数据采集过程中，应该根据具体的实验设计，结合以往文献进行参数设置。数据采集时磁场强度会对数据质量产生较大影响，随着磁场强度的增加，功能磁共振的灵敏度、分辨率和信噪比都会得到提高。采集时的扫描顺序也是应该注意的要点，扫描顺序分为间隔扫描和连续扫描两种，二者各有优缺点，连续扫描很容易受到相邻层之间的干扰，而间隔扫描虽然能够减少相邻层之间的相互干扰，但是很容易受到头动的影响。

数据采集过程中还应该注意时间分辨率与空间分辨率之间的权衡，众所周知，功能磁共振成像具有高空间分辨率和较高的时间分辨率，在时间分辨率上与 EEG 存在一定的差异。由于 BOLD 信号会随着时间改变，因此优化时间分辨率是功能磁共振成像中的关键。因此，需要根据不同的实验任务和实验目的，结合以往文献对事件分辨率和空间分辨率进行权衡，做出最优选择。

数据采集中所产生的伪影也是影响数据质量的关键因素之一，伪影的来源较为广泛，硬件系统、生理噪声、数据采集策略都可能导致伪影的产生。因此，在数据收集过程中可能会通过尽量避免头动，用相对柔软的填充物固定头部，在数据采集结束后，会通过滤波、独立成分分析（ICA）等方法减少伪影。目前已经有大量的软件被开发出来用于减少伪影的影响，为科研工作者带来了便利。

（3）功能磁共振数据分析处理

功能磁共振数据分析处理是实验过程中的重中之重。数据分析处理包含原始数据重建、层间时间校正、头动校正、空间标准化、空间平滑、统计分析等几大步骤，下面本书将对以上步骤进行具体介绍。

首先需要对原始数据进行检查，查看原始图像是否存在问题，并将原始图像转换为后续分析需要的格式，方便进行后续处理。

在进行统计分析时的前提假设是整个volume都是同一个时间点所收集到的，但是真实的情况是每一个slice的收集时间是具有差别的，因此需要对层间的获取时间差异进行校正，从而实现整个volume中不同层之间时间上的调整，使整个volume调整到好像是在同一时刻瞬间扫描完成的。其具体过程是首先选择一个slice作为参考层，在参考层之前的slice与之后的volume中相对应的slice进行加权；在参考层之后的slice与之前的volume中相对应的slice进行加权。

头动校正的目的是将各个时间点的图像对齐，消除实验过程中头动产生的影响。具体做法是选择一个参考volume，将同一时间的所有其他volume进行刚体变换，使之与参考图像对齐。

空间标准化的目的是对不同被试的图像进行对齐处理，使相同体素所对应的被试的解剖结构具有一致性。也就是将每个大脑的方向、大小、形状都与标准大脑进行匹配，以达到不同被试可以进行比较的结果。过程中采用了线性参数进行线性变换，从而实现了大脑在大小和方向上的匹配。

空间标准化的目的是提高信噪比，由于血流变化产生于低频率空间，而噪声却产生于高频率空间，因此需要通过滤波来降噪，过滤高频并强化低频，以此实现信噪比的提升。

统计分析的目的是确定大脑中有哪些体素被实验刺激显著激活，统计模型通常是一般线性模型（GLM），通过GLM来分析每个体素的时间序列变化。常用的统计分析方法有 T 检验、方差分析等，并对统计结果进行校正。

5.3 神经实验研究实例

5.3.1 眼动实验研究实例

文献来源：Wang, C.C., & Hung, J.C.（2019）. Comparative analysis of advertising attention to Facebook social network: Evidence from eye-movement data. Computers in Human Behavior, 100, 192-208.

研究问题：本研究利用眼动追踪技术探究个体在社交网络中对广告的关注是否受到广告位置与人际关系的影响。具体有以下两个问题：①探究不同人际关系的被试是如何关注右侧位置广告与动态栏位置广告的；②探究在浏览右侧位置广告与动态栏位置广告时不同人际关系的被试在 ROI（视觉注意）上的差异。

研究假设：

H_1：不同人际关系的被试对于右侧位置广告的总注视时间存在显著差异。

H_2：不同人际关系的被试对于动态栏位置广告的总注视时间存在显著差异。

H_3：不同人际关系的被试对于右侧位置广告的注视点数目存在显著差异。

H_4：不同人际关系的被试对于动态栏位置广告的注视点数目存在显著差异。

H_5：不同人际关系的被试对于不同位置广告的观看顺序存在显著差异。

研究方法：

关于被试与刺激材料。共 70 名被试均来自某大学，被试选取主要分为两种类型，第一组被试与被观看主页的人是好友关系，第二组被试与被观看主页的人是非好友关系。实验材料为主试的 Facebook 主页，材料分为两种：①广告位于右边侧栏；②广告位于动态栏，呈现在动态信息下方。

实验仪器：EyeNTNU_120screen eyetracker，实验设备如图 5-9 所示。

研究流程：不同组别的被试均浏览主页 15s，并记录眼动数据。被试在实验参与中的情况如图 5-10 所示。

图5-9 实验设备

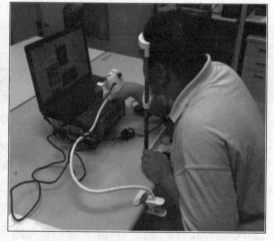
图5-10 实验情况

研究结果：与主试不同关系的被试（好友和陌生人）在右侧广告栏的总注视时间和注视点数目都存在显著差异；与主试不同关系的两组被试，在动态信息栏的广告的总注视时间和注视点数目同样存在显著差异。以上两点说明不同关系的被试在浏览主试主页时所关注的内容确实存在差异。

在对更详细的眼动数据进行分析后发现，被试在动态栏所花的时间最多，因为这个部分的信息是最复杂的；非好友与好友相比，在广告栏上花费的时间更多；动态栏中的广告比侧栏的广告更具吸引力；非好友与好友相比，各区域的注视时间更趋于一致。当广告位置在右侧栏时，被试对不同区域的浏览顺序为：动态信息—主页用户信息栏—广告。当广告放置在动态信息栏时，"陌生人"小组被试的浏览顺序为：动态信息—广告—主页用户信息，而"好友"小组的浏览顺序无变化。

研究结论： 该研究发现 Facebook 中广告的位置，以及浏览主页的用户的社会关系是影响广告效果的重要因素。与好友相比，陌生人对网页中的广告更为关注；动态栏位置的广告比右侧栏位置的广告更能吸引用户注意。

5.3.2 脑电实验研究实例

文献来源： Wang, R.W., Ke, T.M., Chuang, S.W., et al.（2020）. Sex differences in high-level appreciation of automobile design-evoked gamma broadband synchronization. Scientific Reports, 10(1), 9797.

研究问题： 在汽车营销中，汽车的美学设计往往与消费者的情感反应有密切关系，消费过程中，不同性别的个体的购买需求存在差异。因此，本研究探究的是在汽车审美上是否存在显著的性别差异及其认知神经机制如何。

研究假设：

H_1：不同 3D 汽车造型设计诱发的脑电节律波震荡活动存在性别差异。

H_2：不同的内饰色调诱发的脑电节律波震荡活动存在性别差异。

研究方法：

1）关于被试与刺激材料。30 名被试，所有被试对汽车行业所有品牌的车型都持中立态度。刺激材料为 120 张汽车造型设计和内饰色调刺激图片，所有的刺激图片都没有品牌，以避免被试进行品牌联想。

2）关于研究设计。汽车的 3D 造型设计和内饰色调作为自变量，其中 3D 汽车造型设计包括矩形型（以 MINI ONE 为代表）、流线型（以宝马 1 系为代表）、圆形型（以大众甲壳虫为代表）；内饰色调包括鲜亮色调（纯色调，不加灰色）、轻亮色调（加浅灰色）、暗色调（加深灰色）。控制条件的色调包括 4 种色调（itGy、mGy、dkGy 和 Bk），构成对照条件。因变量为情绪效价和情绪唤醒。

研究流程： 使用 64 通道脑电设备采集数据。实验者在实验室外的屏幕上观察被试的情况和脑电图记录状态。首先呈现注视点"+"1000ms，接下来是 2000ms（S1）的汽车造型刺激，然后是 2000ms（S2）的内饰色调刺激。刺激呈现完毕后，被试对行为问卷进行作答，比如，你认为这辆车的美学所产生的情绪效价水平如何？作答结束后进行下一个试次，总共 120 个刺激，重复 3 次，共 360 个试次，以随机顺序呈现。每 120 试次休息一次，被试通过按键自己决定休息时长。实验总时间约为 45min。研究流程如图 5-11 所示。

数据分析：

1）行为数据分析。采用方差分析和 Bonferroni 方法进行多重比较校正，探讨 3D 汽车造型设计和汽车内饰色调在情绪效价和情绪唤醒度维度上的性别差异。

2）独立成分分析（ICA）与聚类。用 EEGLAB 分析脑电数据。原始脑电数据用 1~100Hz 带通滤波，滤波后重采样到 250Hz，利用独立成分分析技术将记录到的 EEG 信号分解为不同脑区产生的独立成分。ICA 能将多个 EEG 信号分解为一系列独立的分量（ICs），30 名受试者的所有 ICs 根据共同脑区聚类为左额叶区、额叶区、右额叶区、左颞叶区、中央区、右颞叶区、左顶叶区、顶叶区、右顶叶区、左枕叶区、枕叶区、右枕叶区，并根据这些脑区中心点的塔莱拉什坐标和布鲁德曼区（BA）匹配情况，获悉这些脑区的实际功能意义。

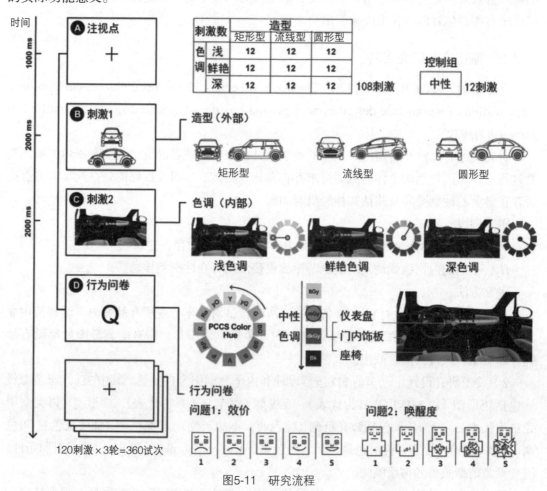

图5-11 研究流程

3）ERSP。在独立成分分析后，将 ICs 转换成事件相关光谱图（ERSP），使用 EEGLAB 的正弦小波变换进行频谱分析。分析的数据段为刺激呈现后的 0～2000ms，然后对所有试次数据进行平均，获得最后的 ERSP 图，观察 θ（4～7Hz）、α（8～13Hz）、β（14～30Hz）、低 γ（31～50Hz）和高 γ（51～100Hz）频段震荡活动，并与每个脑区的神经生理学意义相匹配。最后，根据自变量对数据进行分组，比较 ERSP，并确定有统计学意义的差异（$p<0.05$）；组间差异采用 T 检验进行统计。

研究结果：通过以上分析进行男性和女性的比较显示，3D 汽车造型和内饰色调诱发男性更高的枕叶区、左颞叶区和前额叶区激活，女性更高的前扣带回皮层激活。男性在左颞叶区的 θ、α、β 和 γ 频段激活程度高于女性，γ 频段激活尤其显著，可能预示着情景记忆信息的激活。男性可能更熟悉汽车产品，这将导致对汽车设计美学的更大感知和更强的大脑激活。他们对深色色调内饰和矩形的汽车造型显示出一个明显的左颞叶区高 γ 波段强烈的反应。男性在汽车设计的表达方面受到指导，具有清晰的表达和语义，他们表现出与工作记忆机制相关的有意义和可理解的反应。相比之下，女性在汽车造型矩形设计方面前扣带回皮层的 β 频段和浅色色调内饰方面的 γ 频段中具有更高的激活程度，这可能与她们对积极情感回报的更高自我意识有关。结果表明，女性对色彩鲜艳的内部有较高的情绪唤醒度，但所有区域的皮层激活都降低。这可能是因为女性汽车体验的长期积累较少，这些观察有助于解释为什么许多女性难以欣赏汽车产品。

研究结论：在汽车审美上存在显著的性别差异。

5.3.3 功能磁共振实验研究实例

文献来源：Chattaraman, V., Deshpande, G., Kim, H., & Sreenivasan, K. R.（2016）. Form 'defines' function: neural connectivity between aesthetic perception and product purchase decisions in an fmri study. Journal of Consumer Behaviour, 15（4），335-347.

研究问题：探究消费者在消费品中所感知的美是否通过定义产品的功能价值来影响购买，并进一步探究美的产品引发的情感和认知反应在驱动价值归因和产品购买中的作用。

研究假设：

H_{1a}：当产品被判断为美时，杏仁核和其他与情绪处理相关的区域会有更大的激活。

H_{1b}：当产品被判断为美时，与认知加工相关的大脑额叶区域，如额中回（也称背外侧前额叶皮层）会有更大的激活。

H_{2a}：参与处理产品享乐价值的奖赏网络在审美感知和购买判断的大脑网络的定向连接之间起中介作用。

H_{2b}：大脑中审美感知网络的情绪相关区域，如杏仁核，将显示出与大脑奖赏网络的显著定向连接。

H_{3a}：参与加工产品功能价值的大脑网络，在审美感知和购买判断的大脑网络的定向连接之间起中介作用。

H_{3b}：审美感知网络中与认知相关的区域，如额中回（也称背外侧前额叶皮层），与参与加工产品功能价值的大脑网络表现出显著的定向连接。

H_4：参与加工产品功能价值的大脑网络与参与加工产品享乐价值的大脑奖赏网络表现出显著的定向连接。

实验材料：选取 64 幅产品图片作为实验材料，并在以下方面进行标准化：①图像质量（像素/英寸）和尺寸；②去除品牌信息；③白色背景。

研究设计：单因素被试内设计，自变量为产品图像的美与丑，因变量为个体的审美判断（美/不美）和购买判断（买/不买）。

研究流程：在本研究中，该方案由大学的机构审查委员会批准，并在研究前获得每个被试的知情同意。被试通过磁共振兼容的投影系统以视觉刺激的形式观察选定的 64 种刺激，同时他们静静地躺在扫描仪内。同时让他们执行与事件相关的任务，包括查看 64 幅产品图片并且以随机顺序对所有 64 幅图片执行美观和购买判断任务。该范例由一个事件相关设计组成，其中刺激以伪随机顺序呈现，使用 E-Prime 软件创建程序，使用 optseq 软件确定随机试验间隔。

研究结果： 使用 SPM 软件分析脑成像数据。研究结果发现：当产品被评定为"美"时，大脑的额叶和顶叶区域，参与情绪加工的杏仁核和小脑，以及参与奖赏加工的腹侧纹状体等区域更活跃。除了额叶、视觉和颞叶的皮层激活外，对"不美"判断激活的皮层下结构有尾状核和壳核。关于情感在美感中的作用，杏仁核（大脑的情感区域）仅在对消费品做出积极的美的判断时被激活。研究结果支持 H_{1a}，为杏仁核在美的判断中的作用提供了进一步的证据。具体而言，审美判断网络内的方向连通性表明杏仁核接收来自编码认知（IFG，额下回）和编码知觉联想（SPL，顶上小叶）区域的输入，但不接收审美判断网络的输入，这说明情感是不同审美阶段的产物。额叶是认知的基础，在美（额中回或前额叶背外侧皮层）和不美（额下回）的判断过程中都是活跃的，研究结果支持 H_{1b}。

在享乐价值的中介作用方面，在处理产品中的享乐/奖赏价值时，涉及情绪（眶额、小脑）、奖赏（腹侧纹状体和眶额）、视觉（大脑皮层、颞区）、认知/决策（额叶）和联想（顶叶区）等区域。结果表明，感知的奖赏价值来自对产品美观的判断，并通过购买决策激发"所有权欲望"，支持 H_{2a}。

审美网络的情绪相关区域激活了审美网络和奖赏网络之间的神经通路，即左侧杏仁核和右侧杏仁核。显著的路径是：①左侧杏仁核→顶下小叶（$p=0.0098$）；②左侧杏仁核→颞中回（$p=0.04$）。因此，H_{2b} 也得到支持，证实了情感和享乐/奖赏价值之间的定向连接。

功能价值的中介作用：与享乐网络相比，被使用产品激活的区域相对较少。激活区属于感觉联想区，如舌回和颞中回，以及认知决策区，如额上回。尽管脑干的激活表明这是一种自主反应，但在功利刺激的情绪和奖赏相关领域没有明显的激活。为了检验 H_{3a} 和 H_{3b}，使用单个 MVAR 模型获得了审美、功能和购买网络之间的联系（$p<0.05$）。研究结果支持 H_{3a}。

美和功能网络之间的路径来自审美网络的认知相关区域，即额下回。研究发现 IFG（额下回）影响了 RLG（右舌回），这是编码功能价值的区域之一，支持 H_{3b}。重要的是，审美网络中与情感相关的区域——左侧杏仁核也影响功能价值。这一结果表明，与审美判断网络的情感和认知相关的大脑区域会影响消费品的功能价值，进而影响购买意图。

整合价值归因机制：为了检验 H_4，研究者计算了功能性和享乐性网络的显著连通性（$p<0.05$），研究结果表明，奖赏（享乐）网络从大脑的功能网络接收信息，从而整合了产品的非功利性和功利性价值，支持 H_4。

研究结论： 功能磁共振成像（fMRI）数据的大脑连通性分析阐明了产品审美影响购买的神经途径。研究结果支持躯体/情感标记假说，审美网络的一个情感相关区域（左侧杏仁核）影响了功能网络的所有区域，然后影响了大脑的购买网络，从而支持了审美评估的实用目标。奖励（享乐）网络也影响了购买网络并整合了产品的非工具价值和工具价值。消费品中的美通过唤起情感来影响购买决定，这些情感定义了产品的功能价值和享乐/奖励价值。

第6章

计量经济方法

计量经济分析的理论基础是计量经济学。

计量经济学（Econometrics）一词是著名的经济学家与统计学家、第一届诺贝尔经济学奖得主拉格纳·弗里希（R. Frisch）仿照生物计量学（Biometrics）一词提出的。所谓"计量"，是指以统计方法做定量研究。计量经济学是指运用概率统计的方法对经济变量之间的（因果）关系进行定量分析的科学。

计量经济学是一门综合性学科，其有效结合了经济学、数学和统计学。具体地说，计量经济学是在经济理论的指导下，根据实际观测的统计数据，运用数学和统计学的方法，借助计算机技术从事经济关系与经济活动数量规律的研究，并以建立和应用具有随机特征的计量经济模型为核心的一门经济学科。

6.1 计量经济学概述

6.1.1 计量经济学的要义

在理解计量经济学概念的基础上，我们可以归纳出如下几点要义：

1）计量经济学是经济学的一个分支学科，是一门应用经济学科，以经济现象为研究对象。

2）计量经济学目的在于揭示经济关系与经济活动的数量规律。

3）计量经济学是经济理论、统计学、数学三者的结合。

4）计量经济学的核心在于建立和应用具有随机特征的计量经济模型。

6.1.2 计量经济模型的基础

计量经济学是从数理统计中分离出来的一门独立学科,其主要的研究对象是经济活动中的经济现象和经济关系。计量经济学的核心在于建立和应用具有随机特征的计量经济模型,根据模型中变量的含义、口径,收集并整理样本数据。数据是建立计量经济模型的基础,样本数据质量直接关系到模型的质量。

由于经济学通常无法像自然科学那样通过控制实验而获得实验数据,经济数据大多为观测数据。由于个人行为的随机性,原则上所有的经济变量都是随机变量。经济数据按照其性质,可大致分为以下 4 种类型:

(1)横截面数据

横截面数据(Cross-sectional Data)指的是在同一时点上的不同经济个体的统计指标取值,如 2020 年我国的 GDP。

(2)时间序列数据

时间序列数据(Time-series Data)指的是在不同时点上的某个经济个体的统计指标取值,如 2000—2020 年我国每年的 GDP。

(3)混合横截面数据

混合横截面数据(Pooled Cross-section Data)既有横截面数据的特点,又有时间序列的特点,如 2015 年和 2020 年我国的 GDP。

(4)面板或纵列数据

面板或纵列数据(Panel Data)指的是在不同时点上的不同经济个体的统计指标的取值,如 2000—2020 年各个国家每年的 GDP。

6.2 计量经济分析的操作多样性与步骤

计量经济分析都是从如下假设前提开始的:y 和 x 分别是两个代表某个总体的变量,我们的主要研究对象是"用 x 来解释 y"或"y 如何随 x 而变化"。

在写出用 x 解释 y 的模型时,我们要面临 3 个问题:第一,由于这两个变量之间没有一个确切的关系,那么我们要怎样去思考其他可能会对 y 产生影响的因素?第二,y 和 x 的函数关系是什么?第三,我们如何确定是在其他条件不变的情况下刻画了 y 和 x 之间的关系?

一个简单的方程可以是

$$y = \beta_0 + \beta_1 x + u$$

上式便定义了一个简单线性回归模型。其中,变量 y 被称为因变量或被解释变量;变量 x 被称为自变量或解释变量;变量 u 被称为关系式中的误差项或干扰项,表示除 x 之外其他影响 y 的因素。在上式中,保持 u 中其他因素不变,β_1 就是 y 和 x 的关系式中的斜率参数,β_0 则是常数项的截距参数。

6.2.1 线性回归分析的理论假定

对于一元线性回归模型，为方便估计和讨论其数学性质，需要进行一些假定限制：

1）误差项 u 服从正态分布。
2）$E(u)=0$。
3）$\text{Var}(u)=\sigma^2$：表明对于 x，解释变量 y 的分布的离散程度是一样的。
4）$\text{Cov}(u_i, u_j)=0 (i \neq j)$：表明随机项之间应保持相互独立性。
5）$\text{Cov}(u, x)=0$：表明 x 与 u 不存在相关关系。

6.2.2 普通最小二乘法的操作原理

普通最小二乘法（Ordinary Least Squares，OLS）是线性回归模型最常见、最基本的估计方法。普通最小二乘法的操作如下：

对于 $y=\beta_0+\beta_1 x+u$，用 $\hat{\beta}_0$ 和 $\hat{\beta}_1$ 分别估计 β_0 和 β_1，得到

$$y = \hat{\beta}_0 + \hat{\beta}_1 x + \hat{u}$$

式中，$\hat{\beta}_0 + \hat{\beta}_1 x$ 为 y 的估计 $\hat{y}$，$\hat{u}$ 为回归残差。若 $\hat{\beta}_0$ 和 $\hat{\beta}_1$ 是 β_0 和 β_1 的优良估计，则一定满足

$$\sum_{i=1}^{n} |y_i - \hat{y}_i| = \min$$

即被解释变量的实际值与估计值的误差应该尽可能地小。为方便数学处理，可将上式变化为

$$\sum_{i=1}^{n} (y_i - \hat{y}_i)^2 = \min$$

从上式出发确定参数估计量的方法被称作普通最小二乘法。由普通最小二乘法导出的估计量称为普通最小二乘估计量。

将 $\hat{y}_i = \hat{\beta}_0 + \hat{\beta}_1 x$ 代入上式可得

$$\sum_{i=1}^{n} (y_i - \hat{\beta}_0 - \hat{\beta}_1 x)^2 = \min$$

对上式求关于 $\hat{\beta}_0$、$\hat{\beta}_1$ 的导数：

$$\frac{\partial \sum_{i=1}^{n} (y_i - \hat{\beta}_0 - \hat{\beta}_1 x)^2}{\partial \hat{\beta}_0} = 2\sum_{i=1}^{n}(y_i - \hat{\beta}_0 - \hat{\beta}_1 x)(-1) = -2\sum_{i=1}^{n}(y_i - \hat{\beta}_0 - \hat{\beta}_1 x)$$

$$\frac{\partial \sum_{i=1}^{n} (y_i - \hat{\beta}_0 - \hat{\beta}_1 x)^2}{\partial \hat{\beta}_1} = 2\sum_{i=1}^{n}(y_i - \hat{\beta}_0 - \hat{\beta}_1 x)(-x) = -2\sum_{i=1}^{n}(y_i - \hat{\beta}_0 - \hat{\beta}_1 x)x$$

根据极值定理，令上式等于 0，得到

$$\begin{cases} -2\sum_{i=1}^{n}\left(y_i-\hat{\beta}_0-\hat{\beta}_1 x\right)=0 \\ -2\sum_{i=1}^{n}\left(y_i-\hat{\beta}_0-\hat{\beta}_1 x\right)x=0 \end{cases}$$

即

$$\begin{cases} \hat{\beta}_1=\dfrac{\sum_{i=1}^{n}(x_i-\bar{x})(y_i-\bar{y})}{\sum_{i=1}^{n}(x_i-\bar{x})^2} \\ \hat{\beta}_0=\bar{y}-\hat{\beta}_1\bar{x} \end{cases}$$

在几何学上，一元回归的目标是寻找一条最佳拟合的回归直线，从而使观测值到回归直线的距离平方和最小；二元回归的目标是寻找最佳拟合的回归平面；更多元的回归旨在寻找最佳拟合的回归超平面。

通过普通最小二乘法计算的 β_0、β_1 具有如下几个统计性质：

1) 线性：$\hat{\beta}_0$、$\hat{\beta}_1$ 为 u 的线性函数。

2) 无偏性：$\hat{\beta}_0$、$\hat{\beta}_1$ 分别是 β_0、β_1 的无偏估计。

3) 最小方差性：$\hat{\beta}_0$、$\hat{\beta}_1$ 分别是 β_0、β_1 的具有最小方差的无偏估计。

至此，通过普通最小二乘法可以得到"高斯－马尔可夫定理"，即在所有线性无偏估计中，普通最小二乘法的方差最小。普通最小二乘法是最佳线性无偏估计（BLUE）。

对于扰动项方差 $\sigma^2=\mathrm{Var}(u_i)$，由于总体扰动项 u 不可观测，样本残差 ε 可以近似地看成 u 的实现值，使用以下统计量作为对方差 σ^2 的估计：

$$s^2 \equiv \frac{1}{n-k}\sum_{i=1}^{n}\varepsilon_i^2$$

式中，$n-k$ 为自由度。通过上式修正后，满足 $E(s^2)=\sigma^2$，此时为无偏估计。$s=\sqrt{s^2}$，为回归方程的标准误差。

6.2.3 拟合优度检验

拟合优度检验是指对样本回归直线与样本观测值之间拟合程度的检验，拟合优度可以用来衡量解释变量 x 能多大程度地解释因变量 y。

已知由一组样本观测值 (X_i, Y_i)，$i=1,2,\cdots,n$，得到样本回归直线：$\hat{Y}_i=\hat{\beta}_0+\hat{\beta}_1 X_i$。$Y$ 的第 i 个观测值与样本均值的离差 $y_i=Y_i-\bar{Y}$ 可以被分解为两部分之和：

$$y_i=Y_i-\bar{Y}=\left(Y_i-\hat{Y}_i\right)+\left(\hat{Y}_i-\bar{Y}\right)=\varepsilon_i+\hat{y}_i$$

$\varepsilon_i=Y_i-\hat{Y}_i$ 是实际观测值与回归拟合值之差，是回归直线不能解释的部分；$\hat{y}_i=\hat{Y}_i-\bar{Y}$

是样本回归拟合值与观测值的平均值之差，即可由回归直线解释的部分。若 $Y_i = \hat{Y}_i$，则实际观测值落在样本回归线上，拟合效果最好。"离差"来自回归线，与"残差"无关。

已知 $y_i = \hat{y}_i + \hat{\varepsilon}_i$，可以把 OLS 分成拟合值和残差两个部分。在样本中，拟合值和残差是不相关的。定义总平方和、解释平方和和残差平方和如下：

$$\text{SST} \equiv \sum_{i=1}^{n}(y_i - \bar{y})^2 \quad \text{总平方和（Total Sum of Squares）}$$

$$\text{SSE} \equiv \sum_{i=1}^{n}(\hat{y}_i - \bar{y})^2 \quad \text{解释平方和（Explained Sum of Squares）}$$

$$\text{SSR} \equiv \sum_{i=1}^{n}\hat{\varepsilon}_i^2 \quad \text{残差平方和（Residual Sum of Squares）}$$

SST 度量了 y_i 中的总样本波动，也就是说，它度量了 y_i 在样本中的分散程度；SSE 度量了 $\hat{y}_i$ 的样本波动；SSR 度量了 $\hat{\varepsilon}_i$ 的样本波动。y 的总波动总能表示成解释了的波动和未能解释的波动之和，因此

$$\text{SST} = \text{SSE} + \text{SSR}$$

拟合优度：$R^2 = \text{SSE}/\text{SST} = 1 - \text{SSR}/\text{SST}$

R^2 反映 k 个解释变量对被解释变量 y 变化的整体解释程度，R^2 的值越大，表明 y 变化的绝大部分原因可以归结为 k 个解释变量发挥的效应。通过计算 R^2，可以对整个回归模型进行整体性检验。

R^2 与 F 统计量的关系为

$$F = \frac{(n-k-1)\text{SSR}}{k\text{SSE}} = \frac{\text{SSR}/\text{SST}}{\text{SSE}/\text{SST}} \times \frac{n-k-1}{k} = \frac{R^2}{1-R^2} \times \frac{n-k-1}{k}$$

多元回归模型代表性的整体检验：

提出检验假设：

$$H_0: \beta_1 = \beta_2 = \cdots = \beta_n = 0$$

$$H_1: \beta_1, \beta_2, \cdots, \beta_k \text{ 不全为 } 0$$

构造检验统计量：

$$F = \frac{(n-k-1)\text{SSR}}{k\text{SSE}} \sim F(k, n-k-1)$$

在显著性水平 α 下的检验否定域：

$$C = \left\{F < F_{\frac{\alpha}{2}}(k, n-k-1)\right\} \cup \left\{F > F_{\left(1-\frac{\alpha}{2}\right)}(k, n-k-1)\right\}$$

多元回归分析中的拟合优度系数与一元线性回归中的拟合优度系数不一样。在多元回归分析中，R^2 是解释变量的递增函数，随着解释变量数目的增加，R^2 的值会变大，不可

能变小。为保证 R^2 的正确说明功能，需要对其进行修正。

R^2 用 SSR/n 来估计 σ_u^2 是有偏误的。可以用 $SSR/(n-k-1)$ 来取代 SSR/n；同理，$SST/(n-1)$ 是 σ_y^2 的无偏估计，也可以用 $SST/(n-1)$ 取代 SST/n，此时可以得到调整的 R^2：

$$\bar{R}^2 = 1 - \left[SSR/(n-k-1)\right]/\left[SST/(n-1)\right] = 1 - \sigma^2/\left[SST/(n-1)\right]$$

$\bar{R}^2$ 为一个模型中另外增加自变量施加了惩罚。在一个回归方程中增加一个新的自变量，不可能使 R^2 下降。这是因为，随着自变量的加入，SSR 不会上升（而通常会下降）。但 $\bar{R}^2$ 的公式表明，其取决于自变量的个数 k。如果在回归中增加一个自变量，那么虽然 SSR 下降，但回归中的 $df=n-k-1$ 也下降。于是，当回归中增加一个新的自变量时，$SSR/(n-k-1)$ 可能上升也可能下降。

如果回归方程中增加一个新的自变量，那么当且仅当新变量的 T 统计量在绝对值上大于 1 时，$\bar{R}^2$ 才会有所提高。（对此的一个推广是，在回归中增加一组变量时，当且仅当这些新变量联合显著性的 F 统计量大于 1，$\bar{R}^2$ 才会有所提高）。于是，我们可以看出，使用 $\bar{R}^2$ 来决定一个特定的自变量（或变量组）是否属于某个模型时，所得到的答案与标准的 T 或 F 检验不同（因为在传统的显著性水平上，大小为 1 的 T 或 F 统计量在统计上都是不显著的），也可以用 R^2 表示 $\bar{R}^2$：

$$\bar{R}^2 = 1 - (1-R^2)(n-1)/(n-k-1)$$

6.2.4 对单个系数的 T 检验

计量经济学的一大用途是用来检验经济理论及其推论。本节主要对总体回归函数中有关某单个参数的假设进行检验。总体模型为

$$y = \beta_0 + \beta_1 x_1 + \cdots + \beta_k x_k + u$$

我们假设上式满足经典线性模型（CLM）假定，即①模型是 β_i 的线性函数；②特定观测 i 是随机抽样；③自变量之间不存在严格的线性关系；④给定解释变量的任何值，误差的期望值为零；⑤总体误差 u 独立于解释变量 $x_1, x_2, \cdots, x_k$，且服从均值为 0、方差为 σ^2 的正态分布。

在 CLM 假定下，

$$(\hat{\beta}_j - \beta_j)/se(\hat{\beta}_j) \sim t_{n-k-1} = t_{df}$$

其中，总体模型 $y = \beta_0 + \beta_1 x_1 + \cdots + \beta_k x_k + u$ 中共有 $k+1$ ($\beta_0, \beta_1, \cdots, \beta_k$) 个未知参数，$n-k-1$ 是自由度（df）。

对单个系数进行检验，需要检验的"原假设"为

$$H_0: \beta_j = 0$$

1. T 检验的步骤

1）计算 t_k。如果 $|t_k|$ 很大，则表明原假设 H_0 较不可信。若原假设 H_0 为真，$|t_k|$ 很大的概率很小，为小概率事件，不能在一次抽样中被观测到。

2）计算显著性水平为 α 的临界值 $t_{\alpha/2}(n-k-1)$。其中，$t_{\alpha/2}(n-k-1)$ 的定义为

$$P\{t(n-k-1)>t_{\alpha/2}(n-k-1)\}=P\{t(n-k-1)<-t_{\alpha/2}(n-k-1)\}=\alpha/2$$

其中，$t(n-k-1)$ 为自由度为 $(n-k-1)$ 的 t 分布变量。在实践中，通常取 $\alpha=5\%$ 或 $\alpha=10\%$。

若 $|t_k|>t_{\alpha/2}(n-k-1)$，$t_k$ 落入两边的"拒绝域"，则拒绝 H_0；反之，则接受 H_0。

2. 计算 p 值

除了计算临界值进行假设检验外，也可以计算 p 值进行检验。给定检验统计量的样本观测值，称原假设可被拒绝的最小显著性水平为此假设检验问题的 p 值。在 T 检验中，p 值为 $P(t>|t_k|)\times 2$，t_k 为检验统计量的样本观测值。p 值越小则越倾向于拒绝原假设。

3. 计算置信区间

假设置信水平为 $1-\alpha$，区间估计的目的就是要找到一个置信区间，使得该区间覆盖真实参数 β_j 的概率为 $1-\alpha$。由于 $(\hat{\beta}_j-\beta_j)/se(\hat{\beta}_j)\sim t_{n-k-1}$，故

$$P\{-t_{\alpha/2}<(\hat{\beta}_j-\beta_j)/se(\hat{\beta}_j)<t_{\alpha/2}\}=1-\alpha$$

$$P\{\hat{\beta}_j-t_{\alpha/2}se(\hat{\beta}_j)<\beta_j<\hat{\beta}_j+t_{\alpha/2}se(\hat{\beta}_j)\}=1-\alpha$$

故置信区间为 $[\hat{\beta}_j-t_{\alpha/2}se(\hat{\beta}_j),\ \hat{\beta}_j+t_{\alpha/2}se(\hat{\beta}_j)]$，以点估计 $\hat{\beta}_j$ 为中心，区间半径为 $t_{\alpha/2}se(\hat{\beta}_j)$。置信区间的直观含义为：如果置信水平为 95%，同样抽样 100 次，得到 100 个置信区间，则其中大约有 95 个置信区间能够覆盖到真实参数 β_j。

4. 第 I 类错误与第 II 类错误

我们在根据样本信息对总体进行推断时，存在出现错误的可能。因此，在进行假设检验时，我们可能会出现两类不同性质的错误：

第 I 类错误：原假设为真，但根据观测数据拒绝了原假设，即"弃真"。

第 II 类错误：原假设为假（替代假设为真），但根据观测数据接受原假设，即"存伪"。

在实践中，我们通常希望这两类错误发生的概率越小越好。但除了增加样本容量外，两类错误发生的概率一般是此消彼长的，即一旦减少第 I 类错误发生的概率，必然会导致第 II 类错误发生概率的增加。

统计检验的"功效"为 1− 第 II 类错误的发生概率，即在原假设错误的情况下，拒绝原假设的概率。

在进行假设检验时，第Ⅰ类错误的发生概率通常是已知的，而第Ⅱ类错误的发生概率是未知的。因此，拒绝原假设是比较容易接受的，因为我们知道犯错误的概率一般就是显著性水平；如果接受原假设，则比较没有把握，因为我们通常不知道第Ⅱ类错误的发生概率。

6.2.5 对多个线性约束的F检验

通常情况下，我们不仅需要检验单个约束的假设，也需要检验关于基本参数β_0，β_1，…，β_k的多重假设。

多重假设的原假设为

$$H_0: \beta_1 = \beta_2 = \cdots = \beta_k = 0$$

同理，对多个线性约束的检验也需要满足 CLM 假定。构造的F统计量为

$$F = \frac{\text{SSE}/k}{\text{SSR}/(n-k-1)}$$

在原假设H_0成立的条件下，统计量服从自由度为$(k, n-k-1)$的F分布。

若使用约束条件下的最小二乘法，可以得到F统计量的另一种表达式，即

$$F = \frac{(\text{SSR}_r - \text{SSR}_{ur})/q}{\text{SSR}_{ur}/(n-k-1)} \sim F_{q,\ n-k-1}$$

式中，SSR_r是受约束模型的残差平方和；SSR_{ur}是不受约束模型的残差平方和。

F检验的步骤如下：

1. F统计量

如果F统计量很大，则表明原假设H_0较不可信。若原假设H_0为真，F统计量很大的概率很小，为小概率事件，不能在一次抽样中被观测到。

2. 临界值

计算显著性水平为α的临界值$F_\alpha(q, n-k-1)$。其中，$F_\alpha(q, n-k-1)$的定义为

$$P\{F(q, n-k-1) > F_\alpha(q, n-k-1)\} = \alpha$$

式中，$F(q, n-k-1)$为自由度为$(q, n-k-1)$的F分布变量。上式表明，$F(q, n-k-1)$大于临界值$F_\alpha(q, n-k-1)$的概率恰好为α。

3. 拒绝域

若$F > F_\alpha(q, n-k-1)$，F统计量落入右边拒绝域，则拒绝H_0；反之，则接受H_0。

6.2.6 估计

1. 被解释变量的期望值预测

$\boldsymbol{x} = (1, x_1, x_2, \cdots, x_n)$为一组给定的观测值，要求在$\boldsymbol{x} = (1, x_1, x_2, \cdots, x_n)$条件下，预

测被解释变量 y 的可能取值 $\hat{y}$。令 $\hat{y} = \boldsymbol{x}\hat{\boldsymbol{\beta}}$，则

$$E(\hat{y}) = E(\boldsymbol{x}\hat{\boldsymbol{\beta}}) = \boldsymbol{x}E(\hat{\boldsymbol{\beta}}) = \boldsymbol{x}\boldsymbol{\beta}$$

这正好是 $y = \boldsymbol{x}\boldsymbol{\beta} + u$ 的数学期望，因此，对被解释变量期望值的点值预测，可以直接使用上述公式计算出来的结果。

$\hat{\boldsymbol{\beta}}$ 服从正态分布，根据多元正态分布的性质，$\hat{y} = \boldsymbol{x}\hat{\boldsymbol{\beta}}$ 也服从正态分布。

$$\mathrm{Var}(\hat{y}) = E\left\{\left[\hat{y} - E(\hat{y})\right]\left[\hat{y} - E(\hat{y})\right]^{\mathrm{T}}\right\} = \sigma^2 \boldsymbol{x}\left(\boldsymbol{x}^{\mathrm{T}}\boldsymbol{x}\right)^{-1}\boldsymbol{x}^{\mathrm{T}}$$

$$\hat{y} \sim N\left(E(y), \sigma^2 \boldsymbol{x}\left(\boldsymbol{x}^{\mathrm{T}}\boldsymbol{x}\right)^{-1}\boldsymbol{x}^{\mathrm{T}}\right)$$

故

$$\frac{\hat{y} - E(y)}{\sigma\sqrt{\boldsymbol{x}\left(\boldsymbol{x}^{\mathrm{T}}\boldsymbol{x}\right)^{-1}\boldsymbol{x}^{\mathrm{T}}}} \sim N(0,1)$$

故

$$\frac{\left(\hat{y} - E(\hat{y})\right)\sqrt{n-k-1}}{\sqrt{\boldsymbol{x}\left(\boldsymbol{x}^{\mathrm{T}}\boldsymbol{x}\right)^{-1}\boldsymbol{x}^{\mathrm{T}}\mathrm{SSE}}} \sim t(n-k-1)$$

在置信水平 $1-\alpha$ 下，被解释变量 y 期望值的预测区间为

$$\hat{y} \pm t_{1-\frac{\alpha}{2}}(n-k-1)\sqrt{\frac{\boldsymbol{x}\left(\boldsymbol{x}^{\mathrm{T}}\boldsymbol{x}\right)^{-1}\boldsymbol{x}^{\mathrm{T}}\mathrm{SSE}}{n-k-1}}$$

2. 被解释变量的点值预测

$y - \hat{y}$ 的期望：

$$E(y - \hat{y}) = E(y) - E(\hat{y}) = 0$$

$y - \hat{y}$ 的方差：

$$\mathrm{Var}(y - \hat{y}) = \mathrm{Var}(y) + \mathrm{Var}(\hat{y}) = \sigma^2\left(1 + \boldsymbol{x}\left(\boldsymbol{x}^{\mathrm{T}}\boldsymbol{x}\right)^{-1}\boldsymbol{x}^{\mathrm{T}}\right)$$

$y - \hat{y}$ 服从正态分布：

$$y - \hat{y} \sim N\left(0,\ \sigma^2\left(1 + \boldsymbol{x}\left(\boldsymbol{x}^{\mathrm{T}}\boldsymbol{x}\right)^{-1}\boldsymbol{x}^{\mathrm{T}}\right)\right)$$

可以得到

$$\frac{(y - \hat{y})\sqrt{n-k-1}}{\sqrt{\left[1 + \boldsymbol{x}\left(\boldsymbol{x}^{\mathrm{T}}\boldsymbol{x}\right)^{-1}\boldsymbol{x}^{\mathrm{T}}\right]\mathrm{SSE}}} \sim t(n-k-1)$$

因此，y 的区间估计为

$$\hat{y} \pm t_{1-\frac{\alpha}{2}}(n-k-1)\sqrt{\frac{\left[1+x\left(x^T x\right)^{-1} x^T\right] \text{SSE}}{n-k-1}}$$

3. 估计标准误差

被解释变量 y 的值与它的回归估计值 $\hat{y}$ 的离差平方算术平均数的算术平方根，叫作估计标准误差，记作 $S_{y \cdot x}$，用公式表示为

$$S_{y \cdot x} = \sqrt{\frac{\sum_{i=1}^{n}(y_i - \hat{y}_i)^2}{n-2}}$$

上式可以作为总体标准差 σ 的一个样本估计。

$S_{y \cdot x}$ 与 R^2 存在关系：

$$S_{y \cdot x} = \sqrt{\frac{\sum_{i=1}^{n}(y_i - \hat{y}_i)^2}{n-2}} = \sqrt{\frac{\sum_{i=1}^{n}(y_i - \hat{y}_i)^2}{\sum_{i=1}^{n}(y_i - \bar{y})^2} \times \frac{\sum_{i=1}^{n}(y_i - \bar{y})^2}{n}} = \sqrt{(1-R^2)S_y^2} = S_y\sqrt{(1-R^2)}$$

因此，R^2 值小，$S_{y \cdot x}$ 的值将增大，当 $R^2 = 0$ 时，x 与 y 完全不存在相关关系，则有 $S_{y \cdot x} = S_y$；R^2 值大，$S_{y \cdot x}$ 的值将减小，当 $R^2 = 1$ 时，x 与 y 完全相关时，则有 $S_{y \cdot x} = 0$，此时被解释变量 y 得到解释变量 x 的充分反映。

6.3 计量经济分析的方法和手段

6.3.1 Stata简介

1. Stata 功能与作用

Stata 是用于 Windows、Mac 以及 Unix 操作系统上的一种功能完备的统计软件包。Stata 软件具有易操作、速度快等特点，包括一整套预先编好的分析与数据管理功能，用户可以根据需要创建自己的程序，添加其他的功能。Stata 的大部分操作可以通过下拉菜单系统完成，也可以通过键入 Stata 命令完成相关操作。得益于操作简单且功能强大，Stata 是目前最流行的统计与计量软件，拥有众多用户。

2. Stata 基本界面

Stata 窗口主要由以下几部分构成：

1）Command（命令，右下部分）窗口：输入一个命令到 Stata，然后返回运行，并在结果窗口中显示相应的结果。

2）Stata results（结果，右上部分）窗口：显示运行结果、所执行的命令以及出错信息等。在窗口中，文字会以不同的颜色进行区分，例如，白色代表命令，红色代表错误信息。

3）Variables（变量，左下部分）窗口：显示当前数据文件中的所有变量名。

4）Review（命令回顾，左上部分）窗口：在这个窗口中，将按顺序列出已被执行的命令；单击选中的某行之后，该命令会被自动复制到命令窗口；如果想要反复执行，双击该行即可。

5）窗口上方是工具栏：它列出了常用的管理文件和数据的命令，如打开文件、存储文件、数据管理窗口等。

6）工具栏上方是菜单栏。

打开 Stata 后可看到，在最上方有一排"下拉式菜单"（Pull-down Menu），如图 6-1 所示。

有两种方法可以在 Stata 中运行单一命令：一种是单击菜单，另一种是在"命令窗口"中键入一个命令。使用菜单来执行命令（Menu-driven），可能需要单击多个菜单，并且经常需要填写对话框（Dialog）来确定命令的参数，不如另一种方法方便。

菜单之下的一系列图标起着快捷键的作用，如图 6-2 所示。

图6-1　Stata的下拉式菜单

图6-2　Stata的快捷键

在快捷键图标之下是 5 个窗口，如图 6-3 所示。

图6-3　Stata的主要窗口

3．本章体例说明

本章采用几种不同的字体，表明有关文字的类型和意义：

1）用户输入的命令以粗体显示。当给出完整的命令行时，将以一个英文句点作为起始点，这与在 Stata 结果窗口或日志（输出）文件中见到的一样。

2）命令中的变量或文件名均为斜体，以强调其是随意指定的，表示其并不是该命令的固定部分。

3）在一般行文中涉及的变量或文件名为斜体，表示其与普通文字内容不同。

4）Stata 菜单上的项以 Arial 字体表示，以"→"间隔表示随后的操作选项。例如，可以通过选择 File → Open 打开已经存在的数据集，随后找到并单击这一特定数据集的文件名。

这些体例只适用于本章，并不适用于 Stata 程序本身。Stata 软件本身可以显示不同的屏幕字体，但在命令中不使用斜体。一旦 Stata 的日志文件被导入文字处理软件，或已将统计结果表复制并粘贴到文字处理软件，就应该将其格式改为 Courier 字体的 10 号字或更小字号，这样才能将各列正确对应。

对于命令和变量名，Stata 严格区分大小写。summarize 是一个命令，而 Summarize 和 SUMMARIZE 不是变量。

4. Stata 的文件管理与帮助文件

Stata 软件有一套完整的文档，这些文档可以帮助用户进行基本的安装、视窗管理以及其他的基础操作，有些手册还列出了所有的 Stata 命令，每一条命令都包括了完整的命令语法、所有可用选项的描述、例子、有关公式和基本原理的技术说明等。尽管有纸质手册可供查阅，不过在 Stata 软件中，可以通过 Help → PDF Documentation，或者单击键入 **help** 后接具体的命令名称返回的链接，在 Stata 中任何时候都可以获取完整的 PDF 文档。例如，在 Stata 的命令窗口键入：

. help sum

可以得到如图 6-4 所示 **sum** 命令的语法说明及完整的选项清单。

图6-4　**sum**命令语法说明

5. 搜寻信息

选择 Help → Search → Search documentation and FAQs，这是一种对 Stata 说明文档或网站的常见解答问题和其他页面中的信息进行搜索的直接方式。浏览器窗口中的搜索结果，包含指向进一步信息或原始引用的可单击超链接。

当然，在 Stata 软件中，使用 **search** 命令也可以达到搜寻信息的目的。**search** 命令的一个用途是在某些场合下提供更多的信息。比如，某一命令没有被成功执行，得到的是含义不明的 Stata 错误提示信息。例如，我们错误地输入 **table** 命令，Stata 会给出如下结果：

. table

varlist required

r（100）;

如果我们想知道 r（100）是什么意思，可以单击此错误信息的返回码 r（100），从而得到更进一步的说明。键入 **search r（100）** 命令也可得到相关的说明。输入 **help search** 可以查看有关该命令的更多信息。

6.3.2　数据管理

1. 数据来源

本章使用的数据来自伍德里奇《计量经济学导论现代观点》（第六版）数据集 *WAGE1*

中的一个子集,命名为 wage.dta。这一数据集给出了 1976 年 526 个工人的工资水平及其影响因素。我们已知工人的生产力受到工人教育水平、工作经历、性别和婚姻状况等因素的影响,而工人的工资与其生产力相称。故工人的工资水平可以表达为如下模型:

$$wage=f(educ,exper,tenure,female,married)$$

式中 wage——小时工资;educ——接受正规教育的年限;exper——工作年数;tenure——担任现任职位的任期;female——工人的性别;married——工人的婚姻状况。

2. 创建一个新的数据集

1)手动创建。对于小规模的数据集,可以通过手动将数据键入数据编辑器。在 Stata 软件中,通过单击图标 即可调用;也可以从菜单栏中选择 Window → Data Editor,或键入命令 edit,然后在标注了 var1、var2 各列中开始键入每一变量的取值。

我们也可以编辑变量名。通过双击相应列的标题,然后在所启动的对话框中键入新变量名即可。

图6-5 Variables Manager 图标

我们还可以在变量窗口进行操作:单击变量管理器 Variables Manager 的图标,然后就可以进行编辑变量名、标签等操作,如图 6-5 和图 6-6 所示。

除了在数据编辑器修改变量名外,也可以直接输入 rename 和 label variable 命令:

. rename var2 educ

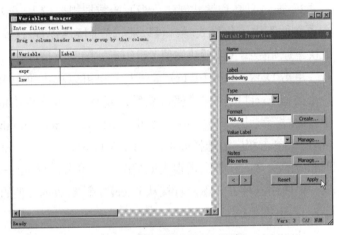

图6-6 变量管理器的对话框

. label variable educ "yearsofeducation"

若某一变量输入的第一个值是一个数字,此时 Stata 会自动认为这一列是数值型变量,此后只允许数字作为取值。数字取值可以带正负号、小数点和科学计数法,但不能包含逗号。若在某一列第一次输入的数值中加入了逗号,那么 Stata 会将此列视作"字符串变量",不将此列视作数字对待。

若某一变量第一次输入的是非数值字符,Stata 则会判断此列是字符串或文本变量。字符串变量的值几乎可以是任何字母、数字、符号或空格的组合,允许长达 244 个字符,其可以存放名称、引用语或其他说明性信息。字符串变量的值可被加以列表和计数,但不能进行均值、相关系数或其他统计量分析。在数据编辑器或数据浏览器中,字符串变量的值显示为红色,数值型变量为黑色,加标签的数值型变量为蓝色。

Stata 软件为任一数据集文件名加上扩展名 .dta。因此,在手动输入相关数据之后,我们可以关闭数据编辑器并保存数据，将文件命名为 wage.dta：

. save wage

如果以前已经保存了同名文件，想要以新版本覆盖原有版本，可以键入命令：

. save, replace

如果需要同时对几个变量指定更具说明性的名称，此时的 rename 操作可以在同一步中完成操作：

. rename（var1 var2 var3 var4 ）（wage educ exper tenure ）

Stata 也可以为数据加上不同类型的标签。例如，命令 label data 可以对整个数据集加以说明，label variable 对单个变量加以说明。

当标签添加完毕后，可以通过单击 Save 图标或使用快捷键 File → Save，或键入如下命令将数据存为 Stata 格式的文件（扩展名为 dta）：

. save, replace

之后，我们就可以单击，或 File → Save，或键入命令以读取这些数据：

. use C:\wage

2）通过复制和粘贴创建。当原始数据规模较大，或原始数据来源为电子表格、网页、文本文件等电子化形式时，可以通过复制和粘贴将这些数据导入 Stata。读入数据的方法取决于原始数据（包括缺失值）组织形式的具体情况。

单击 Data Editor（Edit）图标（也可以单击菜单 Window → Data Editor），即可打开一个类似 Excel 的空白表格。然后，复制 Excel 文件中的所有数据，并粘贴到 Data Editor 中。此时会跳出一个对话框"Is the first row data or variable names？"（第一行为数据还是变量名？）单击相应的选择即可。关闭 Data Editor（Edit）后，右上方的"Variables"窗口出现相应的变量。在数据量很大的情况下，单击菜单 File → Import，可以导入各种格式的数据，但使用这种方式不如直接从 Excel 中粘贴数据方便直观。

3. 审视数据

. browse

使用上述命令，可以打开电子表格化的数据浏览器（Data Browser）来查看数据。

. edit

使用上述命令，可以打开电子表格化的数据编辑器进行数据的输入和编辑。

. list

对于大的数据集，表格格式会难以阅读，因此使用 **list** 或 **display** 命令可以按默认或表格格式列出数据。

. sort

上述命令可以改变样本的排列顺序。如键入：

. sort *wage*

随后在数据浏览器中可以查看，发现 *wage* 这一列都是由小到大排列的。

命令 **sort** 无法按照变量的降序排列。如想按降序排列，可使用命令 **gsort**：

. gsort - *wage*

此时，在数据浏览器中查看，*wage* 这一列是由小到大排列的。

. describe

使用 **describe** 命令，可以得到数据集中的变量名称、标签等，如图 6-7 所示。

```
. describe

Contains data from C:\wage.dta
  obs:           526
  vars:            6                              8 Jul 2021 15:43

              storage  display    value
variable name   type   format     label      variable label

wage            float   %8.2g                average hourly earnings
educ            byte    %8.0g                years of education
exper           byte    %8.0g                years potential experience
tenure          byte    %8.0g                years with current employer
female          byte    %8.0g                =1 if female
married         byte    %8.0g                =1 if married

Sorted by:
```

图6-7　**describe**命令返回结果

在 Stata 命令中，可以增加 **in** 或 **if** 选择条件限制对数据的一个子集执行。其中，**in** 指定了命令应用的观测案例编号，**if** 按特定的变量值来进行选择。如列出第 6 条至第 10 条观测值，输入：

. list in 6/10

输出结果如图 6-8 所示。

若要列出每小时工资大于 20 美元的数据，可以输入：

. list if *wage*>= 20

输出结果如图 6-9 所示。

	wage	educ	exper	tenure	female	married
6.	20	12	22	4	0	1
7.	20	14	26	23	0	1
8.	19	17	26	20	0	1
9.	18	17	22	21	0	1
10.	18	16	35	28	0	1

图6-8　list in 6/10的输出结果

	wage	educ	exper	tenure	female	married
1.	25	18	29	25	0	1
2.	23	16	16	7	0	1
3.	22	12	31	15	0	1
4.	22	12	24	16	0	1
5.	22	18	8	8	1	0
6.	20	12	22	4	0	1

图6-9　list if *wage*>= 20的输出结果

常用的关系运算符：

- \>=　　大于或等于
- <=　　小于或等于
- ==　　等于
- !=　　不等于（也可用~=）
- \>　　大于
- <　　小于

常用的逻辑运算符：

- &　　和

- | 或（竖条符号，不是数字 1 或字母 l）
- ! 否（也可以用～）

. drop

使用 **drop** 命令可以清除数据。若要清除 *wage* 这个变量，只需输入：

. drop *wage*

若要清除第 3 列和第 4 列，只需输入：

. drop in 3/4

也可以使用 **in** 或 **if** 条件来选择需要删除的观测数据。当然，也可以使用数据编辑器中的 Delete 按钮来清除选中的变量或观测数据。需要注意的是，在 Stata 软件中，数据一旦删除则无法恢复，故在进行数据处理时需要保存好原始数据。

. keep

keep 命令可以保留我们需要的变量或观测数据。例如，若需保留 *wage* 和 *educ* 这两个变量，只需输入：

. keep *wage educ*

4. 创建和替代变量

使用命令 **generate** 和 **replace** 可以创建新变量或改变现有变量的值。在本章使用的 *wage.dta* 数据集中，*exper* 为员工的工作年数，*tenure* 为担任现任职位的任期，可以创建一个新变量表示员工在其他职位工作的年数。

. use C:*wage*

. generate *gap = exper - tenure*

. label variable *gap* " years of other work experience "

. describe *gap*

输出结果如图 6-10 所示。

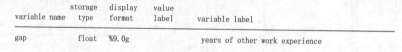

图6-10　创建和替代命令输出结果

命令 **replace** 可以完成 **generate** 一样的计算，不过 **replace** 命令并不是创建一个新变量，而是替换一个现有变量的取值。例如，若需要将第 17 条观测数据在 *educ* 取值上的错误进行修正，只需输入：

. replace *educ* = 12 in 17

generate 能使用任何已有变量、常数、随机取值和表达式的任意组合来创建新变量，**replace** 则以同样的方式对已有变量替换新的取值。对于数值型变量，可以使用代数运算符：+（加）、−（减）、*（乘）、/（除）、^（乘方）。数值型变量需要使用括号控制计算的顺序，没有括号时，计算采用通常的优先顺序。对于代数运算符，只能使用"+"，将两个字符串连接成一个。

5. 缺失值编码

在一些数据集中，数据集的取值可能由于若干不同的原因而出现缺失。常用的做法是用扩展的缺失值编码来表示不同类型的缺失值。这些编码甚至代表着更大的数字，Stata将其显示成字母“.a”到“.z”。不同于默认的缺失值编码“.”，扩展的缺失值编码可以被加上标签。

在实际的调查中可能会出现不同类型的缺失值，比如有些问题被试不想回答或想不起来，这可能导致有些问题没有答案。例如本章使用的数据集*wage1.dta*，当问到被试的婚姻状况时，有些被试可能不愿意回答这一问题而导致出现了缺失值。

. tabulate marriage, gen（married1 ）

输出结果如图6-11所示。

marriage	Freq.	Percent	Cum.
已婚	320	60.84	60.84
无回答	2	0.38	61.22
未婚	204	38.78	100.00
Total	526	100.00	

图6-11　数据集*wage1.dta*婚姻状况数据

. gen *married*=0

. replace *married* = 1 if *married11* == 1

. replace *married* = 100 if *married12* == 1

. tabulat *married*, nolabel

输出结果如图6-12所示。

married	Freq.	Percent	Cum.
0	204	38.78	38.78
1	320	60.84	99.62
100	2	0.38	100.00
Total	526	100.00	

图6-12　使用值替代婚姻状态

其中，0表示未婚，1表示已婚，100表示被试无回答。为*married*计算的任何统计量都可能会被100这个编码弄混，因此需要对此变量加以改进，称其为*married2*。这一新的变量取值为100应该被视作缺失值。

. gen *married2* = *married*

. rpeplace *married2*= .a if *married* == 100

. tabulate *married married2*, miss

输出结果如图6-13所示。

	married2			
married	0	1	.a	Total
0	204	0	0	204
1	0	320	0	320
100	0	0	2	2
Total	204	320	2	526

图6-13　缺失值处理方法

若出现了表示缺失值的数字（如100），需要将这些值改成缺失值，使Stata不将这些假数字纳入统计计算。同理，使用**mvdecode**命令也可以达到预取的目的。

所做的变更只有在保存数据集之后才能成为永久性的。可以将这些数据另存，以备以后出于某种原因想再看一看原始数据。

6. 使用函数

本节将介绍许多与**generate**或**replace**一起使用的函数。例如，创建一个名为*logwage*的新变量，使其等于*wage*的自然对数，就可以输入：

. generate *logwage* = ln（*wage*）

自然对数只是Stata数学函数之一，还有以10为底的对数**log10（x）**、表示x整数部分的**int（x）**，以及表示x指数的**exp（x）**等函数，用户可以参考**help math functions**。许多概率密度函数的完整清单以及定义、参考的限制条和缺失值处理等细节，可以参考**help density functions**。有关日期函数、日期的时间序列函数以及用于显示时间或日期变量的专门格式，可以参考**help data functions**。

display 这一命令可以执行单一计算并将结果显示在屏幕上，如：

. display3+5

8

因此，**display** 可以作为屏幕统计计算器使用。

例如，使用 *wage.dta* 数据集，可以计算得到这 526 个观测样本中工资平均值为 5.89。

. sum *wage*

输出结果如图 6-14 所示。

Variable	Obs	Mean	Std. Dev.	Min	Max
wage	526	5.896103	3.693086	.53	24.98

图6-14　sum *wage*命令输出结果

在 sum 之后，Stata 将均值作为一个名为 r（mean）的标量保存下来。

. display r（mean）

5.8961027

Stata 会在许多分析后暂存一些结果，如 **summarize** 后的 r（mean）。

这些结果对之后的计算或编程或许还有用处。通过输入 **return list**，获取当前存取的名称和取值的完整清单。

. return list

输出结果如图 6-15 所示。

```
    Variable |        Obs        Mean    Std. Dev.       Min        Max
-------------+----------------------------------------------------------
        wage |        526    5.896103    3.693086        .53      24.98

.   display r(mean)
5.8961027

. . return list

scalars:
                  r(N) =  526
              r(sum_w) =  526
               r(mean) =  5.896102674787035
                r(Var) =  13.63888436377501
                 r(sd) =  3.693086021713413
                r(min) =  .5299999713897705
                r(max) =  24.97999954223633
                r(sum) =  3101.350006937981
```

图6-15　获取当前存取的名称和取值的完整清单

Stata 软件中含有伪随机函数 **runiform( )**，可以通过该命令生成随机数据或对现有数据进行随机抽样。

若目前内存中已有数据，输入以下命令可以生成一个 *randnum* 的新变量，此变量是从区间 [0,1] 随机抽取的 16 位数值。

. generate *randnum* = runiform( )

若目前内存没有数据，首先设定新数据集想要的观测数据，并明确生成随机数的初始数值（seed）。需要特别注意的是，电脑中给出的随机数并不是真正的随机数，而是伪随机数，因为它是按照一定的规律生成的。因此，如果提前给定基于生成伪随机数的初始数值，则对相同的初始数值，生成的伪随机数序列完全一样。最后创建随机变量。以下命令创建了一个包含 8 个观测数据和一个名为 *randnum* 变量的数据集：

. clear

. set obs 8

. set seed 12345

. generate *randnum* = runiform( )

. list

输出结果如图 6-16 所示。

	randnum
1.	.3576297
2.	.4004426
3.	.6893833
4.	.5597356
5.	.5744513
6.	.2076905
7.	.0286627
8.	.6889245

图6-16　*randnum*变量的数据集

结合 Stata 的代数函数、统计函数和专门函数，

runiform( ) 可以模拟从不同理论分布抽取的数值。若想创建新变量 *new* 从区间 [0,500] 而不是区间 [0,1] 的均匀分布，可以输入：

. generate *new* =500* runiform( )

若想模拟投掷一个 6 面骰子 500 次的结果，输入：

. clear

. set obs 500

. generate *roll* =ceil(6* runiform( ))

. tabulate *roll*

输出结果如图 6-17 所示。

在 Stata 软件中，可以输入 help random 查看创建如服从正态分布、贝塔分布或超几何分布等随机变量的指令。

roll	Freq.	Percent	Cum.
1	80	16.00	16.00
2	96	19.20	35.20
3	74	14.80	50.00
4	75	15.00	65.00
5	101	20.20	85.20
6	74	14.80	100.00
Total	500	100.00	

图6-17　模拟投掷一个6面骰子500次的结果

6.3.3　制图

Stata 软件在制作分析性图形方面也极具优势。本节将介绍一些比较常用的 Stata 命令以绘制有吸引力且可发表的基本图形。

1．直方图

. histogram *wage*, frequency

画出变量 *y* 的直方图，频数显示在纵轴上，如图 6-18 所示。

. histogram *wage*, start（0）width（5）norm fraction

x 轴以 0 处为起点，画出变量 *wage* 的直方图，条宽度为 5。基于样本均值和标准差添加一条正态曲线，并在纵轴上显示出分数形式的数据频率，如图 6-19 所示。

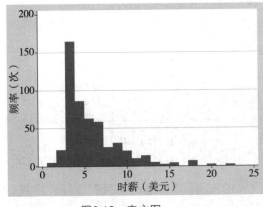

图6-18　直方图

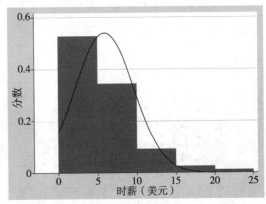

图6-19　添加正态曲线的直方图

. histogram *wage*, by（*educ*, total）percent

在一幅图中，对 *educ* 的每一个取值画出 *wage* 的各个直方图，同时画出样本整体的总直方图。

在绘制直方图时，图形命令中的选项可按任意顺序排列在该命令的英文逗号之后。这里给出一些常见的命令，如表 6-1 所示。

表6-1 绘制直方图常见的命令

命令	解释
frequency	在y轴上显示频数
star(0)	直方图的第一个条柱（组距）从0处开始
width(5)	每一个条柱（组距）的宽度为5
xlabel(0(5)25)	对x轴添加数值标签，以5为间距从0到25
xtick(5(5)25)	显示x轴上的刻度，以5为间距从5到25
ylabel(0(2)10),grid gmax	对y轴添加数值标签，以2为间距从0到10。画出水平线的栅格，包括最大值处的一条线
title("average hourly earnings")	图形顶部有标题

2. 散点图

. graph twoway scatter *y x*

这里 *y* 是纵轴，*x* 是横轴。本节使用的 *wage.dta* 数据集，可以画出 *wage* 对 *exper* 的散点图，如图 6-20 所示。

. graph twoway scatter *wage exper*

在 Stata 中，也可以使用 **xlabel**、**xtitle**、**ylabel** 等控制 *x* 或 *y* 轴标签、标题等。在散点图上，也可以对散点标志的形状、颜色、大小、标签和其他属性进行操作，如 **msymbol (O)**（实心圆圈）、**msymbol (TH)**（大空心三角）、**msymbol (d)**（小菱形）、**msymbol (+)**（加号）等，而 **mcolor** 则可以控制标志的颜色。

输入：

. graph twoway scatter *wage exper*,msymbol（+）mcolor（red）

可得到如图 6-21 所示的散点图。图中的散点标志为红色十字。

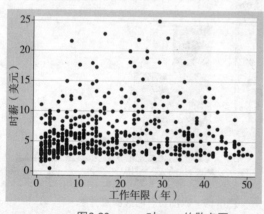

图6-20 *wage*对*exper*的散点图

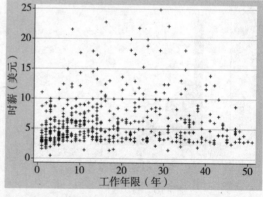

图6-21 散点图标志处理

通过 Stata 软件，也可以画出简单回归线。要查看 *wage* 对 *exper* 的散点图和回归线，通过用 || 的命令将 **lfit** 图形叠放在 **scatter** 图形的上方来实现输入，如图 6-22 所示。

. graph twoway scatter *wage exper*,msymbol（+）mcolor（red）|| lfit *wage exper*

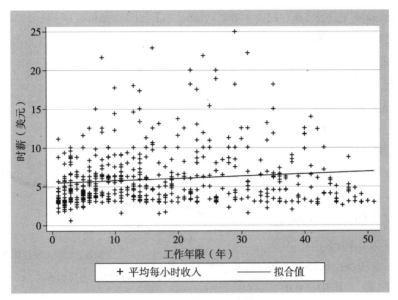

图6-22 简单回归线

3. 分位数图

图 6-23 呈现了 wag.dta 中 562 个工人工资的直方图。一条叠加正态曲线表明 wage 的右尾重于正态分布，而左尾轻于正态分布。

. histogram *wage*, norm percent

输出结果如图 6-23 所示。

. symplot *wage*

如图 6-24 所示，我们可以看到其正偏态迹象：相对于低于中位数的距离，高于中位数的距离变得越来越大。若该分布是对称的，则所有的点都位于对角线上。

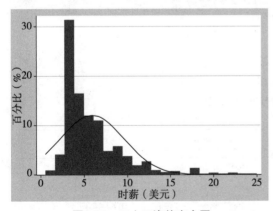

图6-23 工人工资的直方图

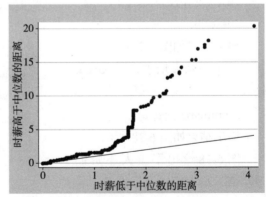

图6-24 散点图体现的正偏态迹象

分位数是表示某一比例的数据位于其下的数值。如果我们将 n 条观测数据按升序排列，那么第 i 个值构成了 $(i-0.5)/n$ 分位数，分位数图会自动计算位于每一数据值以下的观测数据所占比例。通过分位数图，我们可以估计落入某个给定数值以下的观测数据的比例。

. quantile wage, xlabel（0（0.1）1,grid）ylabel（.2（.1）1,grid）

输出结果如图 6-25 所示。

分位 - 正态图将观测变量分布的分位数与一个具有相同均值和标准差的理论正态分布的分位数进行比较。这种图可以就变量分布的每个部分对正态性的偏离进行直观的审察，从而有助于指引有关正态性假定的判断和寻找某种正态化转换的方法。**grid** 选项要求用一组线标识两个分布的 0.05、0.10、0.25、0.50、0.75、0.90 和 0.95 百分位数。其中，0.05、0.50 和 0.95 百分数值被显示在顶端和右边的数轴上。

. qnorm wage, grid

输出结果如图 6-26 所示。

6.3.4 概要统计及统计表

1. 测量变量的描述性统计

在本节中使用的数据集仍是 wage.dta。

. use C:\wage

. describe

输出结果如图 6-27 所示。

若想得到人均工资（wage），输入：

. summarize wage

输出结果如图 6-28 所示。

图 6-28 给出了工人工资的最小值、最大值以及标准差。若只输入 **summarize** 而不给出变量清单，可以得到数据集里每一个数值型变量的均值和标准差；若想看更详细的概要统计量，输入：

. summarize wage,detail

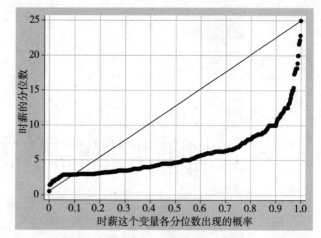

图6-25 分位数图

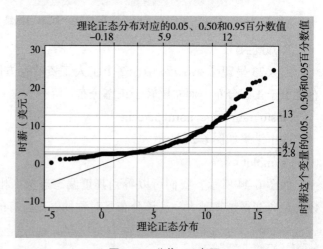

图6-26 分位-正态图

```
. use C:\wage

. describe

Contains data from C:\wage.dta
  obs:           526
 vars:             6                          8 Jul 2021 15:43

              storage  display   value
variable name  type    format    label      variable label

wage          float    %8.2g                average hourly earnings
educ          byte     %8.0g                years of education
exper         byte     %8.0g                years potential experience
tenure        byte     %8.0g                years with current employer
female        byte     %8.0g                =1 if female
married       byte     %8.0g                =1 if married

Sorted by:
```

图6-27 测量变量的描述性统计

Variable	Obs	Mean	Std. Dev.	Min	Max
wage	526	5.896103	3.693086	.53	24.98

图6-28 人均工资输出

输出结果如图 6-29 所示。

上述命令给出的结果包括基本的统计量，其中包括百分位数（Percentiles）、4 个最小值（Smallest）和 4 个最大值（Largest）、权数和（Sum of Weights）、方差（Variance）、偏态（Skewness）和峰态（Kurtosis）。

其中，方差这一统计量是标准差的平方；偏态这一指标表示非对称的方向和程度，一个完美对称分布的偏态值等于 0，正偏态的

图6-29 详细的概要统计量

偏态值大于 0，更重右尾，负偏态的偏态值小于 0，更重左尾；峰态这一指标表示尾重。正态分布是对称的，峰态值等于 3，若存在一个对称分布的峰态值大于 3，其呈现尖峰状。

输入 **tabstat** 命令，可以得到想要的统计量：

.tabstat *wage*, stats（mean max min）

输出结果如图 6-30 所示。

图6-30 具体的统计量输出

tabstat 命令中的 **stats( )** 选项中可以输入 **count**、**sum**、**variance**、**sd** 以及 **p1** 到 **p99** 对应的百分位数。

使用 **summarize** 或 **tabstat** 命令可以得到当前样本的统计量描述，若相对更大的总体进行推断，如想得到 *wage* 均值的 99% 置信区间，输入：

. ci mean *wage*,level（99）

输出结果如图 6-31 所示。

将这 526 个工人看作一个样

图6-31 当前样本的统计量描述

本，有 99% 的把握认为总体均值落在每人 5.47 美元 /h 到 6.31 美元 /h 的区间范围。若 **level（99）** 选项没有给出 99% 的置信区间，**ci** 命令默认给出 95% 的置信区间。

2．正态性检验和数据转换

正式的偏态－峰态检验利用命令 summarize 和 detail 所显示的偏态和峰态统计量来检验当前样本来自一个正态分布总体这一虚无假设。

.sktest *wage*

输出结果如图 6-32 所示。

此处，*wage* 在峰态上显著呈

图6-32 正态性检验

非正态［Pr（Kurtosis）=0.0000］，偏态上显著呈非正态［Pr（Skewness）=0.0000］，将两者结合起来考虑也显著呈非正态（Prob>chi2=0.0000）。

取对数或平方根等非线性转换可以用来改变分布的形态，使得偏态分布更加对称，甚至可以更接近正态分布。幂阶梯的进阶可以为选择合适的转换以改变分布的形态提供指引。使用 **ladder** 命令可以将幂阶梯和进行正态性检验的 **sktest** 结合，该命令对阶梯上的每一种幂进行尝试，并报告其结果是否显著地呈非正态。

. ladder *wage*

输出结果如图 6-33 所示。

```
          Skewness/Kurtosis tests for Normality
                                              ——— joint ———
 Variable |   Obs   Pr(Skewness)  Pr(Kurtosis)  adj chi2(2)   Prob>chi2
     wage |   526     0.0000        0.0000           .          0.0000

. ladder wage

Transformation        formula          chi2(2)    P(chi2)
cubic                 wage^3              .        0.000
square                wage^2              .        0.000
identity              wage                .        0.000
square root           sqrt(wage)          .        0.000
log                   log(wage)         13.99      0.001
1/(square root)       1/sqrt(wage)        .        0.000
inverse               1/wage              .        0.000
1/square              1/(wage^2)          .        0.000
1/cubic               1/(wage^3)          .        0.000
```

图6-33 将幂阶梯和进行正态性检验结合

将转换的直方图与正态曲线加以比较，直观得到使用何种转换方式较好，输入：

. gladder *wage*

输出结果如图 6-34 所示。

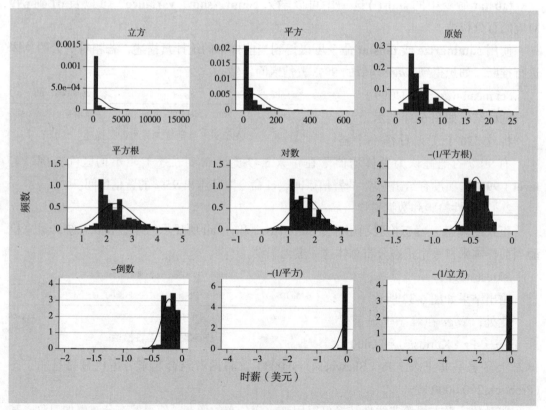

图6-34 直方图与正态曲线加以比较

通过四分位阶梯命令 **qladder** 得到与幂阶梯转换相对应的分位 - 正态图：

. qladder *wage*

输出结果如图 6-35 所示。

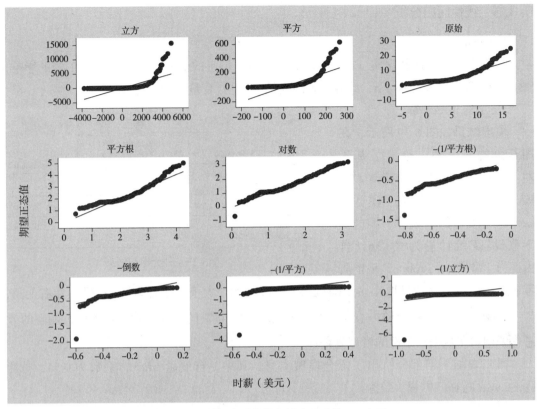

图6-35 与幂阶梯转换相对应的分位-正态图

3. 均值、中位数以及其他统计量

命令 **tabulate** 可以得到制表变量各类表内均值和标准差的列表。

若要得到不同性别工人的平均工资,可输入:

. tabulate *female*,summ(*wage*)

输出结果如图 6-36 所示。

=1 if female	Summary of average hourly earnings		
	Mean	Std. Dev.	Freq.
0	7.1	4.2	274
1	4.6	2.5	252
Total	5.9	3.7	526

图6-36 不同性别工人的平均工资

也可以使用 **tabulate** 创建一个均值的二维表:

. tabulate *female married*,summ(*wage*)mean

输出结果如图 6-37 所示。

Means of average hourly earnings

=1 if female	=1 if married		Total
	0	1	
0	5.2	8	7.1
1	4.6	4.6	4.6
Total	4.8	6.6	5.9

图6-37 均值的二维表

table 命令的 **contents( )** 选项设定每个单元格内应该呈现哪些变量的哪些统计量。例如,输入下列命令,可以得到不同性别工人工资的平均值、标准差、中位数及四分位数。

. table *female*,contents(mean *wage* sd *wage* median *wage* iqr *wage*)

输出结果如图 6-38 所示。

=1 if female	mean(wage)	sd(wage)	med(wage)	iqr(wage)
0	7.1	4.160858	6	4.66
1	4.6	2.529363	3.8	2.54

图6-38 不同性别工人工资的平均值、标准差、中位数及四分位数

6.3.5 线性回归分析

1. 一元回归

本节中依然使用数据集 wage.dta。如果想研究员工的受教育程度对员工工资的影响，Stata 回归命令为 **regress** *y x*，此处 *y* 是因变量，*x* 是自变量。

. regress *wage educ*

输出结果如图 6-39 所示，在图 6-39 的右上角，给出了基于左上角的平方和得到的整体 F 检验。F 检验用于评估关于模型中 *educ* 这一变量的系数等于零这一零假设。F 统计量为 103.36，自由度为 1 和 524。Prob > F 是指从零假设为真的总体中抽取很多个随机样本情况下的"大于 F 统计量的概率"。在右上角，$R^2=0.1648$，这说明 *educ* 这一变量解释了 *wage* 中 16.48% 的变异。$\bar{R}^2=0.1632$，调整的 R^2 考虑了相对于数据复杂性的模型复杂性。

回归表的下半部分给出了拟合模型本身。其中，自变量 *educ* 的系数为 0.54，截距为 −0.98，故回归方程大致为

$$wage = 0.54educ - 0.98$$

即受教育年限每增加 1 年，工人每小时工资预期增加 0.54 美元。

第二列给出了系数估计标准误，可以用来计算每一个回归系数的 T 统计量（第 3 列和第 4 列）和置信区间（第 5 列和第 6 列）。T 统计量检验相关的总体系数等于零这一零假设。Stata 的建模程序通常显示 95% 置信区间，它可以提供设定 level() 选项，要求输出其他水平的置信区间。若要得到 90% 的置信区间，可输入：

. regress *wage educ*, level（90）

输出结果如图 6-40 所示：

margins 命令可以查看预测的均值，以及置信区间和这些均值是否不等于零的 z 检验。**vsquish** 选项会减少表中各行间的空白行。

. margins, at (*educ*=(3 14)) vsquish

输出结果如图 6-41 所示。

educ=3 时，预测的平均工人每小时工资为 0.719 美元，置信区间为

[-0.322,1.760]；*educ*=14 时，预测的平均工人每小时工资为 6.674 美元，置信区间为 [6.348,7.000]。

若想以 1 岁为间隔得到 *educ* 取值从 3 到 14 的平均工人工资并画出结果：

. margins, at (*educ*=(3 14)) vsquish

. marginsplot

输出结果如图 6-42 所示。

Stata 会自动包括常数项，使用 **nocons** 命令可以去掉常数项，执行通过原点的回归：

. regress *wage educ*, nocons

输出结果如图 6-43 所示。

一个预测变量的回归在于找到一条对散步数据拟合最佳的直线，所谓拟合最佳的直线由普通最小二乘法（OLS）标准来定义，输入以下命令可得到散点图和线性拟合图叠并：

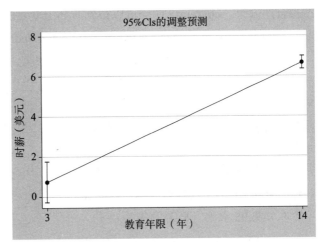

图6-42　工人工资与教育年限的回归曲线

Source	SS	df	MS		Number of obs	=	526
					F(1, 525)	=	1701.33
Model	19445.6927	1	19445.6927		Prob > F	=	0.0000
Residual	6000.59971	525	11.4297137		R-squared	=	0.7642
					Adj R-squared	=	0.7637
Total	25446.2924	526	48.3769817		Root MSE	=	3.3808

wage	Coef.	Std. Err.	t	P>|t|	[95% Conf. Interval]
educ	0.4726637	0.0114593	41.25	0.000	0.450152　0.4951754

图6-43　去掉常数项

. graph twoway scatter *wage educ*|| lfit *wage educ*

输出结果如图 6-44 所示。

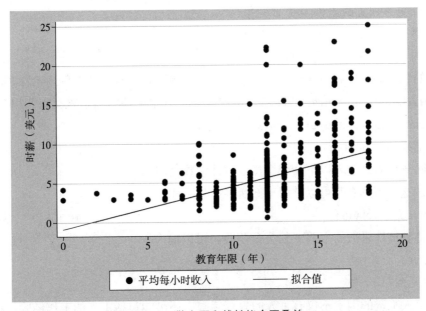

图6-44　散点图和线性拟合图叠并

2. 相关

普通最小二乘法回归会找出最佳拟合的直线，皮尔逊积矩相关系数则描述最佳拟合直线拟合的效果。**correlate** 命令可以得到所列出变量的相关系数：

. correlate *wage educ exper tenure female married*

输出结果如图 6-45 所示。

不使用回归或其他多变量技术的用户可能会基于每对变量的所有可用观测数据来寻找相关性。命令 **pwcorr**（两两相关）可以完成相关操作，也可以提供 T 检验概率检验每一个相关等于零的零假设。**Star（0.05）** 选项要求用 * 标记每一个在 $\alpha=0.05$ 水平上显著的相关。

. pwcorr *wage educ exper tenure female married*, star（0.05）

输出结果如图 6-46 所示。

以下命令是 **pwcorr** 提供 Šidák 检验方法，将多重比较纳入考虑，调整显著性水平：

. pwcorr *wage educ exper tenure female married*, sidak sig star（0.05）

输出结果如图 6-47 所示。

以上调整对中等到强相关的影响很小，但对更弱的相关或当涉及更多变量时可能变得至关重要。一般而言，用于计算相关的变量越多，调整过的概率超过未调整的概率的程度就越大。

在 **correlate** 后加上 **covariance** 选项会产生一个方差－协方差矩阵，而非相关矩阵。

. correlate *wage educ exper*, covariance

输出结果如图 6-48 所示。

在回归分析后，键入以下命令会显示估计系数之间的相关矩阵，这一矩阵有时可以被用于诊断多重共线性：

. estat vce, correlation

若想得到估计系数的方差－协方差矩阵，可以输入：

. estat vce

3. 多元回归

影响工人工资的因素不仅有工人的教育年限，还可能包括工人的工作经验、在现在岗位工作的期限以及工人的性别、婚姻状况等因素。

(obs=526)

	wage	educ	exper	tenure	female	married
wage	1.0000					
educ	0.4059	1.0000				
exper	0.1129	-0.2995	1.0000			
tenure	0.3469	-0.0562	0.4993	1.0000		
female	-0.3401	-0.0850	-0.0416	-0.1979	1.0000	
married	0.2288	0.0689	0.3170	0.2399	-0.1661	1.0000

图6-45　皮尔逊积矩相关系数

	wage	educ	exper	tenure	female	married
wage	1.0000					
educ	0.4059*	1.0000				
exper	0.1129*	-0.2995*	1.0000			
tenure	0.3469*	-0.0562	0.4993*	1.0000		
female	-0.3401*	-0.0850	-0.0416	-0.1979*	1.0000	
married	0.2288*	0.0689	0.3170*	0.2399*	-0.1661*	1.0000

图6-46　命令 **pwcorr**（两两相关）结果

	wage	educ	exper	tenure	female	married
wage	1.0000					
educ	0.4059*	1.0000				
	0.0000					
exper	0.1129	-0.2995*	1.0000			
	0.1341	0.0000				
tenure	0.3469*	-0.0562	0.4993*	1.0000		
	0.0000	0.9637	0.0000			
female	-0.3401*	-0.0850	-0.0416	-0.1979*	1.0000	
	0.0000	0.5461	0.9981	0.0001		
married	0.2288*	0.0689	0.3170*	0.2399*	-0.1661*	1.0000
	0.0000	0.8389	0.0000	0.0000	0.0019	

图6-47　**pwcorr** 提供 Šidák 检验方法

(obs=526)

	wage	educ	exper
wage	13.6389		
educ	4.15086	7.66749	
exper	5.65908	-11.2573	184.204

图6-48　方差－协方差矩阵

. regress *wage educ exper tenure female married*

输出结果如图 6-49 所示。

Source	SS	df	MS		Number of obs	=	526
					F(5, 520)	=	60.61
Model	2636.38356	5	527.276713		Prob > F	=	0.0000
Residual	4524.03073	520	8.70005909		R-squared	=	0.3682
					Adj R-squared	=	0.3621
Total	7160.41429	525	13.6388844		Root MSE	=	2.9496

wage	Coef.	Std. Err.	t	P>|t|	[95% Conf. Interval]	
educ	0.5556838	0.0498647	11.14	0.000	0.4577228	0.6536447
exper	0.0187449	0.0120289	1.56	0.120	-0.0048863	0.0423762
tenure	0.1387816	0.0211351	6.57	0.000	0.0972608	0.1803024
female	-1.741397	0.2664871	-6.53	0.000	-2.264921	-1.217873
married	0.5592403	0.2859483	1.96	0.051	-0.0025156	1.120996
_cons	-1.618152	0.7230508	-2.24	0.026	-3.038611	-0.197692

图6-49　多元回归结果

对 *wage* 取对数，使其呈现更为线性的关系：

. generate *logwage*= log10（*wage*）

. label variable *logwage* "log10（wage）"

. regress *logwage educ exper tenure female married*

输出结果如图 6-50 所示。

Source	SS	df	MS		Number of obs	=	526
					F(5, 520)	=	70.38
Model	11.2917182	5	2.25834363		Prob > F	=	0.0000
Residual	16.6850068	520	0.032086552		R-squared	=	0.4036
					Adj R-squared	=	0.3979
Total	27.9767249	525	0.053289		Root MSE	=	0.17913

logwage	Coef.	Std. Err.	t	P>|t|	[95% Conf. Interval]	
educ	0.0364395	0.0030283	12.03	0.000	0.0304904	0.0423887
exper	0.0013611	0.0007305	1.86	0.063	-0.000074	0.0027962
tenure	0.0073253	0.0012835	5.71	0.000	0.0048037	0.0098468
female	-0.1240039	0.0161837	-7.66	0.000	-0.1557973	-0.0922105
married	0.0546078	0.0173655	3.14	0.002	0.0204926	0.088723
_cons	0.2128296	0.0439106	4.85	0.000	0.1265656	0.2990935

图6-50　*wage*取对数后结果

此时 R^2 由 0.3682 变为 0.4036，*educ*、*exper*、*tenure*、*female* 和 *married* 这 5 个变量解释了 *wage* 40.36% 变化的模型。

故多元回归方程为

$$wage = 0.036educ + 0.001exper + 0.007tenure - 0.124female + 0.054married + 0.213$$

从上述的回归结果中可以看出，*exper* 在统计上的结果不显著，其系数为 0.001，对 *wage* 的影响比较微弱。模型中包括无关预测变量往往会膨胀其他预测变量的标准误，导致这些预测变量的效应估计值不精确。通过每次去除一个不显著的预测变量，可以得到一个更为简约和效率更高的简化模型。先去除 *exper*：

. regress *logwage educ tenure female married*

输出结果如图 6-51 所示。

```
      Source |       SS          df       MS              Number of obs =     526
-------------+------------------------------              F(4, 521)     =   86.70
       Model | 11.1803314          4  2.79508284          Prob > F      =  0.0000
    Residual | 16.7963936        521  0.032238759         R-squared     =  0.3996
-------------+------------------------------              Adj R-squared =  0.3950
       Total | 27.9767249        525  0.053289            Root MSE      =  0.17955
```

logwage	Coef.	Std. Err.	t	P>|t|	[95% Conf. Interval]
educ	0.0345283	0.002856	12.09	0.000	0.0289177 0.040139
tenure	0.0084431	0.0011374	7.42	0.000	0.0062087 0.0106775
female	-0.1217604	0.016177	-7.53	0.000	-0.1535407 -0.0899802
married	0.063755	0.0166966	3.82	0.000	0.0309542 0.0965559
_cons	0.2476552	0.0398278	6.22	0.000	0.1694124 0.3258981

图6-51　更为简约和效率更高的简化模型

此时得到一个包含4个预测变量的模型，具有更小的标准误，调整的 R^2 基本没变，故多元回归方程为

$$wage = 0.035 educ + 0.008 tenure - 0.122 female + 0.063 married + 0.248$$

命令 margins 可以得到因变量在一个或更多个自变量的被设定取值处的预测均值。例如，tenure 分别取2、3和4时预测的平均工人工资的对数，输入：

. margins, at($educ = (3\ 5\ 10)$) vsquish

输出结果如图6-52所示。

```
Predictive margins                                Number of obs   =        526
Model VCE    : OLS

Expression   : Linear prediction, predict()
1._at        : educ            =           3
2._at        : educ            =           5
3._at        : educ            =          10
```

	Margin	Delta-method Std. Err.	t	P>|t|	[95% Conf. Interval]
_at					
1	0.3747911	0.028411	13.19	0.000	0.3189769 0.4306053
2	0.4438478	0.0229741	19.32	0.000	0.3987145 0.4889811
3	0.6164895	0.0107173	57.52	0.000	0.595435 0.6375439

图6-52　因变量在一个或更多个自变量的被设定取值处的预测均值

当 educ=3 时，logwage 为 0.374。类似地，可以计算出 educ 为 5 和 10 时，logwage 的值。

. marginsplot

输出结果如图6-53所示。

4. 假设检验

regress 输出表中，有两种类型的假设检验，与采用其他常见的假设检验一样，其都基于一个这样的假定：样本中的观测数据是从一个无限大总体中随机且独立地抽取出来的。

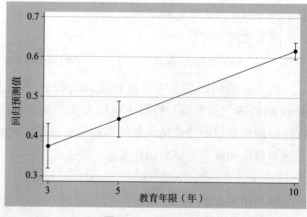

图6-53　marginsplot

1）整体 F 检验：回归表右上方的 F 统计量，评价被纳入模型的所有 x 变量的系数在总体中都等于 0 这一零假设。

2）单个系数的 T 检验：回归表中第 3 列和第 4 列包含了对单个回归系数的 T 检验，其评估每个特定 x 变量的系数在总体中等于 0 的零假设。

T 检验概率是双侧的，对于单侧检验，将 p 值除以 2。

如上例，若想检验 *educ* 和 *exper* 效应同时为零的零假设：

. regress *logwage educ exper tenure female married*

. test *educ exper*

输出结果如图 6-54 所示。

```
    Source |       SS       df       MS              Number of obs =     526
-----------+------------------------------           F(5, 520)     =   70.38
     Model | 11.2917182    5   2.25834363            Prob > F      =  0.0000
  Residual | 16.6850068  520   0.032086552           R-squared     =  0.4036
-----------+------------------------------           Adj R-squared =  0.3979
     Total | 27.9767249  525   0.053289              Root MSE      =  0.17913

   logwage |    Coef.   Std. Err.     t    P>|t|    [95% Conf. Interval]
      educ | 0.0364395  0.0030283   12.03  0.000    0.0304904   0.0423887
     exper | 0.0013611  0.0007305    1.86  0.063   -0.000074    0.0027962
    tenure | 0.0073253  0.0012835    5.71  0.000    0.0048037   0.0098468
    female |-0.1240039  0.0161837   -7.66  0.000   -0.1557973  -0.0922105
   married | 0.0546078  0.0173655    3.14  0.002    0.0204926   0.088723
     _cons | 0.2128296  0.0439106    4.85  0.000    0.1265656   0.2990935

 ( 1)  educ = 0
 ( 2)  exper = 0

       F(  2,   520) =   75.16
            Prob > F =    0.0000
```

图6-54　**regress**输出

尽管单个零假设指向相反方向（*educ* 的效应显著，*exper* 的效应不显著），但假定两个变量的系数都等于零的联合假设可以被合理拒绝（$p<0.00005$）。

同理，**test** 可以再现整体 F 检验，也可以再现单个系数的检验。**test** 命令也可以用在高级分析中：

1）检验一个系数是否等于一个被设定的常数：如检验 *educ* 的系数等于 1，其原假设为 H_0: $\beta_0 = 1$，此时输入：

. test *educ* = 1

2）检验两个系数是否相等：如原假设 H_0: $\beta_1 = \beta_2$，此时输入：

. test *educ* = *exper*

3）**test** 还能接受一些代数表达式：如原假设 H_0: $(\beta_1 + \beta_2)/100$，此时输入：

. test $(educ + exper)/100$

5．虚拟变量

当分类变量被表达成一个或多个被称作虚拟变量的 $\{0, 1\}$ 二分类时，其可以成为回归中的预测变量。如分类变量性别和婚姻状况，当工人为女性时，取值为 1；当工人的婚姻状况显示为已婚时,取值为 1。当使用命令 **gen** 时,**tabulate** 命令提供了一种自动的方式,对制表变量的每一类别创建一个虚拟变量。

. tabulate *gender*,gen(*female*)

输出结果如图 6-55 所示。

. describe *female**

输出结果如图 6-56 所示。

. label values *female1 female1*

. label define *female1* 0 "male" 1 "female"

. tabulate *female1 gender*

输出结果如图 6-57 所示。

wage 对虚拟变量 *female1* 进行回归,等价于执行 *wage* 的均值在 *female1* 的类别之间是否相同的双样本 T 检验。将女性与男性相比,工人平均工资是否显著不同?

. ttest *wage*, by(*female1*)

输出结果如图 6-58 所示。

. regress *wage female1*

输出结果如图 6-59 所示。

T 检验的结果表示,女性(4.597)与男性(7.115)的平均时薪之间存在 2.52 美元的差异,且是统计显著的(t=8.2611,p=0.0000)。在虚拟变量回归中,得到完全一样的结果(t=-8.26,p=0.0000),其中,*female1* 的系数为 -2.517,表明女性的平均时薪比男性低 2.517 美元。

在本例中,性别被重新表达成两个虚拟变量,但不能在一个回归方程中同时容纳这两个变量,因为存在多重共线性:任意一个虚拟变量的取值都可以完全决定第二个虚拟变量的取值。

图 6-55 对制表变量的每一类别创建一个虚拟变量

图 6-56 描述结果

图 6-57 变量虚拟化

图 6-58 ttest *wage* 结果

图 6-59 再次回归结果

可以用 k-1 个虚拟变量来代表一个具有 k 个类别的分类变量的所有信息。

6. 交互效应

也可以通过将虚拟变量乘以一个测量变量,从而构建斜率虚拟变量的交互项。本节继续使用 wage.dta 数据集。但考虑工资对已婚男性、已婚女性、单身男性和单身女性的不同模型，首先创建虚拟变量：

. replace *female* = 1 if *female1* ==1

. generate *married* = 0

. replace *married* = 1 if *married1* ==1

构建交互项：

. generate *exper_female* = *female* * *exper*

. label variable *exper_female* "interaction *female* * *exper*"

wage 对 *exper*、*female*、*exper_female* 回归结果为：

. regress *wage exper female exper_female*

输出结果如图 6-60 所示。

交互效应统计上显著，对于女性，工作经验与工人时薪的关系不同于男性。*exper* 的主效应是正的，意味着工作时间越长，工人时薪越高。交互项是负的，说明这一向上的斜率对于女性要更小。

Source	SS	df	MS		
Model	971.286312	3	323.762104	Number of obs =	526
Residual	6189.12798	522	11.856567	F(3, 522) =	27.31
				Prob > F =	0.0000
				R-squared =	0.1356
				Adj R-squared =	0.1307
Total	7160.41429	525	13.6388844	Root MSE =	3.4433

wage	Coef.	Std. Err.	t	P>|t|	[95% Conf. Interval]
exper	0.0536048	0.0154372	3.47	0.001	0.0232782 0.0839314
female	-1.546547	0.4818603	-3.21	0.001	-2.49317 -0.5999231
exper_female	-0.0550699	0.022175	-2.48	0.013	-0.098633 -0.0115068
_cons	6.158275	0.3416741	18.02	0.000	5.48705 6.829501

图6-60 交互效应

在 Stata 中，**i** 表示标识变量，**c** 表示连续变量，符号 # 可以设定两个变量之间的交互，而 ## 则设定多阶交互项，并自动包括所涉及变量的所有低阶交互。其中，*exper* 是一个连续变量，故输入以下命令，可以得到与上面一样的模型：

. regress *wage* c.*exper* i.*female* c.*exper*#i.*female*

或等价地使用一个多项交互项：

. regress *wage* c.*exper*##i.*female*

在这里，介绍一种"对中"的技巧，可以帮助减少交互作用带来的多重共线性，使得变量的主效应更容易解释。对中即在定义两个变量的乘积作为交互项之前，先分别减去各自的均值。

. summarize *educ exper*

输出结果如图 6-61 所示。

. generate *educ0* = *educ* - 12.56274

. generate *exper0* = *exper* - 17.01711

Variable	Obs	Mean	Std. Dev.	Min	Max
educ	526	12.56274	2.769022	0	18
exper	526	17.01711	13.57216	1	51

图6-61 对中结果

7. 预测值及残差值

在回归分析之后，可以通过 **predict** 命令得到预测值，也可以通过该命令得到残差和其他的估计后的案例统计量——数据中的每一个观测案例都有各自取值的统计量。使用 wage.dta 数据集，预测 wage 对 educ 的简单回归。

. use C:\wage.dta

. describe *wage educ*

输出结果如图 6-62 所示。

. regress *wage educ*

输出结果如图 6-63 所示。

借助回归后命令 **predict**，可以创建一个名为 *wagehat* 的新变量存放该回归得到的预测值，可以创建一个新变量 *wageres* 存放残差。预测值具有与原始变量相同的均值，残差的均值为 0。在 **summarize** 命令中使用一个通配符：*wage* * 意味着以 "*wage*" 开头的变量名称。

variable name	storage type	display format	value label	variable label
wage	float	%8.0g		
educ	byte	%8.0g		

图6-62　描述数据

Source	SS	df	MS		
Model	1194.32283	1	1194.32283	Number of obs = 526	
Residual	6028.34156	524	11.5044686	F(1, 524) = 103.81	
				Prob > F = 0.0000	
				R-squared = 0.1654	
				Adj R-squared = 0.1638	
Total	7222.66439	525	13.757456	Root MSE = 3.3918	

wage	Coef.	Std. Err.	t	P>|t|	[95% Conf. Interval]
educ	0.5446967	0.0534598	10.19	0.000	0.4396749　0.6497185
_cons	-0.9338894	0.6876916	-1.36	0.175	-2.284861　0.4170819

图6-63　预测*wage*对*educ*的简单回归

. predict *wagehat*
. label variable *wagehat* "wage predicted from educ"
. predict *wageres*, resid
. label variable *wageres* "residuals, wage predicted from educ"
. summarize *wage* *

输出结果如图 6-64 所示。

预测值和残差可以像其他变量一样被分析。也可以输入 sktest（偏态-峰态检验）以检验残差的正态性。

Variable	Obs	Mean	Std. Dev.	Min	Max
wage	526	5.908992	3.709104	0.53	25
wagehat	526	5.908992	1.508277	-0.9338893	8.870651
wageres	526	4.83e-09	3.388592	-5.370651	16.39753

图6-64　命令predict结果

. sktest *wageres*

输出结果如图 6-65 所示。

上述结果表明其残差分布显著不同于正态分布。

残差包含了模型在哪里拟合欠佳的信息，因而对诊断和故障分析有帮助。这样的分析可能仅从对残差的排序和考察开始。当模型高估了观测值时会出现负的残差：

. sort *wageres*
. list *wage educ wagehat wageres* in 1/5

输出结果如图 6-66 所示。

当模型低估了观测值时会出现正的残差，输入以下命令可以列出 5 个最大残差，此时 -5 表示倒数第 5 个观测案例，英文字母 l 表示最后一个观测案例：

. list *wage educ wagehat wageres* in -5/l

输出结果如图 6-67 所示。

输入以下命令，可以得到 *wageres* 对 *wagehat* 的图

Skewness/Kurtosis tests for Normality

Variable	Obs	Pr(Skewness)	Pr(Kurtosis)	adj chi2(2)	joint Prob>chi2
wageres	526	0.0000	0.0000	.	0.0000

图6-65　残差的正态性

	wage	educ	wagehat	wageres
1.	3.5	18	8.870651	-5.370651
2.	0.53	12	5.602471	-5.072471
3.	3.8	18	8.870651	-5.070652
4.	3.9	18	8.870651	-4.970651
5.	3	16	7.781258	-4.781258

图6-66　模型高估负残差值

	wage	educ	wagehat	wageres
522.	20	12	5.602471	14.39753
523.	23	16	7.781258	15.21874
524.	25	18	8.870651	16.12935
525.	22	12	5.602471	16.39753
526.	22	12	5.602471	16.39753

图6-67　模型低估正残差值

（见图6-68），其中在0值处画的一条水平线表示残差均值：

. graph twoway scatter *wageres wagehat*,yline（0）

输出结果如图6-68所示。

8．多重共线性和异方差性

多重共线性是指同一模型内，各自变量间的过度线性关系。如果各自变量间存在完全共线性，则该回归方程将缺少唯一解。当引入一个与模型已知自变量具有强相关的新自变量时，可能会导致：①更大的标准误与更小的 T 统计量；②系数大小或符号出现变化；③尽管 R^2 较高，但系数不显著。多重共线性涉及自变量的任一组合之间的线性关系，可采用 **estat vif** 命令计算方差膨胀因子作为诊断工具。

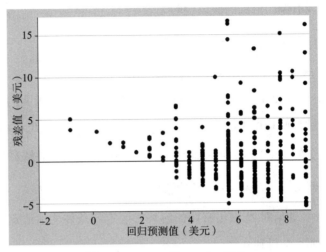

图6-68 *wageres*对*wagehat*的图

. regress *wage exper tenure*

输出结果如图6-69所示。

. estat vif

输出结果如图6-70所示。

位于 **estat vif** 表中右边的 1/VIF 一列给出了根据每个 x 变量对其他 x 变量进行回归得到的 $1-R^2$ 值。一个经验规则为，最大的 VIF 不超过10。上述结果表明两个变量之间不存在共线性。

. correlate *wage exper tenure*

输出结果如图6-71所示。

图6-69 回归结果

图6-70 estat vif命令结果

图6-71 相关性结果

共线性或多重共线性可能出现在任何类型的模型中，在某些预测变量由另外一些预测变量来定义的模型中可能更为常见，如那些包含交互效应的模型或二次项回归。通过减少多重线性回归，对中技巧通常得到具有更小标准误的更精确系数估计值。

estat 命令也会得到有用的诊断统计量。例如，**estat hettest** 可以对常数误差方差假设进行检验。它是通过查看标准化残差的平方和预测值是否线性相关来实现的。

. estat hettest

输出结果如图6-72所示。

显示的结果没有给出拒绝方差为常数的零假设的理由，模型没有显著的异方差性。但是若出现显著的异方差性，意味着标准误有偏，得到的假设检验无效。

```
Breusch-Pagan / Cook-Weisberg test for heteroskedasticity
Ho: Constant variance
Variables: fitted values of wage

chi2(1)     =    101.28
Prob > chi2 =    0.0000
```

图6-72 常数误差方差假设进行检验

6.3.6 logistic回归

1. 二值因变量：线性概率模型

如何用多元回归来解释一个定性事件？如果我们想解释的事件是二值结果，此时因变量只取 0 和 1 两个值。$y = \beta_0 + \beta_1 x_1 + \beta_2 x_2 + \cdots + \beta_k x_k + \mu$ 这个多元回归模型（其中 y 是一个二值变量）时，y 只能取两个值。此时，对 β_j 的解释就不能理解为，在保持其他因素不变的情况下，x_j 提高一个单位，所导致的 y 的变化量：y 要么从 0 变化到 1，要么从 1 变化到 0。如何对 β_j 做出有用的解释？假定零条件均值假定 MLR.4 成立，即 $E(u|x_1,\cdots,x_k) = 0$，那么会得到：

$$E(y|x) = \beta_0 + \beta_1 x_1 + \beta_2 x_2 + \cdots + \beta_k x_k$$

当 y 是一个取值 0 和 1 的二值变量时，$P(y=1|x) = E(y|x)$ [即"成功"（$y=1$）的概率等于 y 的期望值] 总是成立的。于是，

$$P(y=1|x) = \beta_0 + \beta_1 x_1 + \beta_2 x_2 + \cdots + \beta_k x_k$$

上式说明成功的概率 $p(x) = P(y=1|x)$ 是 x_j 的一个线性函数，$P(y=1|x)$ 也被称作响应概率（Response Probability）。由于概率和必须等于 1，因此 $P(y=0|x) = 1 - P(y=1|x)$ 也是 x_j 的一个线性函数。

因为该响应率是参数 β_j 的线性函数，所以这种带有二值因变量的多元线性回归模型又被称为线性概率模型（Linear Probability Model，LPM）。在 LPM 中，在保持其他因素不变的情况下，β_j 度量了因 x_j 的变化导致成功概率的变化：$\Delta P(y=1|x) = \beta_j \Delta x_j$。

如果我们把所估计的方程写成

$$\hat{y} = \hat{\beta}_0 + \hat{\beta}_1 x_1 + \hat{\beta}_2 x_2 + \cdots + \hat{\beta}_k x_k$$

式中，$\hat{y}$ 表示预计成功的概率；$\hat{\beta}_0$ 表示在每个 x_j 为 0 时预计成功的概率；斜率系数 $\hat{\beta}_1$ 衡量的是：当 x_1 提高一个单位时，成功概率的预期变化。

在做预测时，预测的概率会超出单位区间（估计概率为负或大于 1），此时令 $\hat{\beta}_i$ 表示拟合值，它并不一定介于 0 和 1。定义预测值 $\hat{y}_i$ 在 $\hat{y}_i \geq 0.5$ 时取值 1 并在 $\hat{y}_i < 0.5$ 时取值 0。此时可以得到一组预测值 $\hat{y}_i$，$i = 1,\cdots,n$，这些预测值和 y_i 一样，取值不是 0 便是 1。利

用 y_i 和 $\hat{y}_i$ 的数据，我们可以得到正确预测 $y_i=0$ 和 $y_i=1$ 的频率以及全部预测的比例。若用百分比表示全部正确预测百分比（Percent Correctly Predicted），这是虚拟被解释变量拟合优度的一个广泛使用的指标。

由于 y 是一个虚拟变量，因此线性概率模型违背了高斯–马尔可夫假定。当 y 是一个虚拟变量时，以 x 为条件的方差为

$$\operatorname{Var}(y|x) = p(x)[1-p(x)]$$

式中，$p(x) = \beta_0 + \beta_1 x_1 + \beta_2 x_2 + \cdots + \beta_k x_k$。这意味着，除非概率与任何一个自变量都不相关，否则，线性概率模型中就一定存在着异方差性。

2. 离散因变量的回归结果解释

二元响应是离散随机变量中的极端情形，它只有两个数值：0 和 1。线性概率模型的系数可以解释为，度量了 $y=1$ 时，因为解释变量增加一单位而引起的概率变动。我们也讨论了因为 y 只取 0 或 1，因此，$P(y=1) = E(y)$ 这个等式在我们基于解释变量求 y 的条件期望时依然成立。

为了解释回归结果，即便在 y 是离散的且数值较小时，也要遵循 OLS 的解释——估计 x_j 对 y 的期望值（或平均值）的影响。一般，在假定 MLR.1 和 MLR.4 下，

$$E(y|x_1,\cdots,x_k) = \beta_0 + \beta_1 x_1 + \beta_2 x_2 + \cdots + \beta_k x_k$$

因此，β_j 就是在其他条件不变的情况下，x_j 的增加对 y 的期望值的影响。给定一组 x_j 的值，我们把拟合值 $\hat{\beta}_0 + \hat{\beta}_1 x_1 + \cdots + \hat{\beta}_k x_k$ 解释为 $E(y|x_1,\cdots,x_k)$ 的一个估计。因此，$\hat{\beta}_j$ 就是我们对于当 $\Delta x_j = 1$ 时 y 的平均变动的估计（保持其他因素不变）。

3. logit 模型的 STATA 应用

（1）logistic 回归

在本节依然使用 *wage.dta* 的数据集。

. use C:*wage.dta*

. describe

输出结果如图 6-73 所示。

. sum

输出结果如图 6-74 所示。

logit 和 **logistic** 只能对编码成 0 和 1 的两类结果的变量拟合模型。此处对 wage 进行分类将高于工资平均值分类为高工资，低于工资平均值分类为低工资。

```
Contains data from C:\wage.dta
  obs:           526
  vars:            6                              14 Jul 2021 20:32

              storage   display    value
variable name   type    format     label      variable label

wage           float    %8.2g                 average hourly earnings
educ           byte     %8.0g                 years of education
exper          byte     %8.0g                 years potential experience
tenure         byte     %8.0g                 years with current employer
female         byte     %8.0g                 =1 if female
married        byte     %8.0g                 =1 if married

Sorted by:
```

图6-73　数据调用和描述

Variable	Obs	Mean	Std. Dev.	Min	Max
wage	526	5.896103	3.693086	0.53	24.98
educ	526	12.56274	2.769022	0	18
exper	526	17.01711	13.57216	1	51
tenure	526	5.104563	7.224462	0	44
female	526	0.4790875	0.500038	0	1
married	526	0.608365	0.4885804	0	1

图6-74　sum命令结果

. gen *highwage*=0

. replace *highwage*=1 if *wage*>=5.896

. logit *highwage edu*

输出结果如图 6-75 所示。

```
. logit highwage edu

Iteration 0:   log likelihood = -349.84097
Iteration 1:   log likelihood = -309.68351
Iteration 2:   log likelihood = -308.84381
Iteration 3:   log likelihood = -308.84134
Iteration 4:   log likelihood = -308.84134

Logistic regression                         Number of obs   =        526
                                            LR chi2(1)      =      82.00
                                            Prob > chi2     =     0.0000
Log likelihood = -308.84134                 Pseudo R2       =     0.1172

------------------------------------------------------------------------------
    highwage |      Coef.   Std. Err.      z    P>|z|     [95% Conf. Interval]
-------------+----------------------------------------------------------------
        educ |  0.3510273   0.0440367    7.97   0.000     0.264717   0.4373375
       _cons | -4.992218    0.5826604   -8.57   0.000    -6.134211  -3.850224
------------------------------------------------------------------------------
```

图6-75 logit回归结果

logistic 输出结果的 Odd Ratio 一栏中的数字表示：在保持其他自变量的取值不变的情况下，该自变量每增加一个单位时，事件（$y=1$）的发生比的变化倍数。

通过 **estat class** 命令可以得到分类表及有关的统计量：

. estat class

输出结果如图 6-76 所示。

```
Logistic model for highwage

              -------- True --------
Classified |         D            ~D  |      Total
-----------+--------------------------+-----------
     +     |        82            38  |        120
     -     |       119           287  |        406
-----------+--------------------------+-----------
   Total   |       201           325  |        526

Classified + if predicted Pr(D) >= .5
True D defined as highwage != 0
--------------------------------------------------
Sensitivity                     Pr( +| D)   40.80%
Specificity                     Pr( -|~D)   88.31%
Positive predictive value       Pr( D| +)   68.33%
Negative predictive value       Pr(~D| -)   70.69%
--------------------------------------------------
False + rate for true ~D        Pr( +|~D)   11.69%
False - rate for true D         Pr( -| D)   59.20%
False + rate for classified +   Pr(~D| +)   31.67%
False - rate for classified -   Pr( D| -)   29.31%
--------------------------------------------------
Correctly classified                        70.15%
--------------------------------------------------
```

图6-76 分类表及有关的统计量

在默认状态下，**estat class** 以 0.5 的概率作为分割点，也可以使用 **cutoff( )** 选项更改概率。图 6-76 中符号的含义如下：

D——该观测确实发生所关注的事件（即 $y=1$）。

~D——该观测没有发生所关注的事件（即 $y=0$）。

+——预测概率大于或等于分割点。

-——预测概率小于分割点。

因此，上述结果可以解读为：按照模型预测工人获得高工资概率至少在 0.5 以上的标准，82 名工人的分类是准确的，即这 82 名工人确实得到了高工资。另外的 287 名工人，概率预测模型小于 0.5，并且工人没有得到高工资。因此，总的分类正确率为 (82+287)/526=70.15%。从图 6-76 中也可以得到一些条件概率，如工人获得高工资的情况下，预测概率大于或等于 0.5 的案例所占的百分比为 40.80%。

在执行 **logit** 和 **logistic** 命令后，估计命令 **predict** 可以计算各种预测和诊断统计量，如 **predict *newvar***（预测 $y=1$ 的概率）、**predict *newvar*，xb**（线性预测，即预测的 $y=1$ 的对数发生比）、**predict *newvar*，stdp**（线性预测的标准误）以及 **predict *newvar*，dx2**（皮尔逊卡方变化量）等。

logit 和 **logistic** 只能对编码成 0 和 1 的两类结果的变量进行拟合。若需要拟合那些因变量取值超过两个的模型：

ologit 命令代表序次 logistic 回归，其中，因变量是序次变量，代表各类别的数值型取值没有实质含义，更大的取值只是代表程度上的“更”。例如，自变量的类别可能是

{1= “差”，2= “良”，3= “优” }。

mlogit 命令代表多项 logistic 回归，其中因变量含有多个但无序次的类别。

若自变量为 {0，1}，此时 **logit**、**ologit** 和 **mlogit** 会得到基本一样的估计值。

（2）边际或条件效应标绘图

边际或条件效应标绘图可以帮助理解 logistic 模型在概率方面意味着什么。例如，利用数据集 *wage.dta*，可以画出 *educ* 在较小（受教育较少）和较大（受教育较多）取值时工人取得高工资的概率与 *exper* 之间的函数关系图。

. summarize *educ exper*

输出结果如图 6-77 所示。

Variable	Obs	Mean	Std. Dev.	Min	Max
educ	526	12.56274	2.769022	0	18
exper	526	17.01711	13.57216	1	51

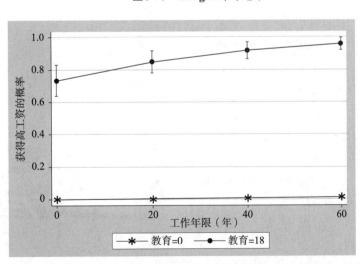

图6-77　summarize命令结果

上述结果表明：*educ* 的最小值为 0（未受过教育），最大值为 18。*exper* 的取值范围为 [1,51]。通过命令 **margins** 计算，通过命令 **marginsplot** 画出工人在不同的教育年限取得高工资的 **logistic** 模型，预测概率与 *exper* 变化（间隔为 20）之间的关系图：

. quietly logistic *highwage educ exper*

. margins, at（*exper*=（0（20）60）*educ*=（0 18））vsquish

输出结果如图 6-78 所示。

```
Adjusted predictions                    Number of obs     =        526
Model VCE     : OIM

Expression    : Pr(highwage), predict()
1._at         : educ            =           0
                exper           =           0
2._at         : educ            =           0
                exper           =          20
3._at         : educ            =           0
                exper           =          40
4._at         : educ            =           0
                exper           =          60
5._at         : educ            =          18
                exper           =           0
6._at         : educ            =          18
                exper           =          20
7._at         : educ            =          18
                exper           =          40
8._at         : educ            =          18
                exper           =          60
```

_at	Margin	Delta-method Std. Err.	z	P>|z|	[95% Conf.	Interval]
1	0.0018022	0.0012225	1.47	0.140	-0.0005938	0.0041982
2	0.0036281	0.0022207	1.63	0.102	-0.0007243	0.0079805
3	0.0072903	0.0042362	1.72	0.085	-0.0010125	0.015593
4	0.0145949	0.0085995	1.70	0.090	-0.0022598	0.0314496
5	0.7341336	0.048243	15.22	0.000	0.6395791	0.8286881
6	0.8477696	0.0336476	25.20	0.000	0.7818216	0.9137177
7	0.9182445	0.0264899	34.66	0.000	0.8663253	0.9701637
8	0.9577203	0.019449	49.24	0.000	0.919601	0.9958396

图6-78　**margins**命令结果

. marginsplot

输出结果如图 6-79 所示。

图6-79　工人在不同的教育年限取得高工资的logistic模型

我们可以通过之前学习的内容取消图形中的置信区间（**noci**），重新放置图例，通过命令 **plot#opts( )** 将两条曲线直观地区分开，并添加标题。首先，我们将 *exper* 的增量改为 5，再

次运行 **margins**，这样可以得到更光滑的曲线。

. quietly margins, at (*exper* = (0 (5) 60) *educ* = (0 18))

. marginsplot, noci

plot1opts（msymbol（i）lpattern（dash）lwidth（medthick））

plot2opts（msymbol（i）lpattern（solid）lwidth（medthich））

title（"Predicted probability of high wage"）

输出结果如图 6-80 所示。

（3）诊断统计量和标绘图

使用 **predict** 命令可以得到 logistic 回归的影响以及诊断统计量，且这并不针对个别观测案例。在工人工资的案例中，每个工人受教育的年限和在职工作年限并不完全相同。因此，在使用 **predict** 命令之前，需要重新拟合最近的模型：

. quietly logistic *highwage educ exper*

. predict *prat1*

. label variable *prat1* "predicted probability"

. predict *dx2*,dx2

. label variable *dx2* "Change in Pearson chi-squared"

. predict *dB*,dbeta

. label variable *dB* "Influence"

. predict *dD*, ddeviance

. label variable *dD* "Change in deviance"

若要画出皮尔逊卡方变化对工人取得高工资预测概率，可输入：

. graph twoway scatter *dx2 prat1*

输出结果如图 6-81 所示。

在图 6-81 中，可以通

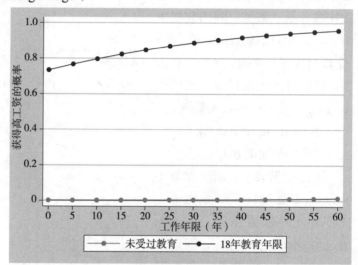

图6-80　重新放置图例

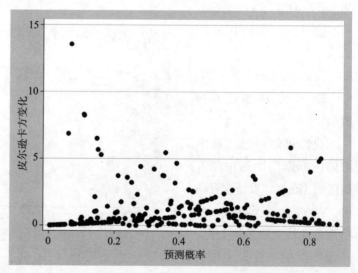

图6-81　工人取得高工资预测概率

过对散点添加标记标签，区分具有很大 $dx2$ 取值的工人工资。若想对 $dx2>5$ 的情况添加标签，输入：

. graph twoway scatter *dx2 prat1*

||scatter dx2 prat1 if *dx*>5,mlabsize（medsmall）

||,legend（off）

拟合欠佳的 x 模式将会被标红。

. list *wage highwage educ exper dx2 prat1* if *dx*>5

输出结果如图 6-82 所示。

同理，也可以画出 dD 与预测概率的标绘图。例如，输入：

. graph twoway scatter *dD prat1*,msymbol（i）mlabposition（0）

mlabel（*wage*）mlabsize（small）

此时，wage 不再被置于相应散点记号附近，而是不显示散点记号（**msymbol（i）**），并将标签置于原先散点所在的位置（**mlabposition（0）**）。

dB 测量了某一 x 模式在 logistic 回归中的影响。输入：

. graph twoway scatter *dD prat1* [aweight = *dB*], msymbol（oh）

可以得到标记符号的大小与其影响成比例。可以看出，拟合值欠佳的观测案例同时也是具有影响的观测案例。

输出结果如图 6-83 所示。

拟合欠佳而又有影响的观测案例值得特别关注，因为其既与数据的主要模式矛盾，又将模拟估计拉向与其相反的方向。或许排除这些特异值可以取得对剩下数据更好的拟合，但这又是一种循环推理。更重要的是，研究这些特异值为什么"特异"？回答这一问题也许会促使研究人员发现以前忽视的变量或者以另外的方式重新定义模型。

	wage	highwage	educ	exper	dx2	prat1
30.	3.3	0	8	9	6.856725	0.0605228
58.	10	1	8	13	13.55403	0.0690098
89.	9.9	1	8	40	5.281828	0.1604408
125.	3.9	0	18	17	5.057482	0.833687
186.	22	1	12	24	5.443699	0.3573942
203.	10	1	8	9	6.856725	0.0605228
218.	3.8	0	18	1	5.855174	0.7409233
277.	4.3	0	18	1	5.855174	0.7409233
283.	8.8	1	12	24	5.443699	0.3573942
284.	8.5	1	8	38	5.661098	0.151215
336.	4.2	0	10	14	6.49645	0.1477715
378.	8.5	1	10	14	6.49645	0.1477715
394.	10	1	12	24	5.443699	0.3573942
406.	8.4	1	8	27	8.303542	0.1080383
417.	6.3	1	7	39	8.214054	0.1093502
484.	6.5	1	10	14	6.49645	0.1477715

图6-82 list命令结果

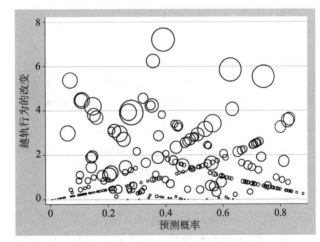

图6-83 拟合值影响比例

| 第7章 |

数学建模研究方法

建模研究方法的目的是将现实世界中难以解决的棘手问题用数学模型加以抽象和简化,用数学语言做出描述,用数字、符号及公式等形式表示问题的本质和内在规律,经过数学方法推导、求解,最后回归现实场景,将理论结果应用于实际问题的处理。

7.1 基本步骤和应用

7.1.1 基本步骤

1. 明确和分析实际问题

用建模研究方法解决实际问题的首要任务是明确实际问题。建立合理可行的数学模型的第一步是明确待解决的现实问题所处的具体场景,分析和提炼对象的特征,对现实问题确立建模的目标、条件以及可能输出的结果,根据需要搜集信息和数据,以初步确立建模的方向、类型和方法。通过对实际问题的分析,明确已知的信息,可能涉及的所需知识和方法、问题的限制条件、任务的重点和难点,以及将来所要完成的工作和任务。

2. 明确模型假设

明确模型假设是建模研究方法的关键步骤。模型假设能够对复杂问题进行抽象和简化,规定问题的研究场景,对求解方法和条件加以限制,对模型的使用范围加以明确。若假设极少,或设置过于简单,则可能导致模型后续条件不足、求解困难;若假设数量过多,或限制过于详细,则可能造成模型适用场景的局限。

3. 建立数学模型

建立数学模型是建模研究方法的主要内容。在明确模型现实场景和基本假设后,要根据数学原理,用数学语言对变量之间的关系进行刻画,包括公式、表格、图形等各种形式的数学结构,选择符合选定现实问题特征的数学模型类型,建立恰当的数学模型。数学模型的建立也与模型假设一样,若模型过于简单,则可能忽略了问题的关键信息和主要特征;若模型过于复杂,百分之百地贴合和还原实际场景,则可能会陷入无法求解、无法对现实问题进行指导的困境。一般数学模型的建立可以遵循由简到繁、由易到难、由浅入深的逻辑,逐步探索理论模型和现实场景的平衡。

4. 求解数学模型

建立适当可解的数学模型后,要采用数学工具对模型进行运算和求解,可利用高等数学、线性代数、概率论与数理统计等学科中所包含的数学知识,进行方程求解、矩阵运算、定理证明、逻辑推理、数值分析等。由于不同问题所建立的数学模型求解难易程度不同,可"因模型制宜",利用数学知识寻求适合的求解办法。在某些模型的解析解失去现实含义、设置过于复杂导致无法求解等情况下,可以利用仿真和数值代入等启发式方法取得一定条件下的近似最优解,或对假设进行重置和对模型进行修改,以得到模型的理论数学解,从而对现实问题提供一定意义的参考。

5. 分析和检验数学模型

得到数学模型的求解结果后,需根据建模的目的和预设想要解答的问题,对求解结果进行分析,"对模型求解的数字结果、变量之间的依赖关系、解的稳定性进行分析,进行系统参数的灵敏度分析,以及误差来源的判别,将模型结果返回客观实际中"。

6. 解释和应用数学模型

模型的应用是数学建模的原始宗旨和最初目的。数学建模的最后一步是对模型进行解释,将方程、矩阵、积分等数学语言翻译回实际场景,从回答问题的角度出发,对求解出的数字、字母、公式及它们之间的关系赋予管理学意义,发挥数学模型的作用和应用价值。

数学建模基本步骤如图 7-1 所示。

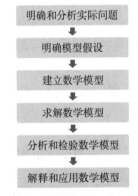

图7-1 数学建模基本步骤

7.1.2 应用

目前,各个领域都不可或缺地出现数学的身影,而作为数学的一部分,数学建模已经潜移默化地深入我们生活的各个领域,与我们的生活实际息息相关,无处不在。例如,生活中的交通运输问题、人口流动和控制问题、金融投资问题、养老保险问题、疾病传播问题、生产计划和库存问题等。

7.2 操作方法介绍

7.2.1 线性规划模型

1. 概述和分类

一般来说,当问题具有目标函数和约束条件,且其目标函数和约束条件都为决策变量的线性函数时，我们称该问题为线性规划问题，其模型为线性规划模型。线性规划模型利用数学方法或计算机软件，在问题的限制条件下求解目标函数以得出最优解，并运用到实际生活中去。

线性规划模型包含 3 个必要的组成元素：①决策变量；②目标函数；③约束条件。当决策变量为连续变量，目标函数和约束条件都为线性函数时，该模型才称为线性规划模型。

1）决策变量。决策变量是指决策问题中要求通过模型的计算来解答的诸因素的未知数，也是在有下限不等式约束条件的情况下为满足单纯形法要求而设置的变量。在线性规划模型中，求解的决策变量不应为负数，即应大于零或等于零。

2）目标函数。目标函数 $f(x)$ 是用设计变量来表示的所追求的目标形式，所以目标函数就是设计变量的函数，是一个标量。

3）约束条件。在数学规划中，各种约束条件往往是不等式或方程。一般来说，对目标函数常常要在一定约束条件下求最大值（或最小值）。

线性规划模型一般可分为标准型和非标准型模型。线性规划模型的一般形式为

$$\max(\min) z = c_1x_1 + c_2x_2 + \cdots + c_nx_n$$
$$\text{s.t.} \begin{cases} a_{i1}x_1 + a_{i2}x_2 + \cdots + a_{in}x_n = (\geqslant, \leqslant)b_i, i=1,2,\cdots,m, \\ x_j \geqslant 0, j=1,2,\cdots,n \end{cases} \quad (7\text{-}1)$$

线性规划问题的标准形式必须满足以下 3 个条件：①求目标函数最大值；②所有约束条件必须为等式约束，且约束条件右端的常数项为非负；③所有变量均为非负。线性规划问题的标准形式可表示为

$$\max z = c_1x_1 + c_2x_2 + \cdots + c_nx_n \quad (7\text{-}2a)$$
$$\text{s.t.} \begin{cases} a_{i1}x_1 + a_{i2}x_2 + \cdots + a_{in}x_n = b_i, i=1,2,\cdots,m & (7\text{-}2b) \\ x_j \geqslant 0, j=1,2,\cdots,n, b_i \geqslant 0 & (7\text{-}2c) \end{cases}$$

若题目中给出的线性规划问题不符合标准形式的要求，可以按照一定原则将非标准形式变换成标准形式，再进行求解。线性规划问题的解是指：

1）可行解。满足约束条件表达式（7-2b）、式（7-2c）的解，我们称为线性规划问题的可行解。可行域即为全部可行解的集合。

2）最优解。能使目标函数（7-2a）达到最大的解，我们称其为最优解。

3）基。设约束方程组（7-2b）的 $m \times n$（设 $n > m$）系数矩阵为 A，其秩为 m。则称 A 的某个 $m \times m$ 阶的满秩子矩阵 B 为线性规划问题的一个基。设 $B = (a_{ij})_{m \times m} = (P_1, P_2, \cdots, P_m)$，则把向量 $P_j = (a_{1j}, a_{2j}, \cdots, a_{mj})^{\text{T}} (j=1,2,\cdots,m)$ 称为基向量；除此之外的变量则称为非基向量。与基向量相对的决策变量 x_j 称为基变量，则其他变量称为非基变量。

4）基解。在约束方程组（7-2b）中，令所有的非基变量 $x_j(j=m+1, m+2, \cdots, n) = 0$，

解出唯一解 $x_B = (x_1, x_2, \cdots, x_m)$。$x_B$ 加上非基变量为 0 后可得到 $X = (x_1, x_2, \cdots, x_m, 0, \cdots, 0)^T$，则称 X 为该线性规划问题的基解。

5）基可行解。我们把满足非负约束条件的基解称为基可行解。

6）可行基。可行基是与基可行解相对应的基。

2．基本步骤

1）假设决策变量。决策变量是建立线性规划模型的首要目标。决策变量是决策者在题目中所要确定的未知量。线性规划模型建立在假设决策变量的基础之上，只有明确题目所需的决策变量如何，模型建立才能继续。假设的决策变量必须和题目所求一致，否则求解后得出结果会与期望结果截然相反。

2）建立目标函数。建立目标函数即以题目要求达到的目标，根据题目所包含的相关信息，找出决策变量之间的关系，建立线性函数，通常为求最大值或最小值。

3）寻找约束条件。寻找约束条件往往是建立线性规划模型的最后一步。根据题目中隐含的信息，找到对于这个模型的可用资源的限制条件，才能建立在题目要求范围内的线性规划模型。

3．应用

线性规划模型作为一种强大且便捷的解决实际问题的方法，在很多领域都具有广泛应用，其中包括金融投资领域、企业生产计划和库存控制领域、人力资源规划领域、城市交通规划领域、水利工程领域、通信工程领域等。

下文将通过有关人力资源的一个应用例子，展示该如何应用线性规划模型。

某大学校区距离住宿区较远，且学生人数过多，为了保障学生的出行安全，学校特地在校区和住宿区之间设立一条昼夜服务的校车路线。校车每天的各时间段所需要的司机和乘务员人数如表 7-1 所示。假设校车司机和乘务员在各时间段开始时开始工作，且每人能持续 8h 工作时间。问该如何安排校车司机和乘务员人数，使其既能正常运转，又能使需要工作的校车司机和乘务员人数最少？

表7-1　校车各时间段人力需求

班次	时间段	所需人数（人）
1	06:00—10:00	8
2	10:00—14:00	10
3	14:00—18:00	7
4	18:00—22:00	6
5	22:00—02:00	4
6	02:00—06:00	3

解：

设决策变量：设 x_i 为第 i 个班次开始上班的司机和乘务员人数，因此决策变量为 $x_1, x_2, x_3, x_4, x_5, x_6$。

建目标函数：题目要求的是所需工作人员最少，因此目标函数为 6 个班次加起来的人数最少，即 $\min z = x_1 + x_2 + x_3 + x_4 + x_5 + x_6$。

找约束条件：限制条件可以从每人工作 8h、每 4h 一班次中得到。假设司机和乘务员在第 6 个班次开始上班，则他们可以连续工作 8h，直到第 1 个班次，因此可知这两个班次加起来所需要的人数至少为第一个班次的 8 人。

同理，可得其他班次最少需要人数。

因此，可得到以下数学模型。

$$\min z = x_1 + x_2 + x_3 + x_4 + x_5 + x_6$$

$$\text{s.t.}\begin{cases} x_1 + x_6 \geqslant 8 \\ x_1 + x_2 \geqslant 10 \\ x_2 + x_3 \geqslant 7 \\ x_3 + x_4 \geqslant 6 \\ x_4 + x_5 \geqslant 4 \\ x_5 + x_6 \geqslant 3 \\ x_j \geqslant 0，\ j = 1, 2, \cdots, 6 \end{cases}$$

第一步：在打开的 Excel 中原样输入数据，如图 7-2 所示。

	A	B	C	D	E	F	G	H	I	J	K	L
1												
2												
3		班次	x1	x2	x3	x4	x5	x6	实际人数		所需人数	
4		1	1	0	0	0	0	1		≥	8	
5		2	1	1	0	0	0	0		≥	10	
6		3	0	1	1	0	0	0		≥	7	
7		4	0	0	1	1	0	0		≥	6	
8		5	0	0	0	1	1	0		≥	4	
9		6	0	0	0	0	1	1		≥	3	
10												
11		目标函数系数										
12		c1	c2	c3	c4	c5	c6					
13		1	1	1	1	1	1					
14												
15		决策变量								目标函数		
16	变量名	x1	x2	x3	x4	x5	x6		函数名	Z		
17	变量值								函数值			
18												
19												
20												
21												

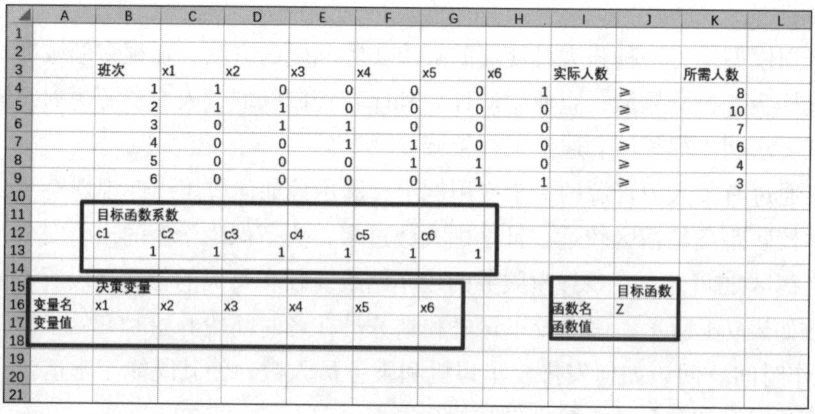

图7-2　原样输入数据

第二步：输入公式。

1）输入实际人数的公式，如图 7-3 所示。

	A	B	C	D	E	F	G	H	I	J	K
1											
2											
3		班次	x1	x2	x3	x4	x5	x6	实际人数		所需人数
4		1	1	0	0	0	0	1		≥	8
5		2	1	1	0	0	0	0		≥	10
6		3	0	1	1	0	0	0		≥	7
7		4	0	0	1	1	0	0		≥	6
8		5	0	0	0	1	1	0		≥	4
9		6	0	0	0	0	1	1		≥	
10											
11		目标函数系数									
12		c1	c2	c3	c4	c5	c6				
13		1	1	1	1	1	1				
14											
15		决策变量								目标函数	
16	变量名	x1	x2	x3	x4	x5	x6		函数名	Z	
17	变量值								函数值		
18											
19											

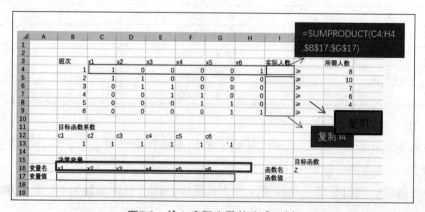

图7-3　输入实际人数的公式示例

2）输入目标函数值的公式，如图 7-4 所示。

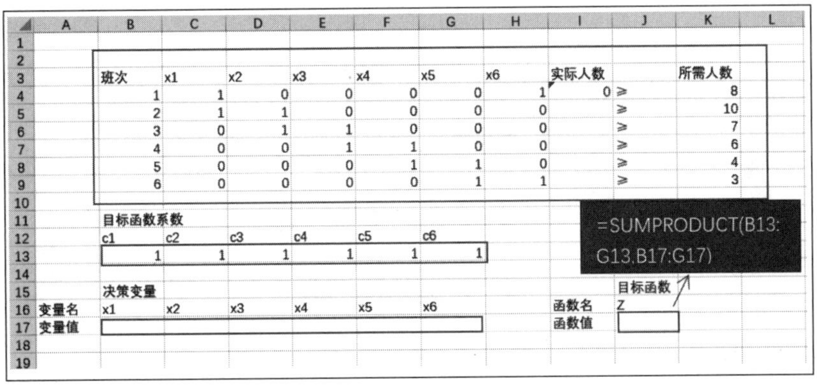

图7-4　输入目标函数值的公式示例

第三步：进行求解。

1）在工具栏中找到"数据"下面的"规划求解"，如图 7-5 所示。

图7-5　工具栏中的"规划求解"

2）将目标设置为目标函数值，根据模型选择最小值，可变单元格设置为决策变量值，选择单纯线性规划，如图 7-6 所示。

图7-6　选择单纯线性规划设置

3）按照约束条件添加约束，如图7-7所示。

图7-7 添加约束条件

4）单击"求解"，得出结果，如图7-8所示。

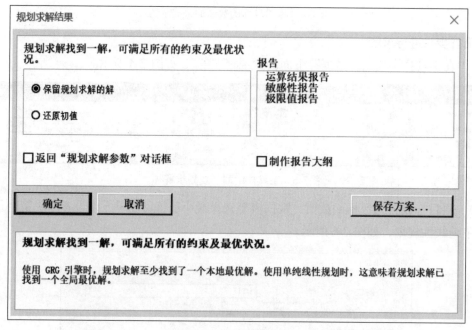

图7-8 规划求解确定

5）结果，如图7-9所示。

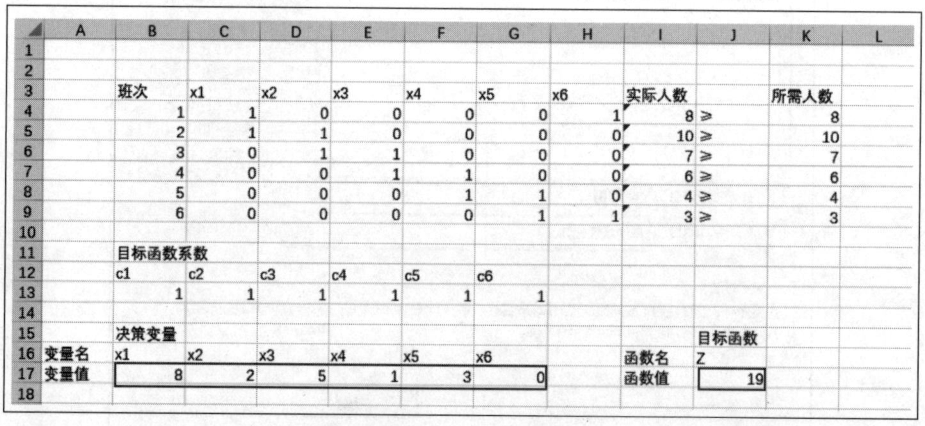

图7-9 求解结果

用 Excel 进行求解，便可得到 $x_1=8, x_2=2, x_3=5, x_4=1, x_5=3, x_6=0$。目标函数值 Z 为 19。

4．求解方法

（1）图解法

通常在求解简单的线性规划问题时，我们可以采用直观的、方便的图解法进行求解。然而，图解法只适用于题目中有两个变量的情况。

图解法是指只含两个变量的线性规划问题，该问题可以在二维平面上划定约束条件确定的可行域，并根据一定的规则，将目标函数的等值线在可行域内移动，从而求得线性规划问题的最优解。其中，可行域为凸区域，且最优解必会在可行域中的一个顶点处得到。

图解法的解题步骤是：①建立坐标系，根据约束条件确定可行解空间。②在可行解空间中确定最优解。

下面用一个例子来具体说明使用图解法来解决线性规划问题的原理步骤。

设数学模型为

$$\max z = 2x_1 + 3x_2$$

$$s.t. \begin{cases} 2x_1 + x_2 \leqslant 4 \\ x_1 + 2x_2 \leqslant 6 \\ 4x_1 \leqslant 4 \\ x_1, x_2 \geqslant 0 \end{cases}$$

1）首先建立坐标系，在坐标系中将约束条件表现出来。以 x_1 和 x_2 为坐标轴建立直角坐标系，且因为约束条件中 x_1 和 x_2 都大于 0，所以第一象限内的点才满足约束。如图 7-10 所示，阴影部分即为该数学模型的可行空间。

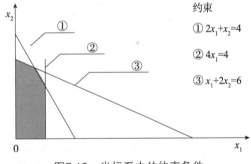

图7-10　坐标系中的约束条件

2）根据目标函数，确定最优解。将目标函数添加到坐标系中，移动目标函数曲线与阴影部分相切，即可得到最优解。如图 7-11 所示，当目标函数在①和②的交点处相切，得到的值最大，即满足方程组 $\begin{cases} 2x_1 + x_2 = 4 \\ x_1 + 2x_2 = 6 \end{cases}$ 的点（2/3,8/3）为最优解，$z=28/3$。

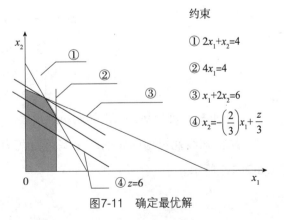

图7-11　确定最优解

（2）单纯形法

单纯形法是解决线性规划问题的最有效方法之一，因其对线性规划问题的强大解决能力，我们常常使用它来解决线性规划问题。

单纯形法的基本思路是先找到可行域的一个顶点，判断其是否为最优解，如果不是，就转到下一个顶点进行计算并判断是否为最优解，直到找到最优解为止。

单纯形法的计算步骤如下：

1）先将线性规划问题化为标准式。

2）找出该问题的一个初始可行基，列出初始单纯形表。

3）求检验数 $\sigma_j = c_j - \sum_{i=1}^{m} c_i a_{ij}$。

4）进行最优性检验，如果所有检验数 $\sigma_j \leqslant 0$，则该基可行解就是最优解，结束计算，否则转到下一步。

5）从当前基可行解转到下一个基可行解，列出新的单纯形表，返回第三步，重新计算。

换基的步骤：①确认入基变量：求 $\sigma_k = \max_j \{\sigma_j | \sigma_j > 0\}$，其对应的变量 x_k 就是入基变量。②确认出基变量：求 $\theta = \min\left\{\dfrac{b_i}{a_{ik}} | a_{ik} > 0\right\} = \dfrac{b_l}{a_{lk}}$，其对应的变量 x_l 就是出基变量。元素 a_{lk} 为主元素，决定一个基可行解到另一个基可行解的转换。③用换入变量替代换出变量，得到新的基和基可行解，画出相应的新单纯形表。

例如，用单纯形法求解该线性规划问题：

$$\max\ z = 2x_1 + x_2$$

$$\text{s.t.} \begin{cases} 3x_1 + 5x_2 \leqslant 15 \\ 6x_1 + 2x_2 \leqslant 24 \\ x_1, x_2 \geqslant 0 \end{cases}$$

解：

1）通过加入松弛变量，将该线性规划问题化为标准式。

线性规划问题的标准型如下：

$$\max\ z = 2x_1 + x_2 + 0x_3 + 0x_4$$

$$\text{s.t.} \begin{cases} 3x_1 + 5x_2 + x_3 = 15 \\ 6x_1 + 2x_2 + x_4 = 24 \\ x_1, x_2, x_3, x_4 \geqslant 0 \end{cases}$$

2）求初始可行基，列出初始单纯形表。

易得该线性规划问题的一个基可行解为 $X = (0, 0, 15, 24)^{\text{T}}$，以此列出初始单纯形表，如表 7-2 所示。

表7-2 初始单纯形表

c_B	X_B	b	2	1	0	0	θ_i
			x_1	x_2	x_3	x_4	
0	x_3	15	3	5	1	0	15/3=5
0	x_4	24	[6]	2	0	1	24/6=4
$c_j - z_j$			2	1	0	0	θ=min（5,4）=4

3）求检验数 $\sigma_j = c_j - \sum_{i=1}^{m} c_i a_{ij}$。

$$\sigma_1 = 2 - (0 \times 3 + 0 \times 6) = 2$$

$$\sigma_2 = 1 - (0 \times 5 + 0 \times 2) = 1$$

$$\sigma_3 = 0 - (0 \times 1 + 0 \times 0) = 0$$

$$\sigma_4 = 0 - (0 \times 0 + 0 \times 1) = 0$$

4）进行最优性检验。

表中存在检验数大于 0 的情况，所以该表中的基可行解并非最优解。

5）转到下一个基，列出新的单纯形表。

因为 $\sigma_1 > \sigma_2$，故选取 x_1 作为换入的变量。用 b 列数字除以 x_1 列的同行数字可得到 θ_i。

因为 θ=min（5,4）=4，故 x_1 入基，x_4 出基。新的单纯形表如表 7-3 所示。

表7-3 新的单纯形表

c_B	X_B	b	2	1	0	0	θ_i
			x_1	x_2	x_3	x_4	
0	x_3	3	0	[4]	1	−1/2	3/4
2	x_1	4	1	1/3	0	1/6	12
$c_j - z_j$			0	1/3	0	−1/3	θ=min（3/4,12）=3/4

6）再次进行最优性检验。

$$\sigma_1 = 2 - (0 \times 0 + 2 \times 1) = 0$$

$$\sigma_2 = 1 - \left(0 \times 4 + 2 \times \left(\frac{1}{3}\right)\right) = \frac{1}{3}$$

$$\sigma_3 = 0 - (0 \times 1 + 2 \times 0) = 0$$

$$\sigma_4 = 0 - \left(0 \times \left(-\frac{1}{2}\right) + 2 \times \left(\frac{1}{6}\right)\right) = -\frac{1}{3}$$

存在检验数大于 0 的情况,当前基可行解并非最优解。

7)转到下一个基,再次列出新的单纯形表。

σ_2 是唯一大于 0 的检验数,所以选取 x_2 作为换入的变量。又因为 $\theta = \min(3/4,12) = 3/4$,故选取 x_3 作为换出的变量。更新的单纯形表如表 7-4 所示。

表7-4 更新的单纯形表

	c_j			2	1	0	0	θ_i
c_B	X_B		b	x_1	x_2	x_3	x_4	
1	x_2		3/4	0	1	1/4	$-1/8$	
2	x_1		15/4	1	0	$-1/12$	5/24	
	$c_j - z_j$			0	0	$-1/12$	$-7/24$	

8)再次进行最优性检验。

$$\sigma_1 = 2 - (1 \times 0 + 2 \times 1) = 0$$

$$\sigma_2 = 1 - (1 \times 1 + 2 \times 0) = 0$$

$$\sigma_3 = 0 - \left(1 \times \left(\frac{1}{4}\right) + 2 \times \left(-\frac{1}{12}\right)\right) = -\frac{1}{12}$$

$$\sigma_4 = 0 - \left(1 \times \left(-\frac{1}{8}\right) + 2 \times \left(\frac{5}{24}\right)\right) = -\frac{7}{24}$$

所有检验数都已小于零,表明以求得问题的最优解 $x_1 = \frac{15}{4}, x_2 = \frac{3}{4}, x_3 = 0, x_4 = 0$,$z = \frac{33}{4}$。

(3)计算机求解方法

一般来说,对于简单的线性规划模型,我们可以使用图解法或单纯形法进行求解。然而,当我们遇到复杂的线性规划问题时,人工计算太过困难,这时我们可以选择使用计算机来进行求解。常见的 3 种计算机求法分别为 Excel 求解、MATLAB 求解和 Lingo 求解。

下面通过一个例子,分别展示如何用 Excel、MATLAB 和 Lingo 求解线性规划模型。

例:某工厂生产甲、乙两种产品,每种产品销售后可得到的利润分别为 5000 元和 3000 元。已知生产甲产品需要用 A、B 两种机器进行加工,加工时间分别为每台 2h 和 1h;生产乙产品需要用 A、B、C 三种机器进行加工,加工时间分别为每台各 1h。若每天可用于加工的机器时数分别为 A 机器 10h,B 机器 9h,C 机器 6h。问该厂应生产甲、乙产品多少数量,能使获得的总利润最大?

解:

设决策变量:假设当该工厂分别生产 x_1 个甲产品和 x_2 个乙产品时总利润 Z 最大,则 x_1

和 x_2 为决策变量。

建目标函数：因为甲、乙两种产品售后可分别获得 5000 元和 3000 元利润，为了方便计算，我们将 5000 元和 3000 元简化为 5（千元）和 3（千元）。

因此我们可以得到目标函数为 $\max Z = 5x_1 + 3x_2$。

找约束条件：在本题中，A、B、C 三种机器每天可用于生产的时间有限制，分别为 10h、9h 和 6h。甲、乙产品生产时需要用到 A、B、C 三种机器。因此，我们可以得到约束条件。

数学模型如下：

$$\max Z = 5x_1 + 3x_2$$

$$\text{s.t.} \begin{cases} 2x_1 + x_2 \leqslant 10 \\ x_1 + x_2 \leqslant 9 \\ x_2 \leqslant 6 \\ x_1, x_2 \geqslant 0 \end{cases}$$

1）Excel 求解。规划求解是 Excel 的一个加载项，可以用来解决线性规划和非线性规划优化问题。它可以用来解决最多有 200 个变量、100 个外在约束和 400 个简单约束（决策变量约束的上下边界）的问题，可以设决策变量为整形变量。用 Excel 规划求解定义本例模型如图 7-12 所示。

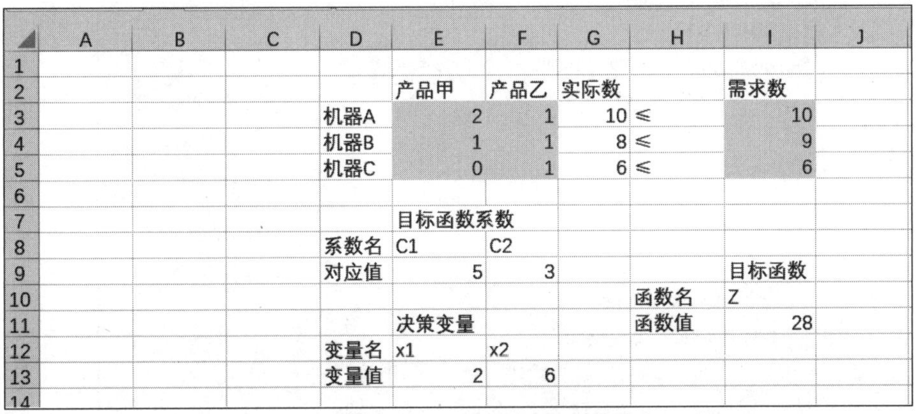

	A	B	C	D	E	F	G	H	I
1									
2					产品甲	产品乙	实际数		需求数
3				机器A	2	1	10	≤	10
4				机器B	1	1	8	≤	9
5				机器C	0	1	6	≤	6
6									
7					目标函数系数				
8				系数名	C1	C2			
9				对应值	5	3			目标函数
10							函数名		Z
11							函数值		28
12					决策变量				
13				变量名	x1	x2			
14				变量值	2	6			

图7-12 用Excel规划求解定义本例模型

图 7-12 中包含了 4 类信息：①输入数据的单元格（阴影部分，E3:F5 和 I3:I5）；②描述我们寻求的变量和目标函数的单元格（单元格区域 E13:F13 和 I11）；③目标函数和约束左端项的代数定义（单元格区域 G3:G5）；④提供说明的名称和符号的单元格。在规划求解中，前 3 类信息是必需的，第 4 类信息只是为了增加模型的可读性，可以省略。

如何让表格中的数字转化为规划求解的内容呢？首先，我们输入数据（E3:F5 和 I3:I5）以及目标函数和变量（E13:F13 和 I11），给出目标函数和约束左端项等价的"代数"定义，然后将相关公式放在单元格区域 G3:G5 中适当的位置。

在输入约束条件在电子表格中的公式时，可以选择在 G3 中输入公式，然后把它复制到其他单元格中。为确保准确性，必须使用固定引用 \$E\$13 和 \$F\$13 表示 x_1 和 x_2。

为了节省时间和提高效率，我们在这里使用 SUMPRODUCT 这个函数进行运算。在单元格 G3 中输入公式 =SUMPRODUCT（E3:F3,\$E\$13:\$F\$13），然后把这个公式复制到单元格区域 G4:G5 中去。约束对应公式如表 7-5 所示。

表7-5　约束对应公式

	代数表达式	电子表格中的公式	输入单元格
约束1	$2x_1+x_2$	=SUMPRODUCT（E3:F3,\$E\$13:\$F\$13）	G3
约束2	x_1+x_2	=SUMPRODUCT（E4:F4,\$E\$13:\$F\$13）	G4
约束3	$0x_1+x_2$	=SUMPRODUCT（E5:F5,\$E\$13:\$F\$13）	G5
目标Z	$5x_1+3x_2$	=SUMPRODUCT（E9:F9,E13:F13）	I11

从 Excel 工具栏中选择"规划求解"，打开"规划求解参数"对话框。把设置目标选中为目标单元格 I11，根据题目选择求最大值，可变单元格选中为决策变量所在单元格 E13:F13，添加约束条件 G3:G5<=I3:I5，勾选"使无约束变量为非负数"，选择"单纯线性规划"，如图 7-13 所示，进行求解，即可得出结果。

图7-13　规划求解参数

如此可得到 $x_1=2, x_2=6, Z=28$。

2）MATLAB 求解。MATLAB 是由美国 MathWorks 公司在 20 世纪 80 年代研发的数学软件，主要用于算法开发、数据可视化、数据分析等。

MATLAB 具有以下 4 个特点：

①该算法具有高效的数值运算及符号运算能力，可方便快捷地求出计算结果。

②具有完备的图形处理能力，能够实现计算结果和编程的可视化，便于用户分析和理解。

③操作简单易懂，用户界面友好且拥有接近数学表达式的自然化语言。

④处理工具丰富，方便实用。

一般情况下，当我们求解线性规划时，其目标函数可以是求最大值，也可以是求最小值，约束条件的不等号可以是小于或等于号也可以是大于或等于号。为避免形式多样化给计算带来的不便，MATLAB 将线性规划的标准形式定义为

$$\min_{x} f^{\mathrm{T}} x,$$

$$\text{s.t.} \begin{cases} A \cdot x \leqslant b \\ Aeq \cdot x = beq \\ lb \leqslant x \leqslant ub \end{cases}$$

式中，f、x、b、beq、lb、ub 为列向量；f 称为价值向量；b 称为资源向量；A、Aeq 为矩阵。

在 MATLAB 中，求解线性规划的命令有：

[x,fval]=linprog（f,A,b）

[x,fval]=linprog（f,A,b,Aeq,beq）

[x,fval]=linprog（f,A,b,Aeq,beq,lb,ub）

其中，[x,fval] 表示返回值中 x 为最优解，$fval$ 为最优值。

f 代表目标函数中各个变量之前的系数向量，若是求最小值问题，则 f 为各个变量的系数；若是求最大值问题，则 f 为各个变量的系数的相反数。

A 和 b 分别表示不等式约束 $A\cdot x \leqslant b$ 中的矩阵 A 和向量 b。

Aeq 和 beq 分别表示等式约束 $Aeq\cdot x=beq$ 中的矩阵 Aeq 和向量 beq。

lb 和 ub 分别表示自变量的上下界组成的向量，如果没有上下界，该选项用 [] 表示，如果只有部分变量有上下界，其余的变量没有，那么可以把没有上下界的变量的上下界设为 -inf 或者 inf 使 lb 或者 ub 的长度符合要求。

当线性规划目标函数求最大值时，不满足 MATLAB 要求的标准形式，必须转化成 MATLAB 标准型。

例如，线性规划

$$\max_{x} c^{\mathrm{T}} x$$

$$\text{s.t.} Ax \geqslant b$$

的 MATLAB 标准型为

$$\min_{x} -c^{\mathrm{T}} -x$$

$$\text{s.t.} -Ax \leqslant -b$$

现在以上面提到的题目为例，使用 MATLAB 进行求解。

数学模型如下：

$$\max Z = 5x_1 + 3x_2$$

$$\text{s.t.} \begin{cases} 2x_1 + x_2 \leqslant 10 \\ x_1 + x_2 \leqslant 9 \\ x_2 \leqslant 6 \\ x_1, x_2 \geqslant 0 \end{cases}$$

化成 MATLAB 标准型，即

$$\min w = -5x_1 - 3x_2$$

$$\text{s.t.} \begin{cases} \begin{bmatrix} 2 & 1 \\ 1 & 1 \\ 0 & 1 \end{bmatrix} \begin{bmatrix} x_1 \\ x_2 \end{bmatrix} \geqslant \begin{bmatrix} 10 \\ 9 \\ 6 \end{bmatrix} \\ [x_1, x_2] \geqslant [0, 0]^T \end{cases}$$

求解的 MATLAB 程序如下：

f=[-5;-3];
a=[2,1;1,1;0,1];
b=[10;9;6];
lb=[0;0];
[x,fval]=linprog（f,a,b,[],[],lb)

x,y=-y

求得的最优解为 $x_1 = 2$，$x_2 = 6$，对应的最优值为 $Z=28$（注：因为本例原式为求最大值，因此在 MATLAB 中取得的最优值应为相反数）。

在 MATLAB 中 的 操 作如图 7-14 所示。

3）Lingo 求解。Lingo 是求解优化问题的一个专业工具软件，其中包含了内置的建模语言，允许用户将较大规模的优化模型简练化和直观化。该方法不仅可以方便快捷地解决线性规划问题和非线性问题，还可以解决一些线性问题和非线性问题。

在本例中，求解的 Lingo

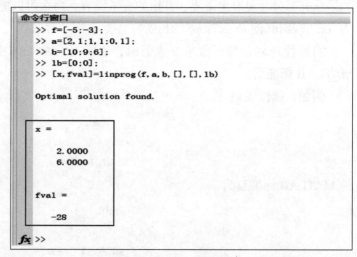

图7-14　MATLAB操作

程序如下：

　　model:

　　sets:

　　row/1..3/:b;

　　col/1..2/c, x;

　　links（row, col）:a;

　　endsets

　　data:

　　c=5,3;

　　a=2 1 1 1 0 1;

　　b=10 9 6;

　　enddata

　　max=sum（col:c*x）;

　　@for（row（i）:@sum（col（j）:a(I,j)*x（j））<b（i））;

　　end

　　得到的结果如图7-15所示：$x_1=2, x_2=6$，对应最优值为28。

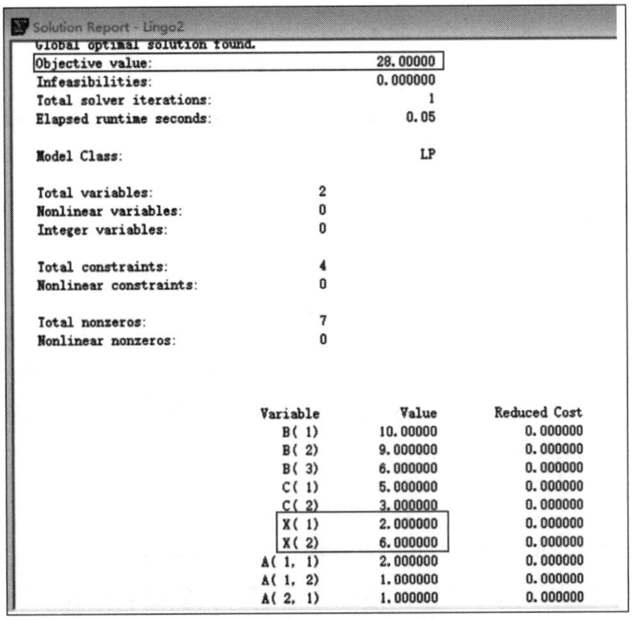

图7-15　Lingo求解输出结果

7.2.2 整数规划模型

1. 概述和分类

（1）整数规划模型概述

整数规划是指规划中的变量（部分或者全部）为整数时的数学规划。如果线性规划模型中至少有一个变量为整数，我们称它为整数线性规划。在某种程度上，整数规划可以说是特殊的线性规划。

（2）整数规划模型分类

我们一般将整数线性规划模型分为两类，即当变量全部限制为整数时的纯（完全）整数规划和变量部分限制为整数的混合整数规划。特别地，如果在整数规划中，要求整数变量等于0或者1，这类问题被称为0-1整数线性规划。

2. 基本步骤

第一步：对整数线性规划的可行解空间进行松弛，取消对整数变量的整数限制，用连续的区间 $0 \leq y \leq 1$ 来代替二元变量 y。松弛之后的结果是一个规则的线性规划模型。

第二步：求解这个线性规划模型，得到连续最优解。

第三步：根据得到的连续最优解，通过增加一些特殊的约束，来改变线性规划的可行解空间，最终得到一个满足整数要求的最优极点。

分支定界法和割平面法是最常见的用于解决整数规划问题的方法，我们通过这两种方法可以得到第三步中的特殊约束，从而解决整数规划问题。

（1）分支定界法

分支定界法常用于求解整数规划模型，它不仅适用于求解纯整数规划，也可以应用于混合整数规划。分支定界法是解决整数规划模型的一种系统化的解法，把问题的可行解展开，如树的分支，再经由各个分支寻找最佳解。

分支定界法的基本思路：①对整数规划问题进行求解，得到最优解。②当它的最优解不能满足整数的条件时，则求出该整数规划的上下边界。③增加相应的约束条件，把相应的线性规划问题的可行域分成子区域。④求解这些子区域上的线性规划问题，不断缩小上界与下界的距离，直至最终得到整数规划的解。

"分支"即当与整数规划对应的松弛问题（L_0）的最优解不符合整数条件时，假设 $x_i = b_i$ 不满足整数条件，则添加新的约束条件：$x_i \leq [b_i]$ 和 $x_i \geq [b_i]+1$，分别加入松弛问题中，从而形成新的子分支，由此往复，直至求出最优解。

在不考虑整数条件的情况下，由剩余的目标函数和约束条件组成的规划问题，称为该整数规划问题的松弛问题。

"定界"即当分支过程中的某个后继子问题最优解恰好为整数规划的可行解时，则该后继子问题的最优目标函数值是整数规划的目标函数值的一个"界限"。如果最优目标函数值劣于这个界限的后继子问题，我们把它剔除在外，不再加以考虑；在分支过程中如果出现了目标函数值优于这个界限的值，我们把它当作新的"界限"，直到求出整数规划的最优解。

用一个例子来说明分支定界法的总体思路和解题步骤。

$$L: \max z = 5x_1 + 3x_2$$

$$\text{s.t.} \begin{cases} 2x_1 + 3x_2 \leq 5 \\ x_1 + 0.5x_2 \leq 3 \\ x_1, x_2 \geq 0 \text{且均取整数值} \end{cases}$$

第一步：寻找其松弛问题并求解。本例中的松弛问题是一个线性规划问题，将其记为 L_0。

$$L_0: \max z = 5x_1 + 3x_2$$

$$\text{s.t.} \begin{cases} 2x_1 + 3x_2 \leq 5 \\ x_1 + 0.5x_2 \leq 3 \\ x_1, x_2 \geq 0 \end{cases}$$

利用图解法求 L_0 的最优解为 $(\frac{5}{2}, 0)$，$z=25$ 不是原问题的可行解，因此转到下一步。

第二步：分支与定界。选择不满足整数条件的解，将新的约束条件 $x_1 \leq 2$ 和 $x_1 \geq 3$ 分别添加到松弛问题中去，因此可以得到

$$L_1 : \max z = 5x_1 + 3x_2$$

$$\text{s.t.} \begin{cases} 2x_1 + 3x_2 \leqslant 5 \\ x_1 + 0.5x_2 \leqslant 3 \\ x_1 \leqslant 2 \\ x_1, x_2 \geqslant 0 \end{cases}$$

$$L_2 : \max z = 5x_1 + 3x_2$$

$$\text{s.t.} \begin{cases} 2x_1 + 3x_2 \leqslant 5 \\ x_1 + 0.5x_2 \leqslant 3 \\ x_1 \geqslant 3 \\ x_2 \geqslant 0 \end{cases}$$

图 7-16 的阴影部分标出了子问题 L_1 和 L_2 的可行域，容易从图中求得 L_1 的最优解为 $(2, \frac{1}{3})$，$z=11$；L_2 无可行解。

由于两个子问题的最优解都不是原问题的可行解，因此接下来选择子问题 L_1 继续进行分支。在 L_1 中分别加上约束 $x_2 \leqslant 0$ 和 $x_2 \geqslant 1$，得到 L_{11} 和 L_{12}，即

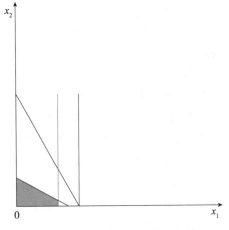

图7-16 子问题 L_1 和 L_2 的可行域

$$L_{11} : \max z = 5x_1 + 3x_2$$

$$\text{s.t.} \begin{cases} 2x_1 + 3x_2 \leqslant 5 \\ x_1 + 0.5x_2 \leqslant 3 \\ x_1 \leqslant 2 \\ x_2 \leqslant 0 \\ x_1, x_2 \geqslant 0 \end{cases}$$

$$L_{12} : \max z = 5x_1 + 3x_2$$

$$\text{s.t.} \begin{cases} 2x_1 + 3x_2 \leqslant 5 \\ x_1 + 0.5x_2 \leqslant 3 \\ x_1 \leqslant 2 \\ x_2 \geqslant 1 \\ x_1 \geqslant 0 \end{cases}$$

在图 7-16 的基础上，画出 L_{11} 和 L_{12} 的可行域，可得到图 7-17。

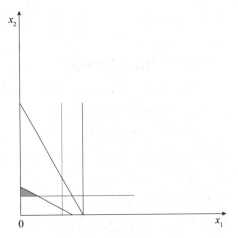

图7-17 L_{11} 和 L_{12} 的可行域

L_{11} 和 L_{12} 的可行域为图 7-17 阴影部分及点 (0,0)、(1,0) 和 (2,0)。容易得到 L_{11} 的最优解为 (2,0)，$z=10$；L_{12} 的最优解为 (1,1)，

$z=8$。这两个最优解均为原问题的可行解,因此保留可行解中较大的一个 $z=10$。

第三步:剪支。比较各子问题的边界值和保留的可行解的值,将边界值劣于可行解的分支剪去。当其余分支都已被剪去,只剩下保留的可行解时,则该可行解即为原问题的最优解。否则返回第二步,选择边界值最优的一个问题继续分支。此外,当计算中又出现新的可行解时,将此可行解与原可行解比较,只保留最优的可行解,并重复以上步骤。

在本例中由于 L_2 无可行解,所以应该剪去分支 L_2。子问题 L_{11} 的最优解 $x_1=2$,$x_2=0$,$z=10$ 即为本例的最优解。本例的分支定界法过程如图 7-18 所示。

(2)割平面法

割平面法与分支定界法相似,都是从连续的线性规划最优解开始的,也同样会增加一些特殊的约束(称为割),并且按照一定的方法找到一个整数的最优极值点。

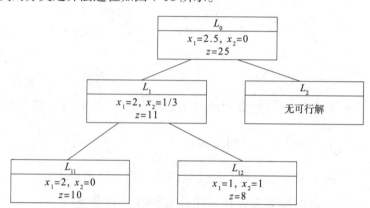

图7-18 分支定界法过程

割平面法的基本思路:
①对于纯整数规划问题,先用单纯形法求解其松弛问题(P_0)的最优解。若此时最优解均为整数解,则该最优解为原纯整数规划问题的最优解,此时结束计算。②如果松弛问题(P_0)的最优解不全为整数,则对该松弛问题增加一个约束条件。这个约束条件必须满足:将松弛问题(P_0)的可行域切除一块,并且这个区域必须包含不满足整数解要求的最优解,而原纯整数线性规划问题(P)的任何一个可行解都不能被"切掉"。包含了新的割平面条件的问题记为(P_1),用对偶单纯形法求解(P_1)。③若此时(P_1)的最优解为整数,则该最优解为原纯整数规划问题的最优解,结束计算。④如果(P_1)最优解不是整数,则再对(P_1)添加新的割平面条件,形成问题(P_2),直至找到最优整数解。

3. 应用

整数规划模型同线性规划模型一样,可以应用到社会生活中的多个领域,例如资本预算、集合覆盖、固定费用等领域。下面是整数规划模型应用的一个例子。

对于便利店而言,其核心竞争力之一是位置,如果能缩短和消费者之间的地理距离,将极大提升消费者前往便利店购物的可能性。因此,各个便利店品牌在选址时一个重要目标是确保在每条主要街道上都设置便利店点位的前提下,使得便利店数量最少。某区的街道地图如图 7-19 所示。

图7-19 某区的街道地图

解：

1）设决策变量：将疫苗接种点设置在街道交叉口处是比较合理的，因为这样至少可以为两条街道提供疫苗接种服务。从图中可看出，最多有 8 个街道交叉处，因此最多需要设置 8 个疫苗接种点。

因为这是设置不设置的问题，所以变量都是 0-1，这是一个 0-1 型的整数规划问题。

$$假设 X_j = \begin{cases} 1 & 如果地点 j 设置接种点 \\ 0 & 如果地点 j 不设置接种点 \end{cases}$$

2）建目标函数：问题的目标是使得设置的接种点最少。那么，目标函数为

$$\min z = x_1 + x_2 + x_3 + x_4 + x_5 + x_6 + x_7 + x_8$$

3）找约束条件：问题的约束是每一条街道至少设置一个接种点。因此，可以得到以下数学模型：

$$\min z = x_1 + x_2 + x_3 + x_4 + x_5 + x_6 + x_7 + x_8$$

$$\text{s.t.} \begin{cases} x_1 + x_2 \geq 1 & (街道A) \\ x_2 + x_3 \geq 1 & (街道B) \\ x_4 + x_5 \geq 1 & (街道C) \\ x_7 + x_8 \geq 1 & (街道D) \\ x_6 + x_7 \geq 1 & (街道E) \\ x_2 + x_6 \geq 1 & (街道F) \\ x_1 + x_6 \geq 1 & (街道G) \\ x_4 + x_7 \geq 1 & (街道H) \\ x_2 + x_4 \geq 1 & (街道I) \\ x_5 + x_8 \geq 1 & (街道J) \\ x_3 + x_5 \geq 1 & (街道K) \\ x_j = (0,1), j = 1, 2, \cdots, 8 \end{cases}$$

通过 Excel 求解，可得该数学模型最终的最优解为：需要设置 4 个疫苗接种点，分别在交叉口①②⑤⑦处。

4．求解方法

一般地，我们可以用分支定界法或者割平面法对整数规划模型进行求解。然而，与线性规划模型求解方法一样，整数规划模型的求解也可以通过 Excel、MATLAB 和 Lingo 进行求解。

同样地，我们用一个例子分别展示如何应用 Excel、MATLAB 和 Lingo 3 种工具对整数规划模型进行求解。

甲、乙、丙、丁、戊都是同一个工作小组内的成员。已知这 5 人分别完成 5 项工作所花费的时间如表 7-6 所示，求最优分配方案使得花费总时间最少。

（1）Excel 求解

首先在 Excel 中输入效率矩阵。因为每个人与每项工作互相对应，所以供给和需求都为1。

表7-6　5人分别完成5项工作所需时间　　　　（单位：h）

人员	任务				
	A	B	C	D	E
甲	3	7	9	8	10
乙	8	5	7	11	3
丙	6	8	9	3	7
丁	8	11	4	5	9
戊	9	3	6	8	5

第一步：输入数据。

在任务分配表中，实际供给单元格 H13:H17 由 A、B、C、D、E 5 项总和得出，因此单元格 H13 内输入的公式为 =SUM（C13:G13），区域单元格 H14:H17 复制这个公式即可。实际需求单元格 C18:G18 由甲、乙、丙、丁、戊五项总和得出，因此单元格 C18 内输入的公式为 =SUM（C13:C17），区域单元格 D18:G18 同理。

总需求单元格等于效率矩阵和分配矩阵对应元素相乘并相加，因此输入公式为 =SUMPRODUCT（C4:G8,C13:G17）。

由以上步骤即可得到图 7-20。

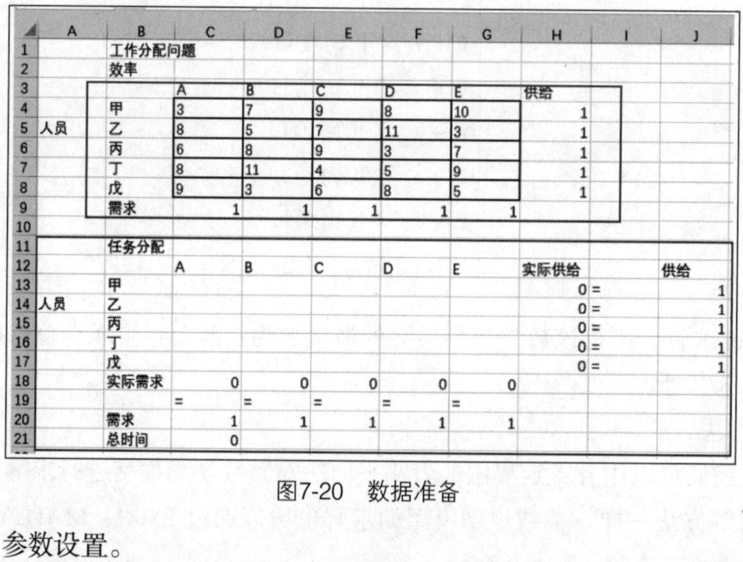

图7-20　数据准备

第二步：参数设置。

得到图 7-20 后，按照图 7-21 进行参数设置。从 Excel 工具栏中选取"规划求解参数"，设置目标单元格为总时间 C21，目标为最小值，可变单元格设置为任务分配矩阵 C13:G17。特别需要注意的是，本例是指派问题，决策变量必须为 0-1 变量，所以添加约束单元格 C13:G17 为二进制。因为供给和需求必须相等，所以添加其他约束条件 C18:G18=C20:G20 和 H13:H17=J13:J17。

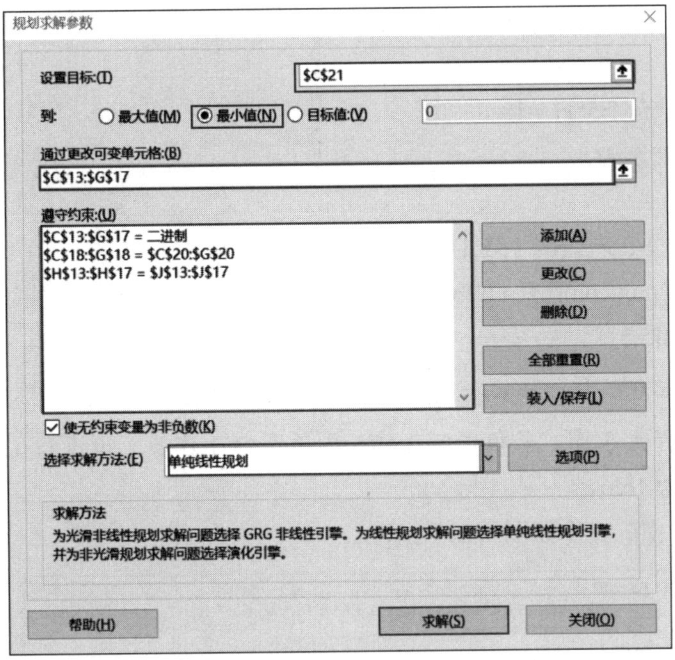

图7-21　规划求解参数设置

第三步：得到结果。

规划求解后，得到的结果如图 7-22 所示。

	A	B	C	D	E	F	G	H	I	J
1		工作分配问题								
2		效率								
3			A	B	C	D	E	供给		
4		甲	3	7	9	8	10	1		
5	人员	乙	8	5	7	11	3	1		
6		丙	6	8	9	3	7	1		
7		丁	8	11	4	5	9	1		
8		戊	9	3	6	8	5	1		
9		需求	1	1	1	1	1			
10										
11		任务分配								
12			A	B	C	D	E	实际供给		供给
13		甲	1	0	0	0	0	1	=	1
14	人员	乙	0	0	0	0	1	1	=	1
15		丙	0	0	0	1	0	1	=	1
16		丁	0	0	1	0	0	1	=	1
17		戊	0	1	0	0	0	1	=	1
18		实际需求	1	1	1	1	1			
19			=	=	=	=	=			
20		需求	1	1	1	1	1			
21		总时间	16							

图7-22　规划求解结果

由图 7-22 可知：甲负责 A 工作，乙负责 E 工作，丙负责 D 工作，丁负责 C 工作，戊负责 B 工作，工作总时间为 16h。

（2）MATLAB 求解

因为矩阵中的是二维决策变量，这里需要把二维决策变量 $x_{ij}(i,j=1,\cdots,5)$ 变为一维决策变量 $y_k(k=1,\cdots,25)$，编写的 MATLAB 程序如下：

```
c=[3,7,9,8,10;8,5,7,11,3;6,8,9,3,7;8,11,4,5,9;9,3,6,8,5];
```

c=c(:);a=zeros(10,25);intcon=1:25;
for i=1:5
  a(i,(i-1)*5+1:5*i)=1;
  a(5+i,i:5:25)=1;
end
b=ones(10,1);lb=zeros(25,1);ub=ones(25,1);
x=intlinprog(c,intcon,[],[],a,b,lb,ub);
x=reshape(x,[5,5])

求得最优指派方案为 $x_{11}=x_{25}=x_{34}=x_{43}=x_{52}=1$，最优值为 16。

因此，甲负责 A 工作，乙负责 E 工作，丙负责 D 工作，丁负责 C 工作，戊负责 B 工作，工作总时间为 16h。

在 MATLAB 中的操作如图 7-23 所示。

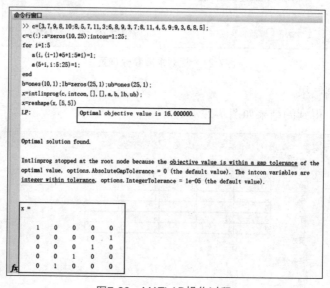

图7-23　MATLAB操作过程

（3）Lingo 求解

本例指派问题求解的 Lingo 程序如下：

model:
sets:
var/1..5/;
link(var,var):c,x;
endsets
data:
c=3 7 9 8 10
8 5 7 11 3
6 8 9 3 7

```
8 11 4 5 9
9 3 6 8 5;
enddata
min=@sum（link:c*x）;
@for（var（i）:@sum（var（j）:x（i,j））
   =1）;
@for（var（j）:@sum（var（i）:x（i,j））
  =1）;
@for（link:@bin（x））;
end
```

得到的结果如图7-24所示。

求得最优解决方案为 $x_{11}=x_{25}=x_{34}=x_{43}=x_{52}=1$，最优值为16。

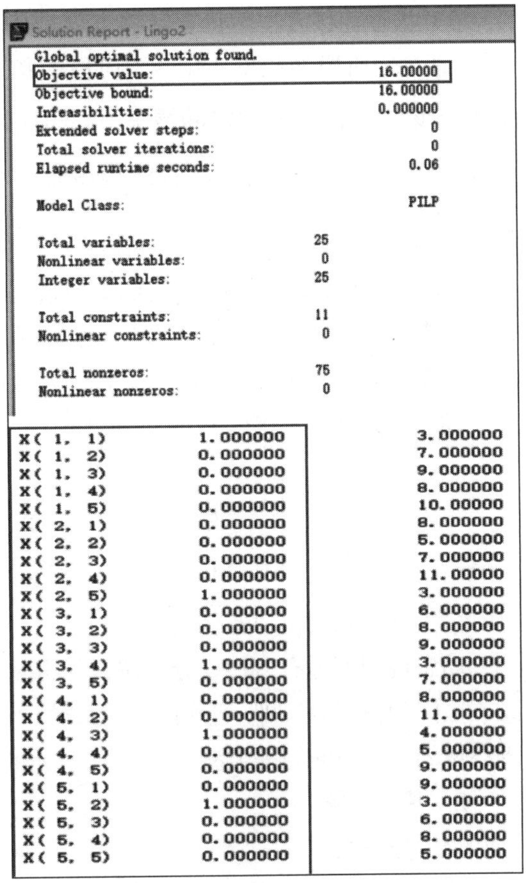

```
Solution Report - Lingo2
Global optimal solution found.
Objective value:                    16.00000
Objective bound:                    16.00000
Infeasibilities:                    0.000000
Extended solver steps:                     0
Total solver iterations:                   0
Elapsed runtime seconds:                0.06

Model Class:                            PILP

Total variables:              25
Nonlinear variables:           0
Integer variables:            25

Total constraints:            11
Nonlinear constraints:         0

Total nonzeros:               75
Nonlinear nonzeros:            0

X( 1, 1)     1.000000        3.000000
X( 1, 2)     0.000000        7.000000
X( 1, 3)     0.000000        9.000000
X( 1, 4)     0.000000        8.000000
X( 1, 5)     0.000000        10.00000
X( 2, 1)     0.000000        8.000000
X( 2, 2)     0.000000        5.000000
X( 2, 3)     0.000000        7.000000
X( 2, 4)     0.000000        11.00000
X( 2, 5)     1.000000        3.000000
X( 3, 1)     0.000000        6.000000
X( 3, 2)     0.000000        8.000000
X( 3, 3)     0.000000        9.000000
X( 3, 4)     1.000000        3.000000
X( 3, 5)     0.000000        7.000000
X( 4, 1)     0.000000        8.000000
X( 4, 2)     0.000000        11.00000
X( 4, 3)     1.000000        4.000000
X( 4, 4)     0.000000        5.000000
X( 4, 5)     0.000000        9.000000
X( 5, 1)     0.000000        9.000000
X( 5, 2)     1.000000        3.000000
X( 5, 3)     0.000000        6.000000
X( 5, 4)     0.000000        8.000000
X( 5, 5)     0.000000        5.000000
```

图7-24　输出结果

7.2.3 动态规划模型

1．概述和分类

（1）概述

动态规划模型是指在多阶段决策过程中，将一个复杂的问题分解为多个更简单的子问题，在此基础上，根据全局最优的思想，对每个可能状态的最优决策进行逆序求解，然后依次得到该问题的优化方案和路径。

（2）基本概念

1）阶段。将所要研究的复杂问题按照空间或时间特征，分解为互相联系的阶段。阶段是做出决策的若干轮次，描述各阶段的变量被称作阶段变量，通常用 K 来表示。

2）状态。状态代表各个阶段起始的自然情况或客观情况。描述各个阶段状态的变量被称为状态变量，常常使用 s_K 来表示第 K 阶段的状态，状态变量的集合则用 s_K 表示。n 个阶段的决策过程有 $n+1$ 个状态。

3）无后效性。采用动态规划求解多阶段问题时，需要全流程有无后效性。无后效性是指在某一阶段的条件下，该阶段之后的发展与先前的状态无关，而将来状态的发展仅取决于目前的状态。

4）决策。从一个阶段的某种状态演变到下个阶段的某种状态的决定（选择）被称为决策。对决策进行描述的变量叫作决策变量，通常用 $u_K(s_K)$ 来表示第 K 阶段状态为 s_K 时的决策变量。

5）策略。求解过程中各个阶段的决策组成的有序总体被称为策略。如果某一种策略能够使该问题得到最佳的结果，则该策略被称为最优策略。

6）状态转移方程。状态转移方程是从一种状态到另一种状态的演化过程，它表示了由 K 到 $K+1$ 阶段的状态变化。本阶段的状态是由上个阶段的决策决定的。在第 K 个阶段的状态变量 s_K 的取值给定的情况下，该阶段的决策变量 $u_K(s_K)$ 一经确定，第 $K+1$ 阶段的状态变量 $u_{K+1}(s_{K+1})$ 的取值也就确定了，即 s_{K+1} 的值随 s_K 和 u_K 的值变化而变化。这种对应关系记为：$s_{K+1}=T_K(s_K,u_K)$，称为状态转移方程，T_K 为状态转移函数。

7）最优值函数。指标函数是一个系统在实施某种策略时所产生结果的数量，通常被用作判断策略优劣的指标，定义在全过程和所有后部子过程（即由过程的第 K 阶段开始到终止状态为止的过程）上。我们称指标函数的最优值为最优值函数。

动态规划逆序求解的基本方程如下：

$$\begin{cases} f_K(x_K) = \min_{u_K \in D_K(x_K)}\left[v_K(x_K,u_K(x_K)) + f_{K+1}(x_{K+1})\right] \\ f_{n+1}(x_{n+1})=0, x_{K+1}=T_K(x_K,u_K), K=n,n-1,\cdots,1 \end{cases}$$

（3）动态规划模型的分类

动态规划模型有多种划分方法，最常见的划分方法是按照状态来分，可分为一维、二维、区间和树形等，即一般可以分为线性动态规划、区间动态规划、树形动态规划、状态动态规划和背包问题等类型。

2．基本步骤

（1）分阶段

首先明确要解决的问题，将复杂的问题按照空间或者时间等一定规律，恰当地分成若干个阶段。

（2）选变量

接着，对状态变量进行适当的选取，使得它能够反映过程的演变，且保证无后效性。

（3）定变量

规定决策变量，确定每个阶段的允许决策集合。

（4）写方程

根据问题及以上步骤得出的结果，写出状态转移方程。

（5）列方程

确定各阶段各种决策的阶段指标，正确列出最优值函数的递推关系及边界条件，列出计算各阶段最优子策略指标的基本方程。

3．应用

动态规划如其类型众多一样，其应用范围广泛。动态模型常用于表现随时间发展的过程的演变。空间飞行、电路设计、化学反应、种群增长、商业投资和养老金、军事战斗、疾病传播和污染控制等都属于运用动态模型的众多领域中的一部分。

例：设某工厂有 1000 台机器，生产两种产品 A、B，若投入 x 台机器生产 A 产品，则纯收入为 $5x$，若投入 y 台机器生产 B 产品，则纯收入为 $4y$，又知：生产 A 产品机器的年折损率为 30%，生产 B 产品机器的年折损率为 20%，问在 5 年内如何安排各年度的生产计划，才能使总收入最高？

解：

分阶段：设年度为阶段变量 $K=1,2,3,4,5$。

选变量：令 x_K 表示第 K 年年初完好的机器数，u_K 表示第 K 年安排生产 A 产品的机器数量，则 $x_K - u_K$ 为第 K 年安排生产 B 产品的机器数，且 $0 \leqslant u_K \leqslant x_K$。

写方程：第 $K+1$ 年的完好机器数为

$$x_{K+1} = (1-0.3)u_K + (1-0.2)(x_K - u_K) = 0.8x_K - 0.1u_K \tag{1}$$

令 $v_K(x_K, u_K)$ 表示第 K 年的纯收入，$f_K(x_K)$ 表示第 K 年年初往后各年的最大利润之和。因为年度为 5 年，显然，$f_6(x_6) = 0$。

基本方程为 $\begin{cases} f_K(x_K) = \max\limits_{0 \leqslant u_K \leqslant x_K} \{v_K(x_K, u_K) + f_{K+1}(x_{K+1})\} \\ f_6(x_6) = 0, K = 1, 2, 3, 4, 5 \end{cases}$

简化方程：

$$\begin{aligned} f_K(x_K) &= \max_{0 \leqslant u_K \leqslant x_K} \{v_K(x_K, u_K) + f_{K+1}(x_{K+1})\} \\ &= \max_{0 \leqslant u_K \leqslant x_K} \{5u_K + 4(x_K - u_K) + f_{K+1}(x_{K+1})\} \\ &= \max_{0 \leqslant u_K \leqslant x_K} \{u_K + 4x_K + f_{K+1}(x_{K+1})\} \end{aligned} \tag{2}$$

1）$K=5$ 时，由 $f_6(x_6)=0$ 和式（2）可得 $f_5(x_5) = \max\limits_{0 \leqslant u_5 \leqslant x_5} \{u_5 + 4x_5\}$

$u_5 + 4x_5$ 关于 u_5 进行求导，知其导数大于零，所以 $u_5 + 4x_5$ 在 $u_5 = x_5$ 处取得最大值，即 $u_5 = x_5$ 时，$f_5(x_5) = 5x_5$。

2）$K=4$ 时，由式（1）和式（2）可得

$$\begin{aligned} f_4(x_4) &= \max_{0 \leqslant u_4 \leqslant x_4} \{u_4 + 4x_4 + 5x_5\} = \max_{0 \leqslant u_4 \leqslant x_4} \{u_4 + 4x_4 + 5(0.8x_4 - 0.1u_4)\} \\ &= \max_{0 \leqslant u_4 \leqslant x_4} \{8x_4 + 0.5u_4\} \end{aligned}$$

当 $u_4 = x_4$ 时，$f_4(x_4) = 8.5x_4$。

3）$K=3$ 时，

$$\begin{aligned} f_3(x_3) &= \max_{0 \leqslant u_3 \leqslant x_3} \{u_3 + 4x_3 + 8.5x_4\} = \max_{0 \leqslant u_3 \leqslant x_3} \{u_3 + 4x_3 + 8.5(0.8x_3 - 0.1u_3)\} \\ &= \max_{0 \leqslant u_3 \leqslant x_3} \{10.8x_3 + 0.15u_3\} \end{aligned}$$

当 $u_3 = x_3$ 时，$f_3(x_3) = 10.95x_3$。

4）$K=2$ 时，

$$f_2(x_2) = \max_{0 \leq u_2 \leq x_2}\{u_2 + 4x_2 + 10.95x_3\} = \max_{0 \leq u_2 \leq x_2}\{u_2 + 4x_2 + 10.95(0.8x_2 - 0.1u_2)\}$$

$$= \max_{0 \leq u_2 \leq x_2}\{12.76x_2 - 0.095u_2\}$$

当 $u_2 = 0$ 时，$f_2(x_2) = 12.76x_2$。

5）$K=1$ 时，

$$f_1(x_1) = \max_{0 \leq u_1 \leq x_1}\{u_1 + 4x_1 + 12.76x_2\}$$

$$= \max_{0 \leq u_1 \leq x_1}\{u_1 + 4x_1 + 12.76(0.8x_1 - 0.1u_1)\}$$

$$= \max_{0 \leq u_1 \leq x_1}\{14.208x_1 - 0.276u_1\}$$

当 $u_1 = 0$ 时，$f_1(x_1) = 14.208x_1$。

因为 $x_1 = 1000$，由式（1）进行回代得到

$x_2 = 0.8x_1 - 0.1u_1 = 800$

$x_3 = 0.8x_2 - 0.1u_2 = 640$

$x_4 = 0.8x_3 - 0.1u_3 = 448$

$x_5 = 0.8x_4 - 0.1u_4 = 313.6$

注：$x_5 = 313.6$，其中 0.6 应该理解为有一台机器只能使用 0.6 年将报废。

4．求解方法

同样地，动态规划模型也可以通过 Excel、MATLAB 和 Lingo 3 种工具进行求解。但由于动态规划过于复杂，无法找到通用的 Excel 解法，我们在这里不对动态规划的 Excel 解法展开说明，只关注动态规划模型的 MATLAB 解法和 Lingo 解法。

接下来，我们将通过经典的动态规划背包问题，展示如何用 MATLAB 和 Lingo 这两种工具对动态规划模型进行求解。

小林正在为明天的出游做准备。假设他有 10 个物品，物品重量及价值如表 7-7 所示，背包承受最大重量 $W=200$ 斤（1 斤 =500g），每种物品能选择放或者不放，求解将哪些物品装入背包，该书包的总重量不会超过背包容量，且总价值最大。

表7-7 物品重量及价值

物品	重量（斤）	价值（百元）
1	20	15
2	40	50
3	35	60

(续)

物品	重量（斤）	价值（百元）
4	25	70
5	10	25
6	50	30
7	25	45
8	30	60
9	10	35
10	15	40

（1）MATLAB 解法

MATLAB 求解背包问题的程序如下：

```
clear,clc
a = [1 2 3 4 5 6 7 8 9 10;
    20 40 35 25 10 50 25 30 10 15;
    15 50 60 70 25 30 45 60 35 40];
b = perms(a(1,:));
v = [];
for i = 1:size(a,2)-1
    c = b;
    id1 = find(c <= i);
    id2 = find(c > i);
    c(id1) = 0;
    c(id2) = 1;
    c = unique(c,'rows');
    v = [v; c];
end
v = [ones(1,10); v; zeros(1,10)];
F = [];
for i = 1:size(v,1)
    if(a(2,:)*v(i,:)') <= 200
        f = (a(3,:)*v(i,:)');
        F = [F, f];
    end
end
best_value = max(F)
```

得到的结果如图 7-25 所示。

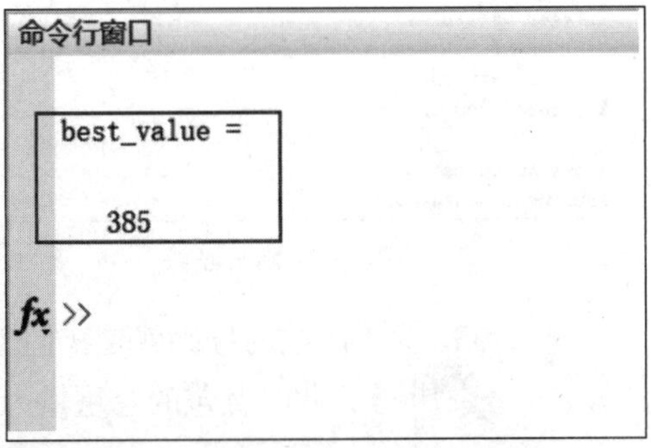

图7-25 求解结果

（2）Lingo 解法

Lingo 求解的程序如下：

```
model :
sets :
a/1..10/: weight , wealth ,strage ;
endsets
data :
weight = 20 40 35 25 10 50 25 30 10 15;
wealth = 15 50 60 70 25 30 45 60 35 40;
enddata
max = @sum（a :wealth*strage）;
@sum（a : weight*strage  ）<= 200 ;
@for（a:@bin（strage））;
end
```

得到的结果如图 7-26 和图 7-27 所示。

```
Global optimal solution found.
Objective value:                              385.0000
Objective bound:                              385.0000
Infeasibilities:                              0.000000
Extended solver steps:                               0
Total solver iterations:                             0
Elapsed runtime seconds:                          0.06

Model Class:                                      PILP

Total variables:                  10
Nonlinear variables:               0
Integer variables:                10

Total constraints:                 2
Nonlinear constraints:             0

Total nonzeros:                   20
Nonlinear nonzeros:                0
```

图7-26　部分结果

Variable	Value	Reduced Cost
WEIGHT(1)	20.00000	0.000000
WEIGHT(2)	40.00000	0.000000
WEIGHT(3)	35.00000	0.000000
WEIGHT(4)	25.00000	0.000000
WEIGHT(5)	10.00000	0.000000
WEIGHT(6)	50.00000	0.000000
WEIGHT(7)	25.00000	0.000000
WEIGHT(8)	30.00000	0.000000
WEIGHT(9)	10.00000	0.000000
WEIGHT(10)	15.00000	0.000000
WEALTH(1)	15.00000	0.000000
WEALTH(2)	40.00000	0.000000
WEALTH(3)	60.00000	0.000000
WEALTH(4)	70.00000	0.000000
WEALTH(5)	25.00000	0.000000
WEALTH(6)	30.00000	0.000000
WEALTH(7)	45.00000	0.000000
WEALTH(8)	60.00000	0.000000
WEALTH(9)	35.00000	0.000000
WEALTH(10)	40.00000	0.000000
STRAGE(1)	0.000000	-15.00000
STRAGE(2)	1.000000	-50.00000
STRAGE(3)	1.000000	-60.00000
STRAGE(4)	1.000000	-70.00000
STRAGE(5)	1.000000	-25.00000
STRAGE(6)	0.000000	-30.00000
STRAGE(7)	1.000000	-45.00000
STRAGE(8)	1.000000	-60.00000
STRAGE(9)	1.000000	-35.00000
STRAGE(10)	1.000000	-40.00000

图7-27　另一部分结果

STRAGE 为 1 的数的号码就是我们需要放入背包的物品：2 号、3 号、4 号、5 号、7 号、8 号、9 号、10 号，此时背包的总重量为 190，总价值为 385。

第8章

数据科学研究方法

数据科学是利用大数据的科学，其目的是创造有价值的数据产品。以数据为研究对象和工具，以统计学、机器学习、数据可视化、领域知识为基础理论，主要内容包括数据科学基础理论、数据预处理、数据加工、数据可视化等。数据科学被广泛应用于许多领域，如行为学、人类学、生物学、气象学、金融学、流行病学。数据科学是重要的现代战略资源，可以帮助寻找社会现象或人类行为的一般规律，提高决策的速度和有效性。

8.1 数据科学的基础理论和大数据内涵

8.1.1 数据科学的基础理论

1. 统计学

统计学是收集、分析、展示和解释数据的科学。收集数据是从现实世界或互联网获取统计数据；分析数据是指用多样的统计方法处理数据；展示数据是指呈现有意义的统计分析图表；解释数据是对展示数据进行有说服力的解释说明，得出结论。

2. 机器学习

机器学习通过训练样本数据，得到一个模型，来预测新的数据集。机器学习被认为是人工智能的一部分，是当前解决人工智能问题的关键，是人工智能体系的核心。人工智能是类人思考、类人行为的计算机科学，而机器学习赋予计算机类人的学习能力，能够从训练集上得到模型，再对新的数据集进行预测和推理。机器学习过程如图 8-1 所示。

```
训练数据 → 模型 → 测试模型 → 验证模型 → 预测
```

图8-1　机器学习过程

8.1.2　大数据内涵

维克托·迈尔·舍恩伯格在《大数据时代》中将大数据描述为："大数据是人们在大规模数据的基础上可以做到的事情，而这些事情在小规模数据的基础上是无法完成的。"大数据不仅是人们获得新的认知、创造新的价值的源泉，还是改变市场、组织机构，以及政府与公民关系的方法。如图 8-2 所示，我们还可以抓住大数据的"4V"特征来理解大数据是什么。

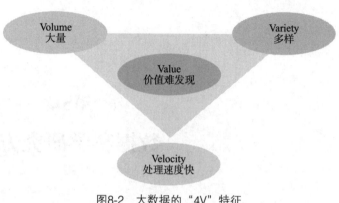

图8-2　大数据的"4V"特征

1) Volume（大量）。就目前而言，当数据体量达到 PB 级别及以上，就称为"大"数据（1TB=1024GB，1PB=1024TB，1EB=1024PB）。

2) Variety（多样）。大数据包括多种数据来源，除了从数据库中捕获数据，文本、图片、图像、音频、视频、HTML 文件等都是数据来源。

3) Value（价值难发现）。由于大数据包括海量的、有噪声的、模糊的数据，从中发现有价值的数据就变成一件困难的事。以监控视频为例，在一段长达数小时的监控视频中，有价值的可能只有几秒。

4) Velocity（处理速度快）。数据由通常的离线处理变成在线处理，数据永远都是在线的，是能随时计算和调用的。阿里巴巴集团技术委员会主席王坚在《在线》一书中说道，今天数据的意义并不在于有多"大"，真正有意思的是数据都变得在线了，这恰是互联网的特点……写在磁带和纸上的数据，作用是有限的。

8.2　数据挖掘的基本任务和建模过程

8.2.1　数据挖掘的基本任务

数据挖掘又称数据分析，就是从大量、杂乱、模糊、有噪声的数据中挖掘有价值的信息和知识。

对电子商务企业而言，数据挖掘的基本任务是收集包括浏览量、收藏量、加购物车量、购买量等交互行为的数据，以及用户最近一次购买时间、购买频次、购买金额等消费习惯的数据；之后利用数据分析工具，实现产品智能推荐、促销活动效果分析、客户价值分析、销量趋势预测；基于分析结果，电商企业能够更好地寻找最关键的核心用户，精细化产品设计，实现针对性运营策略。

8.2.2 建模过程

数据挖掘建模的过程包括分类和预测、聚类分析、关联分析、时序模式、偏差检测、智能推荐等，目的是更好地帮助业务，使用自动方法分析数据。

1. 分类和预测

分类和预测是两种相互关联、相辅相成的预测方式，可以用来进行问题预测和决策。例如，在银行贷款业务中，将贷款人划分为不同的信用风险类别，这就是"分类"，而分析贷款人能够申请的贷款限额，就是"预测"。

（1）分类

分类是对离散的数据进行模型构造，输入样本数据，将样本数据映射到预先划分的类别，输出类别，通常为有限个离散值。其目的是预测样本属于哪个预先定义的类别。

（2）预测

预测是对连续的数据进行分析估计，预测所需要的值是连续的、有序的。可以将其看作函数 $y=f(x)$。例如，预测明天的上证指数的收盘价格是上涨还是下跌，这是"分类"，而预测收盘价格是多少就是"预测"。

分类预测模型的组成部分包括：问题的提出、输入数据、特征提取、算法选择、参数确定、分类预测效果的评估。

2. 聚类分析

聚类是将数据集按照某个特定的标准划分为不同的类（称为簇），将相似的数据样本聚集在一起标记成同一类，同时保证不同类别之间的差异和距离尽可能大。聚类分析可以化微观为宏观，发现数据的分布特点和相互关系。

3. 关联分析

关联分析又称关联规则、购物篮分析，是反映一个事物或事件与其他事物或事件之间关联性的重要技术。其目的是通过关联规则计算两个事件之间的关系，最经典的案例就是"啤酒与尿布"。

美国沃尔玛连锁超市拥有世界上最大的数据仓库系统，并对其顾客进行购物篮分析。在美国，一些年轻的父亲在购买婴儿尿布的同时，会顺便购买几瓶啤酒来犒劳自己。于是沃尔玛尝试将啤酒和尿布摆在一起，没想到，这个举措使得尿布和啤酒的销量都大幅增加了。

4. 时序模式

时序模式是指基于时间序列的数据预测，与回归分析类似，时序模式也是利用已知数据预测未来值，但更强调已知数据与未来值所处时间不同。

以服装销售行业为例，生产是在销售之前进行的，因此销售预测格外重要。基于服装历史销售数据，预测下一季度销售情况，有助于厂商降低成本，提高净利润。

5. 偏差检测

偏差检测又称离群点检测，是对数据中的异常点、离群点、偏差点进行监测和检查。

其目的是通过离群点检测异常情况，挖掘罕见数据中的巨大价值。离群点在大多数数据挖掘情况下可能会被视为噪声丢弃，然而，在银行贷款资格审查、网络黑客等领域，偏差检测被广泛应用。

6. 智能推荐

智能推荐充分运用了机器学习、人工智能、数据挖掘等相关领域的技术。智能推荐的基本思想是"物以类聚，人以群分"，在海量数据挖掘的基础上，根据用户的历史选择信息和相似关系，自动推荐经过过滤筛选的项目信息。其目的是帮助电子商务供应商为其顾客提供个性化推荐和服务。

8.3 数据爬取与数据可视化

8.3.1 数据爬取的基本原理

数据爬取又称爬虫，是通过特定的数据爬取工具，对目标网页进行分析，提取 HTML 中的特定标签下的有用数据，存储到本地，方便后续数据分析。

1. HTTP 基本原理

URL 全称为 Uniform Resource Locator，即统一资源定位符，简称网址，用于唯一确定互联网中的资源。例如，https://www.baidu.com/ 是百度首页的 URL；https://www.baidu.com/img/bd_logo1.png 是百度首页中百度图标的 URL。

URL 的起始为 http 或 https，表示访问资源的协议类型，其中 HTTP 全称为 Hyper Text Transfer Protocol，即超文本传输协议，是从网络传输超文本数据到本地浏览器的传输协议，它能保证高效而准确地传送超文本文档；HTTPS 全称为 Hypertext Transfer Protocol Secure，即以安全为目标的 HTTP 通道，传输内容都是通过 SSL 加密，保证数据传输的安全。

HTML 全称为 Hypertext Markup Language，即超文本标记语言。输入网址后，网站的返回结果即为 HTML 代码，经过浏览器的解析呈现在用户眼前。在显示的网页内容中，点击鼠标右键，选择"查看网页源代码"，就能看到网页的 HTML 代码。

2. HTTP 请求过程

（1）发起请求

通过 HTTP 库向目标网页发起一个请求，即 Request，等待服务器响应。

（2）获取响应内容

目标网页的服务器正常响应浏览器，向浏览器发送其请求获取的页面内容，即 Response。Response 的内容可能是 HTML、JSON、图片、视频等类型。

（3）解析内容

如果浏览器得到的 Response 是 HTML，解析则可以用正则表达式（RE 模块）、第三方解析库（Beautiful Soup，PyQuery）。如果浏览器得到的 Response 是 JSON，可以通过 JSON 模块解析。如果浏览器得到的 Response 是二进制数据，即图片、视频，可以直接保存。

（4）保存数据

数据的存储方式多样，既可以存储在数据库中，也可以特定的格式存储。

8.3.2 数据可视化

1. 数据爬取工具 UiPath Studio 介绍

数据爬取是利用爬取工具对基于 http/https/ftp 协议的数据的下载，即从特定网站上获取需要的数据。数据爬取首先要确定需要爬取网页的 URL 地址，然后通过 http 协议获得对应的 HTML 页面，最后提取 HTML 页面里需要的数据。

UiPath Studio 是目前世界上市场占有率最高的机器人流程自动化（Robotic Process Automation）工具，用于模仿人的鼠标和键盘操作，实现自动化，应用范围不仅限于数据爬取。

2. 数据预处理

数据预处理是对原始数据进行的一系列加工处理工作——数据清洗、数据集成、数据变换、数据归约，其目的是去除无效数据、提取有效数据、提升数据质量、降低计算量。

数据清洗是将缺失的数据删除或补充完整、将重复的数据筛选清除、将错误的数据删除或纠正，最终整理成可以进一步加工使用的数据。数据清洗的一般步骤包括分析数据、缺失值处理、异常值处理、去重处理、噪声数据处理。

数据集成是把在不同数据源的数据收集加载到一个新的数据源，使用户能够以透明的方式访问这些数据源。其目的是维护新的数据源整体上的数据一致性，提高信息利用的效率。透明的方式是指用户不用关注访问数据是否来自不同数据源，而可以简单的方式直接访问集成数据。

数据变换是指将数据从一种表现形式变换成另一种表现形式。其目的是通过对数据进行规范化处理，便于后续数据挖掘。其主要内容包括特征二值化、特征归一化、连续特征变量、定性特征哑变量。

数据归约包括 3 个基本操作：删除行、删除列、减少值。这是因为原始数据需要大量的数据挖掘时间，归约可以在不损失信息价值的前提下，减少数据挖掘时间，聚焦于目标得到的数据模型。

3. 数据可视化工具 Tableau 介绍

数据可视化是对数据进行可视化处理，其目的是减少视觉混淆对有效信息的干扰。数据可视化可以简单地理解为，数据空间到图形空间的映射。好的数据可视化集易读、不损害数据价值、简洁美观于一体，有助于快速理解和减少分析时间。

Tableau 是一款实现数据可视化和敏捷开发的智能展现工具，可以实现交互的、可视化的分析和仪表盘应用。图 8-3 所示为 Tableau 工具可视化效果图。

4. 案例：某二手房网站房屋价格分析

本案例的目标是价格分析，即通过对价格影响因素分析，了解影响房屋价格的因素及其影响程度，有助于租房需求者更好地选择自己的期望房源。数据来源于某二手房网站，需要使用 UiPath 作为工具，爬取上海各区租房数据。再使用 Excel 对租房信息数据预处理，将爬取到的原始数据做分列和清洗操作。

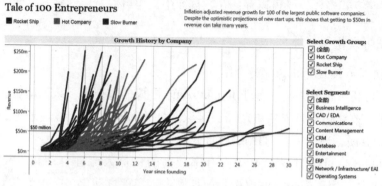

图8-3　Tableau工具可视化效果图

出于为地理信息可视化做准备的目的，还需要使用 UiPath 作为工具，对房屋经纬度进行补充信息爬取。

最后使用 Tableau 作为工具，进行某二手房网站租房信息可视化，包括地理信息图、盒须图和面积图等。

上机操作见附录 A。

8.4　机器学习与数据挖掘建模

8.4.1　机器学习

机器学习，从字面上看，可以理解为使计算机能够像人类一样学习，通过学习不断自我调整和完善。

根据人工智能标准化白皮书（2018版）的定义，机器学习是一门涉及统计学、系统辨识、逼近理论、神经网络、优化理论、计算机科学、脑科学等诸多领域的交叉学科，研究计算机怎样模拟或实现人类的学习行为，以获取新的知识或技能，并对现有的知识结构进行重组，以不断改善自身的性能，是人工智能技术的核心。

机器学习通常分为 4 类：监督学习、无监督学习、半监督学习、强化学习。

1. 监督学习

监督学习的样本标签信息是已知的，且被提供给训练模型。最常见的两种监督学习问题为回归和分类。如果标签信息是数值类型，则为回归问题；如果是类别类型，则为分类问题。线性回归模型、逻辑回归模型、k 近邻模型、决策树模型可用于解决回归问题；支持向量机模型可用于解决分类问题；k 近邻模型、决策树模型、随机森林模型、神经网络模型既可用于回归，也可用于分类。

2. 无监督学习

无监督学习的训练样本标签信息是未知的，未提供给模型。其目的是通过训练无标记训练样本，来揭示数据的内在性质和规律，为数据分析提供基础。最常见的无监督学习问题为聚类、降维和关联分析。k均值聚类模型、DBSCAN聚类模型、AGNES层次聚类模型可用于解决聚类问题；主成分分析可用于解决降维问题；关联分析模型可用于解决关联分析问题。

3. 半监督学习

半监督学习是监督学习和无监督学习的结合，同时包含少量已知样本标签信息和大量未知样本标签信息。在现实场景中，半监督学习较为常见，因为标签的获取在现实往往是昂贵的，可以通过结合少量的已知样本标签和大量的未知样本标签来提升学习效率，完成学习任务。

4. 强化学习

与监督学习不同，强化学习没有样本标签信息，而是在算法执行动作后给予正向反馈或负向反馈，从而得到最佳的环境交互策略。

8.4.2 分类

分类是监督学习的一个问题，分类模型建立在包含已知样本标签信息的数据集上，输入样本的属性值，输出预先定义好的类别。

常用的分类模型包括k近邻模型、决策树模型、随机森林模型、神经网络模型、支持向量机模型。

1. k近邻模型

k近邻模型的原理是，在给定测试样本的基础上，根据一定的距离度量，找到与之最接近的k个训练集中的训练样本，然后根据这k个"邻居"对训练集进行预测，取其中的多数类作为预测类。

需要注意的是，k近邻模型对于所有的自变量都给予相同的重要性权重，这对于自变量重要性差异较大的问题并不适用。另外，k近邻模型是基于样本间距离的，因此需要对自变量做标准化，确保各自变量的量纲或数量级一致。

2. 决策树模型

决策树是一种非参数的有监督学习模型，从训练数据中学习一系列简单的判定规则，用于预测因变量。一颗决策树由一个根节点、若干个内部节点、若干个叶子节点组成。叶节点与决策结果相对应，其他各节点分别进行一次属性测试，各节点所含的样本集合按属性测试的结果被划分到子节点中。根节点包含全部的样本数据。由根结点至各叶结点的路径对应了一个判定测试序列。决策树模型旨在生成具有强泛化能力，也就是具有较好地处理未见示例能力的决策树，其基本流程遵循"分而治之"的策略。决策树如图8-4所示。

3. 随机森林模型

随机森林属于集成方法的一种。集成方法由多个基础模型组成，比单独的基础模型有更强的泛化能力和稳定性。随机森林由一组决策树组成，实现简单，性能强大。

4. 神经网络模型

神经网络又称为多层感知机，训练得到一个映射函数$f(\cdot): R^m \to R^o$，其中m是输入自变量的维度，o是输出因变量的维度。神经网络如图8-5所示。

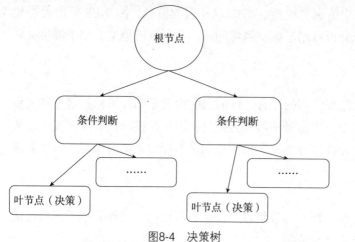

图8-4 决策树　　　　　　图8-5 神经网络

5. 支持向量机模型

支持向量机试图在一个高维或无限维的空间，建立一个或多个划分超平面，将不同类别的样本分开。好的划分超平面到最近的不同类的训练样本距离应该最大，这样能够有效减小泛化误差。距离超平面最近的这几个训练样本称为支持向量。支持向量机如图 8-6 所示。

8.4.3 聚类

聚类是无监督学习的一个问题，聚类模型不需要已知样本标签数据。聚类根据组内距离最小化而组间距离最大化原则，将数据集中的样本划分为若干个子集，每个子集称为一个簇。

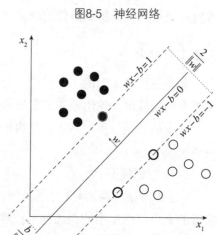

图8-6 支持向量机

常用的聚类模型包括 k 均值聚类模型、DBSCAN 聚类模型、AGNES 层次聚类模型。

1. k 均值聚类模型

k 均值聚类模型将 N 个样本的数据集 X 划分为 K 个不相交的簇 C，每个簇的样本均值称为簇的中心。k 均值聚类模型最小化惯性，惯性能够衡量簇的内部是否紧密。

$$\sum_{i=0}^{n} \min_{\mu_j \in C}(\|x_i - \mu_j\|^2)$$

2. DBSCAN 聚类模型

DBSCAN（Density-Based Spatial Clustering of Applications with Noise）聚类模型将簇视为被低密度地区分隔的高密度地区，簇是由一系列相互距离紧密的核心样本以及与核心样本距离较近的非核心样本组成。与最近的核心样本超出一定距离的非核心样本成为噪声样本。如图 8-7 所示，A 点及其周边的点都是核心样本，

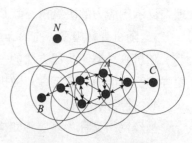

图8-7 DBSCAN聚类模型

形成了一个簇，B 点和 C 点不是核心样本，但是距离核心样本较近，因此也属于这个簇，N 点是一个噪声样本。

3. AGNES 层次聚类模型

层次聚类是一类聚类模型，以嵌套的方式将簇不断合并或拆分。簇的层次可以用树形图表示，树的根节点表示所有样本组成的簇，叶子节点表示仅包含一个样本的簇。聚类可采用自底向上的聚合策略，也可采用自顶向下的分拆策略。AGNES（AGglomerative NESting）是一种采用自底向上聚合策略的层次聚类模型。它先将数据集中的每个样本看作一个初始簇，然后在算法运行的每一步中按一定的合并标准合并两个簇，不断重复，直至达到预设的簇个数。

8.5 数据科学研究的工具与案例

8.5.1 WEKA 数据分析工具

WEKA（Waikato Environment for Knowledge Analysis）是解决现实世界数据挖掘问题的机器学习算法的集合。它是基于 JAVA 环境下开源的机器学习以及数据挖掘软件，几乎可以在任何平台上运行。其主要开发者来自新西兰，WEKA 是新西兰独有的一种鸟的名字。

WEKA 窗口右侧有 4 个应用，分别是 Explorer、Experimenter、KnowledgeFlow、Workbench、Simple CLI，如图 8-8 所示。

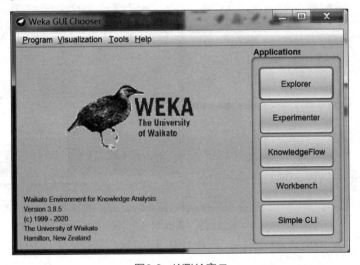

图8-8　WEKA窗口

Explorer：数据挖掘环境，提供了分类、聚类、关联规则、特征选择、数据可视化功能。

Experimenter：实验者工作环境，帮助用户解决实际应用分类、回归中遇到的方案选择问题，让处理过程实现自动化。

KnowledgeFlow：知识流界面，用户可以定制处理数据流的方式和顺序。

Workbench：包含了其他界面的组合。

Simple CLI：简单命令行界面，可以在不提供命令行界面的操作系统直接执行 WEKA 命令。

Explorer 是 WEKA 提供的最容易使用的图像用户接口，通过选择菜单和填写表单，可以调用 WEKA 的所有功能。WEKA 支持多种文件格式，包括 ARFF、XRFF、CSV、libSVM，其中，ARFF 是最常用的格式。

进入 Explorer 界面，根据不同的功能将页面划分为 8 个区域，如图 8-9 所示。

区域 1 是切换不同的挖掘任务的面板：Preprocess（数据预处理）、Classify（分类）、Cluster（聚类）、Associate（关联）、Select attributes（属性选择）、Visualize（可视化）。

区域 2 是一些常用按钮：打开数据、保存、编辑。

区域 3 可以实现筛选数据、数据变换。

区域 4 展现了数据集的基本信息。

区域 5 展现了数据集的所有属性。

区域 6 展现在区域 5 中勾选的属性的摘要。

区域 7 展现在区域 5 中勾选的属性的直方图。

区域 8 是状态栏。

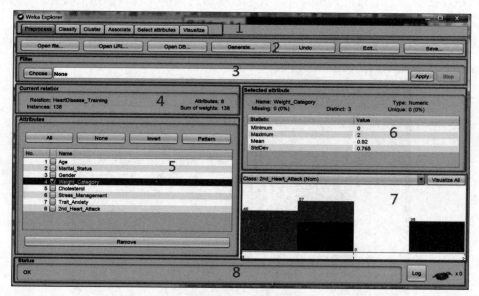

图8-9　页面划分

1. 心脏病患者分析案例

心脏病是一类比较常见的循环系统疾病，其通常具有病程较长、不易治愈的特点，尤其需要患者积极的自我管理。对有过心脏病发作史的患者的资料信息进行判别分析，有助于心脏病患者有效改善生活方式。

本案例所用数据为 138 名有过心脏病发作经历的患者的资料信息，名称为"HeartDisease_Training.csv"，该数据集已经过预处理。表 8-1 所列为心脏病患者的资料信息字段。

表8-1　心脏病患者的资料信息字段

字段	字段
年龄（Age）	婚姻状况（Marital_Status）
性别（Gender）	肥胖程度（Weight_Category）
胆固醇（Cholesterol）	是否参加减压课程（Stress_Management）
焦虑程度（Trait_Anxiety）	心脏病是否发作过第二次（2nd_Heart_Attack）

使用决策树算法对有过心脏病发作史的患者进行聚类分析，WEKA 中的决策树算法能够显示在交叉验证中被错误分类的实例比例和个数。

2. 个人体检信息分析案例

体检以"窥探"体内潜在的病症为目的，为了解体况及预防疾病提供科学依据，作用是科学地了解自身实际情况。对一定数量人员的个人体检信息进行聚类分析，有助于企业或政府了解员工或居民群体身体素质，为企业发展和城市发展提供依据。

本案例所用数据为 547 名被调查者的个人体检信息，名称为"Physical.csv"。表 8-2 所列为个人体检信息字段。

表8-2　个人体检信息字段

字段	
	体重（Weight）
	胆固醇（Cholesterol）
	性别（Gender）

使用 k 均值算法可以选择根据 547 条数据进行聚类分析的簇数，同时需要保证簇内距离较小，簇间距离较大，k 均值算法允许查看各个簇中实例的个数和比例。

3. 社区组织调查结果分析案例

社区是由多个社会团体或社会组织在一定范围内组成的一个大的、在生活上互相联系的集体，是社会有机体最基本的内容，是宏观社会的缩影。对社区成员进行调查，有助于社区机构发现社区成员之间的共性和社区可能的未来发展方向。

本算法所用数据为 3483 名被调查者参加社区组织的调查结果，名称为"Community.csv"。表 8-3 所列为社区组织调查结果字段。

表8-3　社区组织调查结果字段

字段	字段
填写问卷消耗的时间（Elapsed_Time）	在社区中的时间（Time_in_Community）
性别（Gender）	是否工作（Working）
年龄（Age）	是否是以家庭为主题的社区组织成员（Family）
是否是以爱好为主题的社区组织成员（Hobbies）	是否是社区社会组织成员（Social_Club）
是否是政治组织成员（Political）	是否是专业技术组织成员（Professional）
是否是宗教组织成员（Religious）	是否是援助组织成员（Support_Groups）

选用 Apriori 算法可以挖掘出 3483 名被调查者之间的多条最佳关联规则。

上机操作见附录 B。

8.5.2 社会网络分析

社会网络分析（Social Network Analysis）是研究行动者之间关系的研究方法，行动者包括人、社区、群体、组织、国家等。从社会网络的视角来看，人们在社会网络中的关系可以用一种模式来表示，而这种关系模式正是社会网络分析的重点。这种模式是社会结构的一种体现，对这种社会结构进行量化分析是社会网络分析研究的出发点。

社会网络分析以数据挖掘为基础，采用可视化的社会网络结构的表现形式，建立社会关系模型，从而发现社会网络行动者之间的各种社会关系模式。社会网络分析从概念和方法上都有别于传统的数据分析方法。

社会网络分析在现实生活中应用广泛，可用于解决传播问题，发现人际传播过程；在商业活动中，可用于关联分析、竞争者情报；在科研学术中，可用于引文和共引分析。

社会网络分析的主要内容包括中心性分析、凝聚子群分析、核心－边缘结构分析。

1. 中心性分析

"中心性"是指行动者在社会网络中居于怎样的中心位置，即具有怎样的权力。中心性的量化指标有中心度和中心势。个体的中心度测量社会网络中的每个个体处于网络中心的程度，反映了该行动者在网络中的重要性。网络的中心势计算整个网络的集中趋势，测量网络中各个行动者的差异性。因此，在社会网络中，有多少个行动者就有多少个中心度，而一个社会网络只有一个中心势。根据计算方法的不同，中心性可以分为3种：点度中心性、中间中心性、接近中心性。

（1）点度中心性

点度中心性是指一个行动者在其社会网络中居于中心地位，拥有较大的权力。点度中心性衡量的是社会网络中行动者的集中趋势，因此可以通过在该社会网络中与行动者有联系的其他行动者的数量来衡量。

（2）中间中心性

中间中心性是指一个行动者在其社会网络中处于两个行动者之间的路径上，可以控制两个行动者之间的联系。中间中心性衡量的是社会网络中行动者的资源控制程度，可以通过在社会网络中，多少行动者需要通过该行动者产生联系来衡量。

（3）接近中心性

接近中心性是指一个行动者在其社会网络中与其他行动者之间的路径较短，刻画的是局部的中心性。接近中心性衡量的是社会网络中行动者之间的差异性，接近中心性越大，说明社会网络中行动者之间的差异性越大。

2. 凝聚子群分析

当在一个社会网络中，存在某些相互关系格外紧密的行动者，即这些行动者结成了一个次级团体，这样的团体就称为凝聚子群。分析网络中共有多少个子群、子群内部成员之间的关系、不同子群之间的关系等就是凝聚子群分析。

凝聚子群密度经常被用来衡量组织中的"小团体"现象，其取值范围为 [-1, +1]，该值越接近 -1，说明"小团体"现象不严重；该值越接近 1，说明"小团体"现象越严重；

该值越接近 0，则看不出派系林立的情形。

3、核心–边缘结构分析

核心–边缘结构分析的目的是研究社会网络中哪些行动者处于核心地位，哪些行动者处于边缘地位。常见的关系数据类型包括定类数据和定比数据，定类数据使用数字表示类别的数据，其数字不能进行数学计算；定比数据可以用于数学计算。因此，如果数据类型为定类数据，可以进行离散的核心–边缘结构分析；如果数据为定比数据，可以进行连续的核心–边缘结构分析。

这里介绍 4 种离散的核心–边缘结构模型。

（1）核心–边缘全关联模型

社会网络中所有的行动者分为两类：第一类行动者之间相互关系紧密，可以看作凝聚子群；第二类行动者之间相互没有联系，但与第一类行动者之间存在联系。

（2）核心–边缘无关模型

社会网络中所有的行动者分为两类：第一类行动者之间相互关系紧密，可以看作凝聚子群；第二类行动者之间相互没有联系，与第一类行动者之间也不存在联系。

（3）核心–边缘关系关联模型

社会网络中所有的行动者分为两类：第一类行动者之间相互关系紧密，可以看作凝聚子群；第二类行动者之间相互没有联系，但与部分第一类行动者之间存在联系。

（4）核心–边缘关系缺失模型

社会网络中的所有行动者分为两类：第一类行动者之间中心性达到最大值，第二类行动者之间中心性达到最小值，不考虑两类行动者之间的联系，将其看作缺失值。

8.5.3 社会网络分析工具简介和运行

1. UCINET 简介

UCINET 是最流行和最简单地处理社会网络数据的综合性分析工具。UCINET 是一款网络分析集成软件，包括 NetDraw、Mage、Pajek。NetDraw 用于分析一维与二维数据，Mage 用于三维展示分析，Pajek 用于大型网络分析。

Pajek 是为处理大型复杂网络而设计的网络分析和可视化工具。Pajek 可以同时处理多个网络，可以处理二模网络和随时间流逝而发展的时间事件网络。Pajek 允许用户进行纵向网络分析，即数据集中可以包含行动者在某一观察时刻的网络位置，从而可以生成交叉网络。

2. NetMiner 简介

NetMiner 是一款结合社会网络分析和数据可视化的分析工具。它允许用户以可视化方式探查数据，从而方便用户找出行动者关系和社会网络结构。NetMiner 提供网络分析方法和过程分析方法，同时提供标准的统计方法，如描述性统计、ANOVA、相关分析、回归分析。

3. 安装 UCINET

访问 http://www.analytictech.com/ucinet/download.htm。UCINET 是菜单驱动的 Windows

程序，因此只能下载到 Windows 版本。退出杀毒软件后，单击"Immediate Installation"，快速安装，如图 8-10 所示。

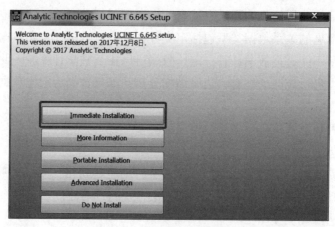

图8-10　快速安装（1）

单击"Yes，I do"即可，如图 8-11 所示。

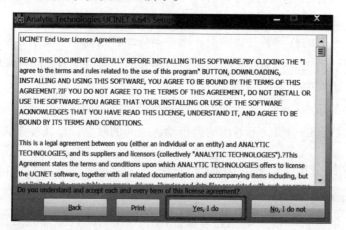

图8-11　快速安装（2）

安装完成，如图 8-12 所示。

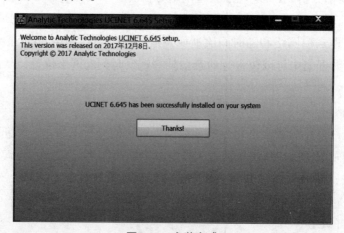

图8-12　安装完成

4．运行 UCINET

本实验所采用数据为 7 名人物的社交信息，名称为"Social_network.xlsx"。若人物之间有联系，则人物 A 与人物 B 对应的单元格数字为 1，无联系则为 0。

打开 UCINET，首先选择文件默认保存路径。将 Social_network.xlsx 放入默认路径，如图 8-13 所示。

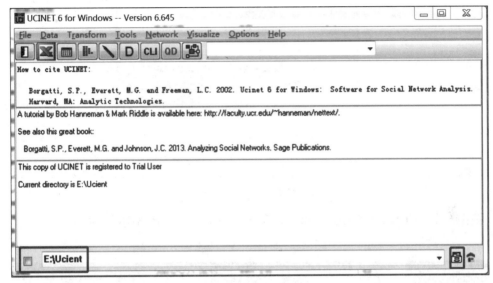

图8-13　打开UCINET

单击菜单栏的"Matrix editor"，如图 8-14 所示。

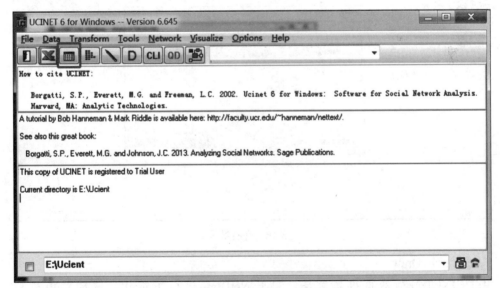

图8-14　打开Matrix editor

在 Matrix editor 窗口单击打开默认文件夹标识，我们已经将 Social_network.xlsx 放入默认文件夹，所以选择文件格式为 Excel files，显现出准备好的 Excel 文件，选择 Social_network.xlsx，单击"打开"，如图 8-15 所示。

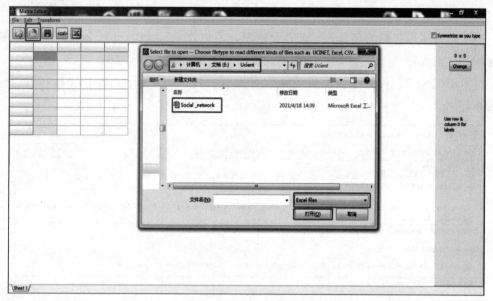

图8-15　打开文件

保存数据为 UCINET 类型，.##h 后缀需要手动添加，如图 8-16 所示。

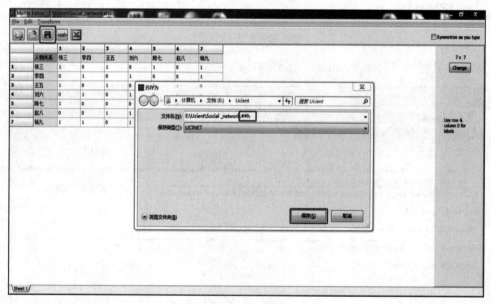

图8-16　保存数据

5．运行 NetDraw

用 UCINET 进行数据准备完毕，打开 NetDraw 进行可视化。选择菜单栏 File → Open → Ucinet dataset → Network，如图 8-17 所示。

在 Open Data File 窗口打开处理好的后缀为 ".##h" 的文件，单击 OK，如图 8-18 所示。

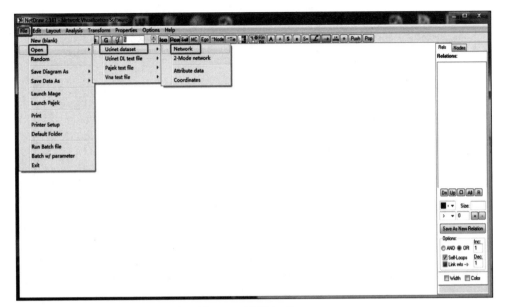

图8-17　运行NetDraw

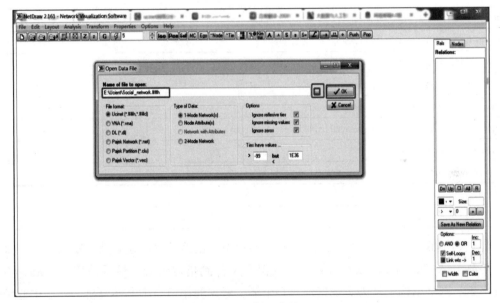

图8-18　打开文件

社会网络图绘制完毕。可以看出，杨九是核心人物，如图8-19所示。

6. 社会网络分析实例

杂货店是商品开放陈列、顾客自主选购、排队收银结算，以经营生鲜食品水果、日杂用品为主的商店。对杂货店的交易数据进行社会网络分析，有助于店长发现不同顾客之间相同的购买偏好和消费行为，提高营业利润。

本案例所用数据为某杂货店1h的交易数据，包含20条交易记录，涵盖了41个商品类别，每一行代表一笔交易，包含了这笔交易所涉及的商品类别，用逗号分隔，名称为"Groceries_hour.csv"。部分交易信息如表8-4所示。

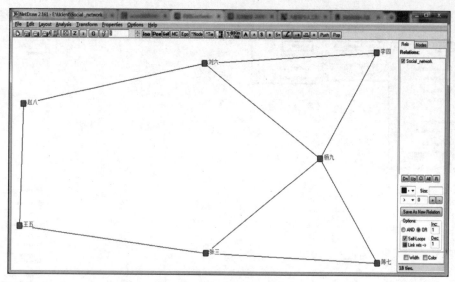

图8-19　结果显示

表8-4　某杂货店1h部分交易信息

items
{citrus fruit,semi-finished bread,margarine,ready soups}
{tropical fruit,yogurt,coffee}
{pip fruit,yogurt,cream cheese ,meat spreads}
{whole milk,butter,yogurt,rice,abrasive cleaner}
{tropical fruit,othervegetables,whitebread,bottledwater,chocolate}
{frankfurter,rolls/buns,soda}
{butter,sugar,fruit/vegetable juice,newspapers}
{fruit/vegetable juice}
{packaged fruit/vegetables}

首先利用 Excel 工具对原始数据分列，再利用数据透视表，建立共词矩阵。接下来将共词矩阵导入 UCINET，以 UCINET 格式保存文件到指定位置。最后使用 NetDraw 生成可视化商品网络结构图，为了观察到核心个体，考虑使用节点中心性分析，处于中心位置的商品中心度较高，是人们比较经常购买的商品，处于边缘位置的商品人们购买较少。

上机操作见附录 C。

8.6　数据分析师的薪资价格分析预测

8.6.1　分析背景与挖掘目标

数据分析师指的是在不同行业中，专门从事行业数据搜集、整理、分析，并根据数据做出行业研究、评估、预测的专业人员。在这个用数据说话、用数据竞争的时代，世界 500 强企业中，有 90% 以上都建立了数据分析部门。IBM、微软、Google 等知名公司都积极投资数据业务，建立数据部门，培养数据分析团队。越来越多的企业意识到数据分析师已经成为企业的智力资产和资源，数据的分析和处理能力成为重要的技术手段。

面对激烈的市场竞争，求职者可以通过建立薪资预测模型，对自己的薪资进行预测，分析比较岗位、工作经验、学历等因素对薪资的影响，并制定相应的学习策略，以适应不同的招聘要求。本案例的挖掘目标是爬取招聘网站招聘职位网页，得到表8-5所列的部分数据信息。

表8-5　北京市数据分析师部分薪资信息表

地区	薪资要求	公司名称	经营范围
中关村	19k~38k, 经验5~10年 / 本科	A	文娱丨内容 / 上市公司 / 2000人以上
知春路	12k~18k, 经验应届毕业生 / 本科	B	数据服务 / 不需要融资 / 150~500人
海淀区	35k~45k, 经验10年以上 / 本科	C	文娱丨内容 / C轮 / 2000人以上
中关村	20k~40k, 经验1~3年 / 本科	D	教育 / 上市公司 / 2000人以上
海淀区	15k~25k, 经验1~3年 / 本科	E	文娱丨内容 / C轮 / 2000人以上
海淀区	20k~35k, 经验不限 / 本科	F	文娱丨内容 / C轮 / 2000人以上
海淀区	10k~20k, 经验1~3年 / 本科	G	企业服务 / D轮及以上 / 500~2000人
西北旺	25k~45k, 经验5~10年 / 大专	H	金融 / B轮 / 500~2000人
望京	15k~30k, 经验1~3年 / 本科	I	社交 / 上市公司 / 500~2000人
望京	20k~40k, 经验3~5年 / 本科	J	移动互联网,教育 / D轮及以上 / 2000人以上
通州区	30k~35k, 经验5~10年 / 本科	K	电商 / 上市公司 / 2000人以上
亮马桥	15k~30k, 经验3~5年 / 本科	L	移动互联网,金融 / D轮及以上 / 500~2000人
亦庄	15k~30k, 经验3~5年 / 本科	M	电商 / 上市公司 / 2000人以上
科技园区	15k~30k, 经验3~5年 / 本科	N	电子商务 / 上市公司 / 500~2000人
昌平区	15k~20k, 经验3~5年 / 本科	O	金融 / 不需要融资 / 2000人以上
昌平区	15k~20k, 经验3~5年 / 本科	P	金融 / 不需要融资 / 2000人以上
西二旗	20k~40k, 经验3~5年 / 本科	Q	文娱丨内容 / D轮及以上 / 2000人以上
双井	15k~25k, 经验1~3年 / 本科	R	移动互联网 / 广告营销 / D轮及以上 / 150~500人
双榆树	20k~30k, 经验3~5年 / 本科	S	汽车丨出行 / 上市公司 / 2000人以上

请根据这些数据实现以下目标：

1. 可视化分析

岗位对于薪资的影响，工作经验对于薪资的影响，融资阶段对于薪资的影响，学历对于薪资的影响。

2. 数据建模

训练梯度提升机模型预测薪酬情况。

8.6.2　分析方法与过程

本案例的目标是薪资预测，即通过招聘网站数据分析师薪资数据预测某一因素影响下的薪资水平，过程如图 8-20 所示。数据来源于招聘网站，需要把爬取下来的数据整理成原始数据集。在经过分列、填充、删除等操作后，将官网数据整理成原始数据，部分数据信息如表 8-6 所示。

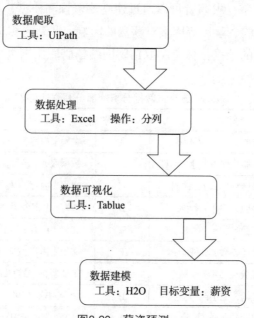

图8-20 薪资预测

为了便于观看和美观，使用 Tableau 可视化工具将原始数据可视化展示，可生成薪资分布图、学历要求分布图、工作经验分布图、各工作经验薪资分布图、公司经营范围词云图和仪表板。

最后，使用 H2O 建模工具建立薪资预测模型，选择训练的数据集为 training 和 testing，响应的列为平均薪资，以及忽视的元素为职位、地区、公司名称、薪资要求、经营范围、最高薪资、最低薪资和其他。

上机操作见附录 D。

表8-6 预处理后部分薪资数据

地区	经验要求	学历要求	公司名称	经营范围	主要经营范围	公司性质	公司人数	最低薪资（元）	最高薪资（元）	平均薪资（元）
中关村	经验5~10年	本科	A	文娱	内容	上市公司	2000人以上	19000	38000	28500
知春路	经验应届毕业生	本科	B	数据服务		不需要融资	150~500人	12000	18000	15000
海淀区	经验10年以上	本科	C	文娱	内容	C轮	2000人以上	35000	45000	40000
中关村	经验1~3年	本科	D	教育		上市公司	2000人以上	20000	40000	30000
海淀区	经验1~3年	本科	E	文娱	内容	C轮	2000人以上	15000	25000	20000
海淀区	经验不限	本科	F	文娱	内容	C轮	2000人以上	20000	35000	27500
海淀区	经验1~3年	本科	G	企业服务		D轮及以上	500~2000人	10000	20000	15000
西北旺	经验5~10年	大专	H	金融		B轮	500~2000人	25000	45000	35000
望京	经验1~3年	本科	I	社交		上市公司	500~2000人	15000	30000	22500
望京	经验3~5年	本科	J	移动互联网,教育		D轮及以上	2000人以上	20000	40000	30000
通州区	经验5~10年	本科	K	电商		上市公司	2000人以上	30000	35000	32500
亮马桥	经验3~5年	本科	L	移动互联网,金融		D轮及以上	500~2000人	15000	30000	22500
办庄	经验3~5年	本科	M	电商		上市公司	2000人以上	15000	30000	22500
科技园区	经验3~5年	本科	N	电子商务		上市公司	500~2000人	15000	30000	22500
昌平区	经验3~5年	本科	O	金融		不需要融资	2000人以上	15000	20000	17500
昌平区	经验3~5年	本科	P	金融		不需要融资	2000人以上	15000	20000	17500
西二旗	经验3~5年	本科	Q	文娱	内容	D轮及以上	2000人以上	20000	40000	30000
双井	经验1~3年	本科	R	移动互联网,广告营销		D轮及以上	150~500人	15000	25000	20000
双榆树	经验3~5年	本科	S	汽车	出行	上市公司	2000人以上	20000	30000	25000

| 第9章 |

管理学研究的禁区

9.1 研究伦理与道德

9.1.1 研究伦理概述

1. 研究伦理的概念

研究伦理是指帮助研究者以符合社会伦理的方式开展科学研究的一组原则,是研究活动中所具有的基本道义精神,是研究活动所遵循的基本道德前提,是研究者所应遵守的规范。它能够指导和规范研究者在从事科学研究的过程中,如何处理触及伦理的相关问题。研究伦理适用于一切以人类或者动物为研究对象的实验。它是科学研究的价值观和行为规范,促使科学家合乎道德地从事科学研究,是帮助科学研究实现增加人类社会福祉最终目的的重要保障。

2. 研究伦理的意义

首先,研究伦理促进科学研究良性发展。科学研究是为了认识客观事物的内在本质和运动规律而进行的调查研究、实验、试制等一系列的活动。在这个过程中,人类和动物等生命体有时也会成为研究对象,以促进生命科学、医学、心理学、人文社会科学等领域的发展。伦理约束的意义在于能够明确科学研究中应该遵循什么样的原则,以及出现问题后如何处理。研究伦理不是研究的障碍,合理和必要的伦理规范能更好地推动研究的发展和进步,反之,伦理问题频发会使科学界受损。

其次,研究伦理是实现人类社会福祉最大化的重要保障。科学研究的根本目的是解决人类发展问题。近些年,随着基因编辑、人工智能等新兴科学技术快速发展,科学技术深刻地改变了人类的生存方式，影响了人类与自然的关系，扩展了人类对未来的想象，然而由此伴随而来的潜在与生命伦理相关的问题也越来越凸显。例如，基因编辑婴儿的出现，给基因编辑技术带来了不可预估的伦理后果。离开了研究伦理的考量而不加约束的科学研究存在着走入歧途的风险，因此，要使科学研究最大限度地造福社会，不能离开研究伦理的边界约束。

最后，研究伦理的正确实施对个体研究者的职业生涯发展有着重要意义。作为研究者，应具有高度的生命意识和伦理使命感，应通过遵循伦理原则，保护被试免受伤害，而这更可能使其从工作中受益，并受到公众的赞赏。毫不夸张地说，不顾伦理准则将有可能对研究者自己引发一系列严重的后果，包括失去国家或其他机构所提供的研究经费，受到专业组织的谴责，甚至失去工作；更不用说能够稳定地在一个科学研究领域，实现长期而深厚的积累。

3. 研究伦理的发展进程

研究伦理的发展并不是一开始就伴随着科学研究的发展而同步进行的，而是经历了一个曲折而缓慢的发展过程，大致可分为萌芽期、发展期和成熟期3个时期。

在20世纪以前，研究伦理的概念是十分模糊的，也尚未成为科学研究领域公认的规范和准则。最早带有研究伦理规范性质的已知文件，可以追溯到公元前5世纪的《希波克拉底誓言》。它是当时向医学界发出的行业道德倡议书，是从医人员入学第一课要学的重要内容，它以誓词的形式规范了西方医生必须恪守的格言。这让当时的医学者明白其作为医学从业者的责任和义务。然而，现实中，在更多的情况下，研究伦理的实施大多还是靠从事科学研究的工作者自行把握，并无成熟的规范条文，由此也引发了很多研究伦理问题。

20世纪30年代初，发生在美国的塔斯基吉梅毒实验，就是一起历史上著名的严重违背研究伦理的事件。自1932年起，美国公共卫生部（PHS）以400名非洲裔黑人男子为试验品秘密研究梅毒对人体的危害，隐瞒当事人长达40年，使大批受害人及其亲属付出了健康乃至生命的代价，人称"塔斯基吉梅毒实验"。尽管美国政府在20世纪70年代东窗事发后下令彻查、予以赔偿，并最终于1997年给出了迟到的道歉，却无法挽回对受害人造成的莫大伤害。多年来，许多人病情加重，数十人死亡，还有一些人在无意中感染了他们的伴侣，甚至还导致他们的孩子携带有先天性梅毒。

后来的研究者对这项研究违背研究伦理的行为进行了反思和总结。首先，参与研究的被试没有受到尊重。研究者对他们谎报了研究性质并隐瞒了相关信息，没有给予这些被试在充分知情的情况下决定是否参与研究的机会。其次，被试在研究中受到了致命的伤害。最后，研究者在研究中将目标指向社会弱势群体。梅毒影响着各个种族和社会背景的人，而这项研究中的所有被试却都是贫穷的非裔美国人，违反了公平性原则。这个事件带来的影响是非常深远的。然而在实验实施之初，却没有因可能的伦理隐患遭到反对和禁止。

国际社会对于研究伦理进行较为正式的讨论，大致发生在第二次世界大战之后。在第二次世界大战之后，纽伦堡审判（Nuremberg Trials）揭示了在纳粹占领的欧洲对纳粹集中营受害者进行严重违反研究伦理医学实验的恐怖性，并最终制定了《纽伦堡法典》

（Nuremberg Code），虽然它在任何国家都不是正式的法律，但这十项道德准则影响了许多国家伦理研究相关法律的制定，又被称为《纽伦堡十项道德准则》，如图9-1所示。其基本原则有二：一是必须有利于社会；二是应该符合伦理道德和法律观点。

（1）受试者的自愿同意是绝对必要的。这意味着受试者有同意的合法权利；应处于能够行使自由选择权力的地位，而不受任何势力的干涉、欺骗、胁迫、越权或其他隐蔽形式的约束或胁迫；对于实验的项目有充分的知识和理解，以使他能够做出理解和开明的决定。对在受试者足以做出肯定决定之前，必须让他知道实验的性质、期限和目的；实验方法及采取的手段；可以预料到的不便和危险，对其健康或可能参与实验的人的影响。确保同意质量的义务和责任落在每个发起、指导和从事这个实验的个人身上。这只是一种个人的义务和责任，无法推脱和转移给他人。

（2）实验应该收到对社会有利的富有成效的结果，用其他研究方法或手段是无法达到的，在性质上不是轻率和不必要的。

（3）实验的设计应以动物实验的结果和疾病的自然史或其他研究问题的知识为基础，经过研究，实验的结果将证实原来的实验是正确的。

（4）实验进行必须力求避免在肉体上和精神上的痛苦和创伤。

（5）事先就有理由相信会发生死亡或残废的实验一律不得进行，除了实验的医生自己也成为受试者的实验不在此限。

（6）实验的危险性，不能超过实验所解决问题的人道主义的重要性。

（7）必须做好充分准备和有足够能力保护受试者排除哪怕是微之又微的创伤、残疾和死亡的可能性。

（8）实验只能由科学上合格的人进行。进行实验的人员，在实验的每一阶段都需要有极高的技术和管理。

（9）在实验过程中，如果实验对象已经达到了这样的身体或精神状态，即在他看来不可能继续进行实验，那么他应该可以自由地结束实验。

（10）在实验过程中，主持实验的科学工作者，如果实验继续进行，他有充分理由相信即使操作是诚心诚意的，技术也是高超的，判断是审慎的，但是受试者照样还会出现创伤、残疾和死亡的时候，必须随时中断实验。

图9-1 《纽伦堡法典》的十项道德准则

在《纽伦堡法典》之后，世界各地的相关研究组织都已经制定了正式的伦理声明：1964年在芬兰的赫尔辛基由世界医学会组织制定了第一份"以人类为对象的医学研究的伦理学准则"的文件，称为《赫尔辛基宣言》（Declaration of Helsinki），是一份包括以人作为受试对象的生物医学研究的伦理原则和限制条件，也是关于人体试验的第二个国际文件，先后在联合大会中进行了九次修订，比《纽伦堡法典》更加全面、具体和完善，它为涉及人类被试的医学研究提供了一系列国际性伦理准则，也为医学研究和实践提供了伦理指南。

1979年，美国国家保护生物医药和行为研究受试者委员会发布了《贝尔蒙特报告》（Belmont Report），报告中包含了伦理原则和在研究中保护人类被试的准则。《贝尔蒙特报告》总结了美国国家委员会审定的基本伦理准则，保护人类被试的联邦准则以此为基础并沿用至今。这份《贝尔蒙特报告》确定了3项基本的伦理原则——尊重原则、利益原则、公正原则，该报告定义了研究者应该遵循的伦理准则，所有这些伦理声明都建立在同样的核心原则基础之上。

9.1.2 研究伦理的基本准则

本书以美国心理学会制定的《心理学家的道德原则和行为规范》为基础,总结和归纳了在研究中如何对待人类被试 6 个主要方面的伦理准则,包括无伤害、对研究的知情同意、研究中的欺骗、保密性和隐私、对被试的事后解释和公正。

1. 无伤害

(1) 无伤害的定义

无伤害是指研究者有责任保护被试,使其免受生理或心理的伤害。研究者要对整个研究过程的危险性进行评估,如果可能的话,研究者应该使这些风险最小化或把它们从研究中移除。

(2) 无伤害的相关案例

通常,无伤害伦理原则意味着研究者有责任预估和排除研究过程中任何伤害性因素。在研究的过程中,研究者必须时刻关注被试的感受,只要有任何危险的迹象就必须立刻终止实验。这里有一个很典型的例子——斯坦福监狱实验。在这项研究中,指定任意男性大学生来扮演一星期的囚犯和狱警。除了禁止身体虐待,这些被试没有接受过任何特定的训练。但是,在短短的几天里,那些扮演囚犯的人开始表现出沮丧和无助,而那些扮演狱警的人则表现出挑衅和丧失人性。扮演囚犯的人中有一半出现严重的情绪困扰,只有从这种角色扮演中摆脱出来才能获得健康快乐。最后,出于对其他被试安全的考虑,整个实验提前结束。尽管这只是一个极端例子,但它说明,必须在研究过程中进行持续的观察,确保始终贯彻无伤害伦理原则。

(3) 无伤害在研究中的重要性

在行为科学领域生理伤害相对较少,但心理伤害却很常见。研究中或研究后,被试可能感到越来越焦虑或轻度抑郁,特别是在有些情况下,他们感到被骗或被侮辱。有时,研究者有意创设这些情境,因为这是研究过程的一部分。比如,给被试一些不可能完成的任务,以便观察他们对失败的反应。被试常常会对研究目的进行假设或猜测,给自己造成某些心理压力。此外,身体虐待、性虐待、对妇女的暴力等敏感话题的研究,会唤醒被试先前所受精神创伤的记忆而使他们再次感受到创伤,此类研究也会给研究者带来严重的道德困扰。所以在任何情况下,必须告知被试所有潜在的危险,研究者也必须采取措施将可能发生的伤害降到最小。

2. 对研究的知情同意

(1) 知情同意的定义

知情同意的一般含义是,人类被试在参与研究前,应该被告知关于此项研究的完整信息以及他们在其中所起的作用,他们应该理解这些信息,然后自愿决定是否参加这一研究。

(2) 知情同意书

在不同研究中,获得知情同意的方法各不相同,这部分取决于信息呈现的复杂性和研究的风险程度,在大部分情况下,研究者可以使用书面知情同意书。知情同意书包括所有知情同意条款的声明和参加者或参加者的监护人签名。知情同意书要在研究之前提交给可能的参加者,以便他们获得所需要的全部信息,做出是否参加的有依据的决定。知情同意书的格式可以参照图9-2。

知情同意书

研究机构：××管理学院

主要研究者（课题负责人）：××教授

　　您将被邀请参加一项行为实验研究。本知情同意书提供给您一些信息以帮助您决定是否参加此项临床研究。请您仔细阅读,如有任何疑问请向负责该项研究的研究者提出。

　　您参加本项研究是自愿的。本次研究已通过本研究机构伦理审查委员会审查。

　　研究目的：背景意义（包括国内、国外研究进展）

　　研究过程：（包括主要研究内容、预期参加的受试者人数、过程与期限、随访的次数、需何种检查操作、告知受试者可能被分配到实验的不同组别等）

　　隐私：对于您来说,所有的信息将是保密的。

　　如果您因参与这项研究而受到伤害：如发生与该项临床研究相关的损害时,您可以获得免费治疗和/或相应的补偿。您可以选择不参加本项研究,或者在任何时候通知研究者要求退出研究,您的数据将不纳入研究结果,您的任何医疗待遇与权益不会因此而受到影响。

　　如果您需要其他治疗,或者您没有遵守研究计划,或者发生了与研究相关的损伤或者有任何其他原因,研究医师可以终止您继续参与本项研究。

　　您可随时了解与本研究有关的信息资料和研究进展,如果您有与本研究有关的问题,或您在研究过程中发生了任何不适与损伤,或有关于本项研究参加者权益方面的问题,您可以通过（电话号码）与（研究者或有关人员姓名）联系。

　　以下需要您仔细阅读后进行勾选。

　　☐ 我已经阅读了本知情同意书。

　　☐ 我有机会提问而且所有问题均已得到解答。

　　☐ 我理解参加本项研究是自愿的。

　　☐ 我可以选择不参加本项研究,或者在任何时候通知研究者后退出而不会遭到歧视或报复,我的任何医疗待遇与权益不会因此而受到影响。

　　☐ 我明白如果我需要其他治疗,或者我没有遵守研究计划,或者发生了与研究相关的损伤或者有任何其他原因,研究医师可以终止我继续参与本项研究。

　　我知晓我将收到一份签过字的"知情同意书"副本。

受试者姓名：
受试者签名：
日期：　　年　　月　　日

图9-2　知情同意书样式

（3）知情同意在研究中的重要性

　　知情同意是一项重要的伦理原则,它与人的尊严、权力和利益密切相关。是否尊重人们的知情同意权,历来都是行为实验研究中的一个重要问题,尤其在涉及人体受试者的生物医学研究中,这个问题更加突出。知情同意对人体研究的监督是保护受试者个人的健康和权益,确保研究的有效性、整体性以及科学与社会更大范围利益不可或缺的重要环节。

3. 研究中的欺骗

（1）欺骗的定义

欺骗通常是指研究者有时不告诉被试真实的研究目的，使用被动欺骗隐匿研究的某些信息，或者采用主动欺骗故意给出错误的或误导的信息。简单来说，被动欺骗是保密，主动欺骗是撒谎。

（2）欺骗的相关案例

大家可能读到过研究者对被试撒谎的心理学研究。心理学课程中讲到的一些研究，例如米尔格拉姆服从实验，又称权力服从研究（Obedience to Authority Study），是一个社会心理学中非常知名的科学实验。这个实验的目的是测试被试在面对权威者下达违背良心的命令时，人性所能发挥的拒绝力量到底有多少。这一实验被视为有关服从实验的典型性实验，并在社会心理学界产生了强烈反响。

一个研究课题如果需要采用欺骗手段，有道德的科学家都会面临两难境地。显然，如果研究程序将被试的生理或心理置于伤害的危险边缘，肯定是不符合道德准则的。另外，当一项研究程序仅包含少量危险向被试完全坦陈真相是比较困难的。多数情况下，必须将研究的潜在利益同被试的实际和潜在消耗进行权衡。只有当实验的潜在利益远远超过被试可能遇到的任何危险时，才能使用欺骗。即便如此，被试应当时常尽可能地了解真相，应当知道任何时候都可以中止参加实验，而不会出现负面后果。

（3）研究中使用欺骗的讨论

现在有一些研究者认为，为了获得研究成果，值得向被试（暂时地）说谎。尽管如此，APA 伦理指导原则和联邦指导方针要求研究者尽量避免使用欺骗性研究设计，除非不得不这样做，并且要在研究后对被试进行解释说明。尽管存在这样的争论，一些心理学家仍然认为欺骗行为会在研究过程中破坏被试的信任，不应该运用于研究设计中。

4. 保密性与隐私

（1）保密性和隐私的定义

保密性一般是指确保来自研究被试的信息的私密性。隐私权是指个人能够控制他人对自己信息的获取。研究者试图通过收集匿名信息或确保收集到的信息的保密性，从而保护研究参与者的隐私权。惯用的方法被用来保护被试的隐私，即匿名，即把个体的身份与其所给予的信息相区分。

（2）保密性和隐私在研究中的重要性

保密性的约束对被试和研究者都有好处。首先，可以保护被试免受信息公开导致的窘迫和情绪紧张；其次，研究者也更有可能找到乐意参加的、诚实的被试。大部分人在透露个人和私人信息之前都需要有保密性的保证。除非得到许可，被试在实验中所做的一切都应当保密。

5. 对被试的事后解释

（1）事后解释的定义

事后解释一般是指当研究者使用隐瞒手段时，必须在研究结束后与每位被试进行结构化访谈。事后解释一部分研究者要描述隐瞒的性质，并解释为什么这么做是必要的，在强调研究的重要性的同时，也试图恢复与被试之间相互信任的关系；事后解释另一部分，研究者要描述该研究的设计，从而使被试对心理科学的本质有所了解。

（2）事后解释的相关案例

非隐瞒性研究通常也包括事后解释部分。在许多大学里，所有参与研究的学生都会收到关于研究目标和假设的书面说明，以及进一步阅读的参考资料。这样做的目的是让参与研究成为一种有价值的教育经历，学生通常能够更多地了解研究过程，理解他们的参与是如何为科学研究做出贡献的，并了解他们的参与可能会使其他人受益。在事后解释部分，研究者可能也会与被试分享结果。甚至在参与研究数月后，被试也可以向研究者要一个研究结果的总结。

（3）事后解释在研究中的重要性

被试在参与研究后，应该与研究者取得联系。即使风险很小的最严谨的合乎道德的项目，也可能产生意想不到的结果。这些被试可能从实验中感受到自己的负面形象或者产生对实验中的实验者或一般的研究者的强烈怨恨。因此，如果出现问题，被试应该能够从研究者那里得到帮助或建议。由于这些意想不到的影响，谨慎的研究者会提供详细的事后情况说明，这意味着研究者解释了研究的总体目的。此外，研究者完整地描述了实验的这些操作，以便消除任何问题或误解。

6. 公正

公正也许是很难实行的一项道德原则，也不太可能完全实现。我们在进行实验研究中应该尽可能地实现公正原则。在科学研究上，公正涉及的问题有：谁应该获得研究收益，而谁又应该承担它的责任？我们应该如何分配从研究中获得的利益？是不是应该让所有的参与者都享有平等的利益，并尽可能让研究参与者与非参与者享有同样的利益？似乎他们这样做就公正了。但是在研究完成之前，我们不可能知道参与者通过参与研究能获取什么利益，正如我们在研究结束前不知道研究能产生什么利益一样。

9.1.3 研究伦理审查

1. 研究伦理审查的基本概念

研究伦理审查一般是指特定的审核机构遵照研究伦理审查的基本标准对所有包含人类被试的研究计划进行审核，如果某一研究计划不能满足这些标准中的任何一条，研究计划就不能通过。另外，机构审核委员会允许研究者在计划通过之前对研究计划进行修改以满足这些标准。

一般而言，审查由伦理委员会（Institutional Review Board, IRB）来进行。它通常是指一个负责解释伦理原则并确保使用人类被试的研究符合伦理规范的委员会。伦理委员会的组成人数一般可控制在 5~13 名，伦理委员会有不同的层级。各个国家的伦理委员会在管理机制设置上虽然不尽相同，但一般都遵循了三层次法，即由最高管理部门、具体管理部门和具体执行部门共同构成的管理机制。最高管理部门一般是由卫生部或健康相关领域部门为所有伦理审查机构设立的管理组织，主要负责国家范围内的卫生资源配置，相关法规、政策的制定，以及伦理体系的构建等工作，成为伦理审查的理论和实践依据。具体管理部门是由最高管理部门直接下设的具体管理伦理审查机构的部门。在职能上，各国不尽相同。有的负责人事任命及医学伦理委员会的设立，比如高校设置伦理委员会，负责学校相关学术伦理的建设和审查。具体执行部门主要从事具体的研究审查及监督工作，由各个具体的伦理审查机构负责。这种层级设置有利于保障伦理审查的质量和效率，具体分工明确，促进伦理审查的完善和有效。

2. 研究伦理审查的主要内容

一般而言，伦理审查委员会针对研究项目主要进行以下几个方面的审查：

（1）研究的科学设计和实施

与研究目的有关的研究设计的合理性、统计方法（包括样本量计算）和用最少的受试者人数获得可靠结论的可能性；权衡受试者和相关群体的预期利益与预计的危险和不便是否合理；应用对照组的理由；受试者提前退出的标准；暂停或终止整个研究的标准；对研究实施过程的监测和审查的适当的规定，包括成立数据安全监查委员会；合适的场地，包括辅助人员、可用的设施和应急措施；报告和出版研究结果的方式。

（2）将给被试带来的危险降到最低

这一标准的目的是确保研究程序不给被试带来不必要的危险。除了要对一项研究计划的危险程度进行评估以外，机构审核委员会要对研究进行审核以保证采用的每一个预防措施都能降低危险性，这也许要求研究者说明研究计划包含危险性的合理性，机构审核委员会也可能会建议或要求研究者使用其他可能的程序。

（3）对受试者的保护

对所提议的研究，研究人员资格和经验的适宜性；因研究目的而撤销或不给予标准治疗的设计和采取此类设计的理由；在研究过程中和研究后，为受试者提供的医疗保健；对受试者提供的医疗或者心理监督是否完备；研究过程中受试者自愿退出时将采取的措施；延长使用、紧急使用、出于同情而使用研究产品的标准；如必要，向受试者的全科医生提供信息，包括征得受试者对这种做法同意的程序；研究结束后，受试者可获得研究产品的计划说明，对受试者的任何费用支出的说明，对受试者的奖励与补偿，由于参与研究造成受试者的损伤/残疾/死亡的补偿，以及保险和损害赔偿的安排。

（4）公平选择

这一标准的目的在于保证在选择被试过程中不能区别对待总体中的个体，也不能利用易受伤害的个体，而是要保证所有潜在被试都有平等的机会。

（5）知情同意

这一标准的目的在于保证被试在决定参加研究之前获得完整的信息并理解这些信息。机构审核委员会决定被试和研究者是否有必要签署一份书面知情同意书。

（6）隐私和保密性

这一标准的用意是防止研究中获取的被试信息泄漏给其他人，这样可以避免被试因此而受到伤害。对于可以接触受试者个人资料人员的规定，保证有关受试者个人信息的保密和安全的措施。这样做的目的是保护被试基本的隐私权，确保被试资料的保密性。

9.1.4 研究实施中的伦理问题

1. 实验研究中的伦理问题

以人类为参与者的实验研究上存在许多伦理问题，这代表着心理学家在开展有关人类研究时要遵循一定的伦理标准。一般多数研究采用的是美国心理学家协会（APA）在 2002 年 10 月正式通过的《心理学家的道德原则和行为准则》第 8 版，这个标准包括无伤害、制订研究计划、责任、机构批准、知情同意、欺骗、事后解释，以及保密性、匿名和隐私权。

（1）无伤害

采取适当措施避免伤害研究被试，或将可预见的和无法避免的危害降到最小。

（2）制订研究计划

研究设计、操作与结果报告都必须符合公认的科学要素和伦理标准。

（3）责任

对研究中的行为负道德责任，不管研究是由本人操作的，还是由其他人操作的。

（4）机构批准

机构批准一般是指绝大多数拥有有效研究项目的机构的所有人类研究都要经过机构伦理委员会（IRB）的审查。

（5）知情同意

知情同意一般是指人类被试在参与研究前，应该被告知关于此项研究的完整信息以及他们在其中所起的作用，他们应该理解这些信息，然后自愿决定是否参加这一研究。

（6）欺骗

欺骗一般是指研究者有时不告诉参与者真实的研究目的，主动隐匿研究的某些信息，或者主动故意给出错误的或误导的信息。

（7）事后解释

事后解释一般是指对参与者进行事后访谈或与之讨论研究的目的和细节，包括对在实验中使用过的任何欺骗技术进行说明。事后解释是消除欺骗所带来的有害作用的主要手段。

（8）保密性、匿名和隐私权

隐私权是指个人能够控制他人对自己的信息的获取。研究者试图通过收集匿名信息或确保收集到的信息的保密性，从而保护研究参与者的隐私权。匿名和保密是保护研究参与者隐私权的方法。

2. 互联网研究中的伦理问题

在过去的十年间，研究者快速地将互联网作为研究媒介，用以调查重要的心理学问题。互联网研究不但能在短时间内得到大批量的参与者，同时还能获得具有不同背景的参与者。许多研究可以在互联网上展开，人们在享受这种便捷的同时，也会面临一些伦理问题。这些问题主要集中在知情同意、隐私权和事后解释等方面。虽然这些问题已经引起很多机构的重视和讨论，但仍没有建立起一套严格的指导方针。所以，本书将对与互联网研究相关的一些伦理问题进行详细说明。

互联网研究的优点如下：因为身边没有实验者，所以可以不用考虑参与者会被强制参加的问题。因为互联网研究不是在面对面的环境中进行的，研究者无法明显地对预备参与者施压，所以参与者几乎不可能有被强迫参与研究的感觉。事实上，如果预备参与者不想参与研究，只需要单击计算机上的"退出"按钮就可以了，非常方便。

（1）知情同意与互联网研究

获取参与者的知情同意书是开展伦理研究的关键因素，因为它能体现研究参与者是主动参加研究的。在绝大多数实验中，获取知情同意书并回答参与者提出的有关问题是一个相对简单的过程。但是，当研究是在互联网上开展时，就需要克服大量的困难，比如，什么时候要求获得知情同意书，应该怎样获得知情同意书，以及怎样确定参与者确实提供了知情同意书。

关于应该何时获得知情同意书的问题是复杂的，因为它涉及关于什么是公开行为和什么是私人行为的判定。当在公共领域收集数据时，也许不需要知情同意书。但网络空间的参与者可能感觉到并希望他们的交流有一定程度的隐私权。这就是一个我们还没有解决的问题。

如果已经明确某项研究需要知情同意，那么问题就变成：应该如何获得它。知情同意有3个组成部分：为参与者提供信息，确保他们已经理解了这些信息，然后获得他们自愿参加的同意书。显然，我们可以将同意书放到网上，然后要求参与者阅读，并在"我认可上述同意书"之类声明的旁边方框内勾选。但是，与此相伴而生的问题是，如何确保参与者理解了知情同意书中的信息，以及如何回答他可能产生的疑问。如果研究是在线的，那么一天24 h都可能有参与者点击进入，但研究者不可能全天在线。

（2）隐私权与互联网研究

维护数据的隐私权是开展伦理研究的基本要求，因为当参与者的隐私权或保密信息被侵犯时，他们就可能受到伤害。隐私权对互联网研究来说是个重要的问题，因为在网上，研究者维护隐私权和信息保密性的能力是有限的。在数据传输和存储过程中，能侵犯隐私权和保密性的方式很多，如果个人身份数据被盗取，就很难保证隐私权和保密性了。开展互联网研究的研究者应该考虑这种可能性，并有必要采取预防措施以免参与者隐私权被侵犯。

（3）事后解释与互联网研究

为了开展一项伦理研究，有必要在研究结束后对参与者进行事后解释。然而，基于很多原因，互联网研究很难向参与者进行有效的事后解释。研究可能会因为计算机或服务器崩溃，或者网络连接中断或停电而提前终止。同时，参与者可能会被研究内容激怒或者因为无聊或沮丧等原因而自行终止参与研究。所有这些都是阻碍事后解释的可能现实因素。有研究者预见了此类困难，并为研究者提供了以下几种解决方案，这些方案有助于在研究提前终止时，尽可能地进行事后解释。

1）要求参与者提供一个电子邮件地址，这样能将事后解释说明发送给他们。

2）在每一页都设置一个"退出研究"的单选按钮，单击此按钮则会进入事后解释页面。

3）在驱动实验的程序中编入一个事后解释页面，如果研究在完成之前终止，程序就会引导参与者进入该页面。

3. 研究报告准备时的伦理问题

在研究者完成研究后，就到了最后阶段：与其他人交流研究成果。最常见的交流方式是通过领域内的专业期刊。这意味着研究者必须撰写一份研究报告，陈述研究过程和结果。撰写研究报告时会涉及两个伦理原则：公正原则、真实性及科学正直原则。公正原则包含署名权的确定问题，真实性及科学正直原则指的是准确而诚实地报告研究的所有内容。

（1）署名权

署名权即表明作者身份，在作品上署名的权利。署名顺序通常是，做出最大贡献的人被列为第一作者。任何做出一般技术贡献的人都没有署名权，比如收集数据、编码数据、将数据输入计算机文件，或者在其他人的指导下运行一个标准化的统计分析程序。这些人的贡献通常会在脚注中予以说明。

（2）撰写研究报告

在撰写研究报告的过程中，必须遵循的伦理方针主要是诚实和正直。应准确地报告用于收集和分析数据的方法，同时对研究的效度进行合理的总结。在撰写研究报告时，必然在引言部分（描述研究的基本原理）和讨论部分（讨论研究发现及其与其他研究的联系）引用他人的工作。

在引用他人的成果时，必须给出资料的原作者。如未提及原作者而使用其成果就构成了学术剽窃。为了恰当地表示引用的内容，可以使用引号，或者将相关内容（引文）缩进，然后在引文的部分做上引用标记。当引用的表格或图像是来自他人的工作成果时，包括引自互联网，都应该指出这些表格或图像的原作者或出处。研究者必须遵循的基本原则是，如果引用了他人的工作，就必须注明引文的原作者。

9.2 学术不端与研究禁忌

9.2.1 学术不端的行为类型

学术不端一般是指某些人在学术方面剽窃他人研究成果，败坏学术风气，阻碍学术进步，违背科学精神和道德，抛弃科学实验数据的真实诚信原则，给科学和教育事业带来严重的负面影响，极大损害学术形象的丑恶现象。

学术不端的行为类型在国际上一般指伪造、篡改和剽窃 3 种行为。但是，不当署名、一稿多投、违背研究伦理和其他学术不端行为等也可包括进去。

1. 伪造

伪造一般是指编造或虚构数据、事实的行为。伪造的表现形式一般包括以下几方面：

1）编造不以实际调查或实验取得的数据、图片。

2）伪造无法通过重复实验而再次取得的样品。

3）编造不符合实际或无法重复验证的研究方法、结论。
4）编造能为论文提供支撑的资料、注释、参考文献。
5）编造论文中相关研究的资料来源。
6）编造审稿人信息、审稿意见。

2. 篡改

篡改一般是指故意修改数据和事实使其失去真实性的行为。篡改的表现形式一般包括以下几方面：

1）使用经过擅自修改、挑选、删减、增加的原始调查记录、实验数据等，使原始调查记录、实验数据等的本意发生改变。
2）拼接不同图片从而构造不真实的图片。
3）从图片整体中去除一部分或添加一些虚构的部分，使对图片的解释发生改变。
4）增强、模糊、移动图片的特定部分，使对图片的解释发生改变。
5）改变所引用文献的本意，使其对己有利。

3. 剽窃

剽窃一般是指盗用他人的想法、研究过程、结果或言论而不给予适当的致谢的一种违反道德的行为。

对于所有不是自己的想法的内容，作者必须引用其来源，以将其归功于原作者。当作者描述或转述他人的想法时，必须标示原作者的姓氏和出版年份，且不要与原文过于接近，没有把原始出处放在自己的文章里是一种剽窃。在使用他人的原话时，为了避免剽窃，作者要给引用的文字加双引号，并标明引用出处的页码。所有引用或转述内容的出处都列入出版物的参考文献部分。

剽窃是一种严重的犯罪行为，不仅在研究者发表的论文中是这样，在学生提交的大学课程论文中也是如此。每所大学都有针对剽窃的相关处罚政策，禁止学生剽窃他人的文字或想法。在学术研究中有剽窃行为的学生将受到纪律处分，在某些情况下可能会被开除。

4. 不当署名

不当署名一般是指与对论文实际贡献不符的署名或作者排序行为。不当署名的表现形式一般包括以下几方面：

1）将对论文所涉及的研究有实质性贡献的人排除在作者名单外。
2）未对论文所涉及的研究有实质性贡献的人在论文中署名。
3）未经他人同意擅自将其列入作者名单。
4）作者排序与其对论文的实际贡献不符。
5）提供虚假的作者职称、单位、学历、研究经历等信息。

5. 一稿多投

一稿多投一般是指同一作者或同一研究群体不同作者，在期刊编辑和审稿人不知情的情况下，试图或已经在两种或多种期刊同时或相继发表内容相同或相近的论文，也称为重复发表（Repetitive Publication）。

以下类型属于一稿多投：可以在同一篇论文中表达所有必要的信息而无须增加篇幅；

用多篇论文发表可能会降低研究成果的重要性；用多篇论文发表时，读者可能阅读其中某一篇论文即已足够。

一稿多投是科学界严厉指责的行为，一稿多投行为如果在稿件的同行评议过程中被发现，通常会被简单地退稿，有些期刊编辑部可能会在退稿的同时函告作者所在单位的相关部门。如果一稿多投的文章已经发表，期刊有可能会采取制裁或处罚。

6. 违背研究伦理

违背研究伦理一般是指论文涉及的研究未按规定获得伦理审批，或者超出伦理审批许可范围。违背研究伦理的表现形式包括以下几方面：

1）论文所涉及的研究未按规定获得相应的伦理审批，或不能提供相应的审批证明。

2）论文所涉及的研究超出伦理审批许可的范围。

3）论文所涉及的研究中存在不当伤害研究参与者、虐待有生命的实验对象、违背知情同意原则等问题。

4）论文泄露了被试者或被调查者的隐私。

5）论文未按规定对所涉及研究中的利益冲突予以说明。

7. 其他学术不端行为

1）在参考文献中加入实际未参考过的文献。

2）将转引自其他文献的引文标注为直引，包括将引自译著的引文标注为引自原著。

3）未以恰当的方式，对他人提供的研究经费、实验设备、材料、数据、思路、未公开的资料等，给予说明和承认（有特殊要求的除外）。

4）不按约定向他人或社会泄露论文关键信息，侵犯投稿期刊的首发权。

5）未经许可，使用需要获得许可的版权文献。

6）使用多人共有版权文献时，未经所有版权者同意。

7）经许可使用他人版权文献，却不加引注，或引用文献信息不完整。

8）经许可使用他人版权文献，却超过了允许使用的范围或目的。

9）委托第三方机构或者与论文内容无关的他人代写、代投、代修。

10）违反保密规定发表论文。

9.2.2 研究禁忌和触碰研究禁忌的后果

在我国，学术不端行为可能面临的后果主要有3个方面。

1. 承受行政责任

根据《高等学校预防与处理学术不端行为办法》第29条规定，高等学校应当根据学术委员会的认定结论和处理建议，结合行为性质和情节轻重，依职权和规定程序对学术不端行为责任人做出通报批评、终止或者撤销相关的科研项目等处理。学生有学术不端行为的，还应当按照学生管理的相关规定，给予相应的学籍处分。学术不端行为与获得学位有直接关联的，由学位授予单位做出相应学位上的处理。科技部颁布的《国家科技计划实施中科研不端行为处理办法（试行）》明确规定，项目承担单位应当根据其权限和科研不端行为的情节轻重，对科研不端行为人做出包括解聘、开除在内的各项处罚。

2. 承担民事侵权责任

对于学术不端行为,《中华人民共和国著作权法》第53条规定,未经著作权人许可,复制、发行、表演、放映、广播、汇编、通过信息网络向公众传播其作品的;出版他人享有专有出版权的图书的;未经著作权人或者与著作权有关的权利人许可,故意避开或者破坏技术措施的;未经著作权人或者与著作权有关的权利人许可,故意删除或者改变作品、录音录像制品等的权利管理信息的;制作、出售假冒他人署名的作品的,应当根据情况承担停止侵害、消除影响、赔礼道歉、赔偿损失等民事责任。《最高人民法院关于审理著作权民事纠纷案件适用法律若干问题的解释》第20条规定,出版物侵犯他人著作权的,出版者应当根据其过错、侵权程度及损害后果等承担民事赔偿责任。出版者对其出版行为的授权、稿件来源和署名、所编辑出版物的内容等未尽到合理注意义务的,依据《著作权法》规定,承担赔偿责任。2018年,学术不端行为被纳入社会诚信建设系统,学术不端的科研者将会在就业、银行贷款、经营公司或申请公共服务上受到诸多限制,影响远远超出学术范围。

3. 承担侵犯著作权的刑事责任

《刑法》规定,以营利为目的,未经著作权人许可,复制发行、通过信息网络向公众传播其文字作品、音乐、美术、视听作品、计算机软件及法律、行政法规规定的其他作品的;出版他人享有专有出版权的图书的;未经录音录像制作者许可,复制发行、通过信息网络向公众传播其制作的录音录像的;制作、出售假冒他人署名的美术作品的,还可能构成侵犯著作权罪,处有期徒刑,并处或单处罚金。2018年9月中国社会科学院科研局公布的"学术诚信与廉洁学术殿堂建设"研究结果显示,自20世纪90年代以来,国内新闻媒体公开报道学术不端典型案例中,当事人受到了不同程度的调查处理,包括撤稿、通报批评、终止项目、追回经费、撤销学位、免去行政职务、解聘教职,甚至开除党籍、公职;对触犯刑律的,依法判处有期徒刑。梳理这些学术不端案例可以发现,当事人面临的惩罚主要包括学术和行政处理。事实上,让当事人承担行政责任来治理学术不端行为是最重要的方式。

附 录

附录A 租房价格分析案例

A.1 房价数据爬取(全量数据)

A.1.1 准备数据爬取

在 Chrome 浏览器中打开某二手房网站上海租房首页,如图 A-1 所示。

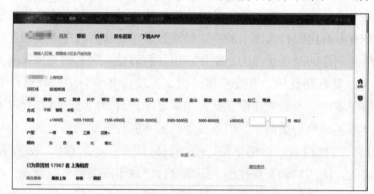

图A-1 二手房网站上海租房首页

双击打开桌面的 UiPath Studio,创建一个空白流程,如图 A-2 所示。

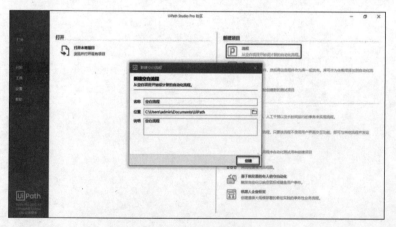

图A-2 创建空白流程

A.1.2 配置各区域URL数据爬取

由于要对上海市每个区域进行爬取，因此需要对上海市每个区进行遍历。首先需要获取各区域的 url 地址，各区域信息在页面中的位置如图 A-3 所示。

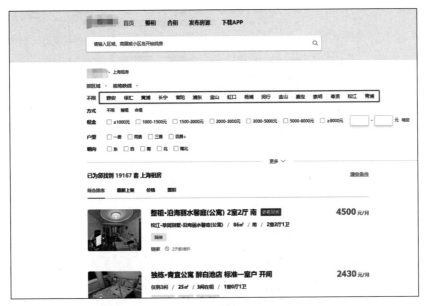

图A-3 区域信息

在 UiPath 中单击"数据抓取"按钮，如图 A-4 所示。

图A-4 "数据抓取"按钮

弹出"提取向导"对话框，提示选择元素，单击"下一步"按钮，如图 A-5 所示。

对话框将消失，出现手形，选取页面中第一个区域，在屏幕中会以蓝色高亮显示，如图 A-6 所示。

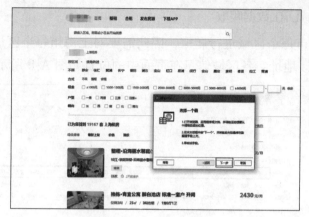

图A-5　提示选择元素

图A-6　选取第一个区域

再一次弹出"提取向导"对话框,提示"选择第二个元素",单击"下一步"按钮。对话框将消失,出现手形,选取页面中最后一个区域,在屏幕中以蓝色高亮显示,如图 A-7 所示。

图A-7　选取最后一个区域

再一次弹出"提取向导"对话框,提示"配置列",将"文本列名称"设置为"区域",勾选"提取 URL",将"URL 列名称"设置为"URL"。单击"下一步"按钮,如图 A-8 所示。

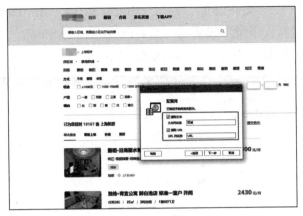

图A-8　配置列

再一次弹出"提取向导"对话框,提示"预览数据",单击"完成"按钮,如图 A-9 所示。

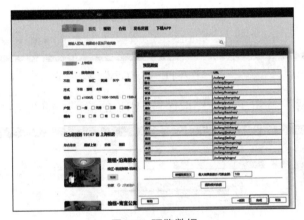

图A-9　预览数据

最后弹出"指出下一个链接"对话框,提示"数据是否跨多个页面?",单击"否"按钮,如图 A-10 所示。

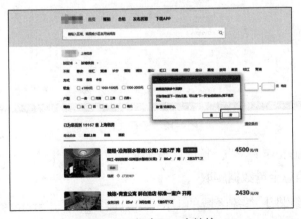

图A-10　指出下一个链接

在左侧的活动搜索框输入"写入 CSV",将"写入 CSV"活动拖拽到序列中。在该活动中,将"写入某个文件设置"为"D:/data/zufang/districts.csv",即输出文件的保存位置。将"写入来源"设置为"ExtractDataTable",即数据爬取得到的数据变量。将"编码"修改为"utf-8",如图 A-11 所示。

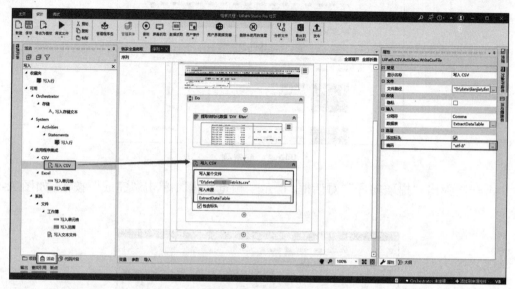

图A-11 写入CSV

单击"运行文件"按钮,运行爬取区域 URL 的流程,如图 A-12 所示。

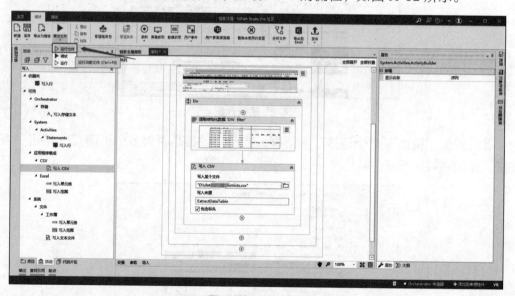

图A-12 运行文件

打开文件"districts.csv",验证区域 URL 的爬取结果。

A.1.3 配置租房信息全量数据爬取

上述步骤中已经将上海各区域的 URL 信息储存在"districts.csv"文件中,如图 A-13 所示。

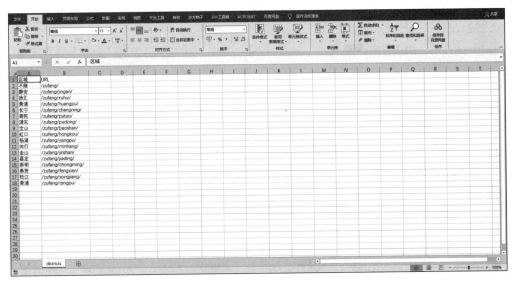

图A-13　URL信息存储成功

观察爬取到的 URL 和实际访问的网址，发现切换区域只需要更换实际访问网址后对应的中文全拼组合。例如，静安区的访问地址后缀为 /zufang/jingan/ ，徐汇区的访问地址后缀为 /zufang/xuhui/ 。理解区域切换的网址规则后，我们只需要循环提取爬取到的 URL 信息就可以实现爬取所有区域的租房信息。

单击 UiPath 左上角的"新建"按钮，新建序列，如图 A-14 所示。

图A-14　新建序列

创建序列后在 UiPath 的流程中先读取上海市各区域 URL 的 CSV 文件。单击"活动"，搜索"excel"，将 Excel 应用程序范围从左侧选项卡拖动到右侧空白区域。在"工作簿路径"中填写 "D:/data/zufang/districts.csv"，注意路径使用英文引号括起，如图 A-15 所示。

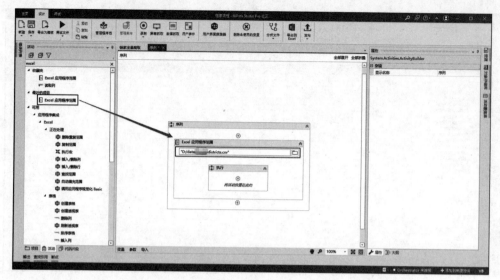

图A-15　读取文件

定义好后,单击"活动",搜索"读取列",将"读取列"从左侧选项卡拖动到右侧的执行框中,并填入工作表 "districts" 以及起始单元格 "B3",如图 A-16 所示。

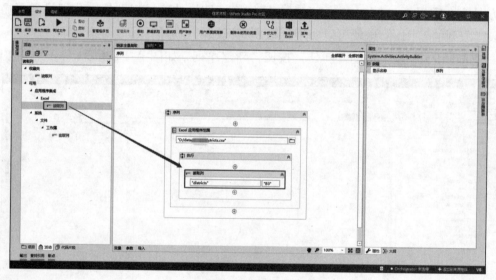

图A-16　读取列

接下来对读取到的单元格进行输出,单击流程中"读取列"的流程窗口,单击下方变量,创建变量"districts",指定变量"类型"为"System.Collections.Generic.IEnumerable<T>",T 的类型为"Object",指定变量"范围"为"序列"。在右侧窗口指定读取列的输出结果为"districts",如图 A-17～图 A-19 所示。

接下来对区域的集合"districts"进行循环遍历,每次取出一个区域用于打开网址。单击"活动",搜索"遍历循环",拖入右侧序列中,放置在 Excel 应用程序范围流程框外,并填写遍历循环 item 输入"districts",同时在右侧修改"item"为"String"类型,如图 A-20 所示。

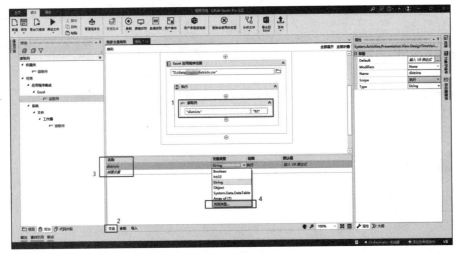

图A-17 创建变量

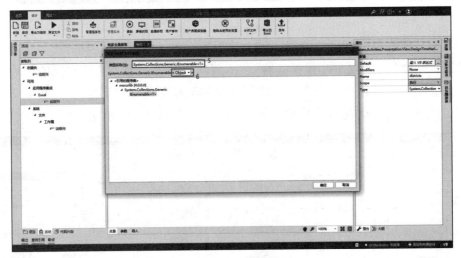

图A-18 指定变量类型

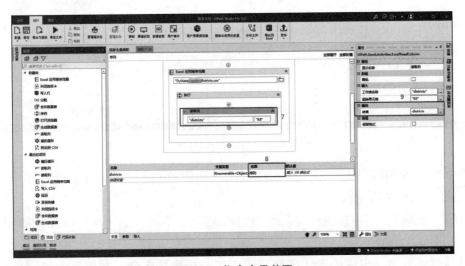

图A-19 指定变量范围

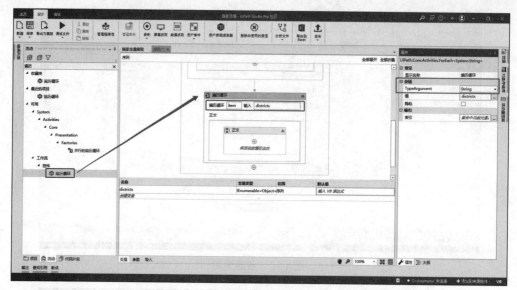

图A-20 遍历循环

接着需要流程自动打开浏览器,进入二手房网各区域的租房界面。

单击"活动",搜索"打开浏览器",拖入到"遍历循环"的正文框中。输入二手房网址的首页与循环出的结果合并(注意网址需要添加英文双引号),进行浏览器的自动搜索,同时选择"浏览器的类型"为"Chrome",如图 A-21 所示。

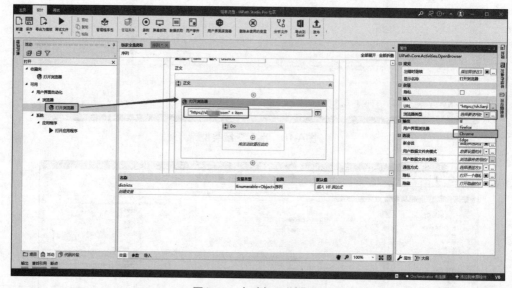

图A-21 自动打开浏览器

接下来实现爬取租房信息。单击打开浏览器的 Do 流程框,再单击上方"数据抓取"按钮,如图 A-22 所示。

弹出"提取向导"对话框,提示"选择元素",单击"下一步"按钮,如图 A-23 所示。

对话框将消失,出现手形,选取页面中第一个房屋名称,在屏幕中以蓝色高亮显示，如图 A-24 所示。

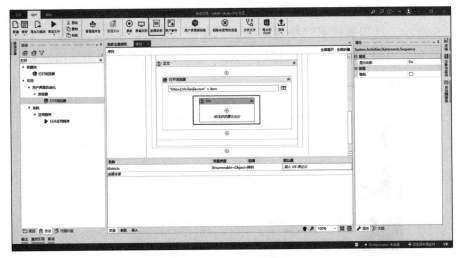

图A-22　爬取租房信息

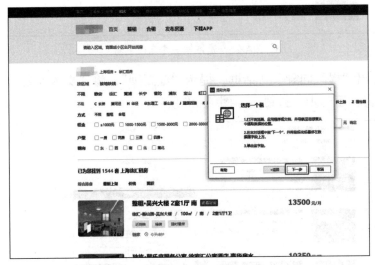

图A-23　选择元素

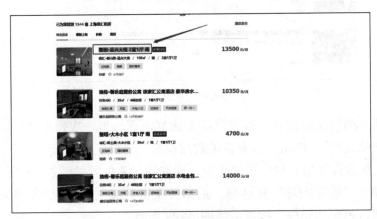

图A-24　选取第一个房屋名称

再一次弹出"提取向导"对话框,提示"选择第二个元素",单击"下一步"按钮。对话框将消失,出现手形,选取页面中第三个房屋名称,在屏幕中以蓝色高亮显示,如图 A-25 所示。这里跳过第二个房屋的原因在于,该房屋属于"精选",结构与其他房屋并不一致。在网页爬取中,需要时时刻刻灵活应对这些结构的细微差异。

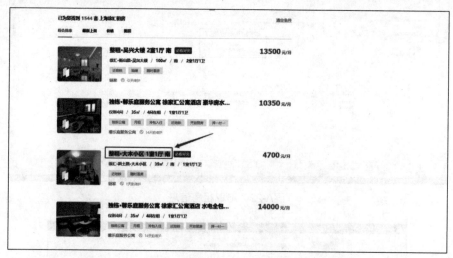

图A-25　选取第三个房屋名称

再一次弹出"提取向导"对话框,提示"配置列",将"文本列名称"设置为"房屋名称",单击"下一步"按钮,如图 A-26 所示。

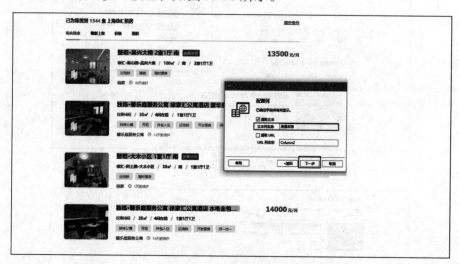

图A-26　配置列

完成了第 1 列的爬取配置,接着继续配置其他列。再一次弹出"提取向导"对话框,提示"预览数据",单击"提取相关数据按钮",如图 A-27 所示。

类似地,配置详细信息和价格的爬取,选取的元素位置如图 A-28 所示。

再一次弹出"提取向导"对话框,提示"预览数据",将"最大结果条数"设置为"250000",单击"完成"按钮,如图 A-29 所示。

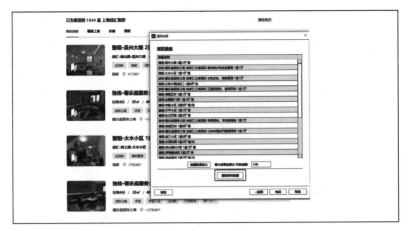

图A-27 预览数据

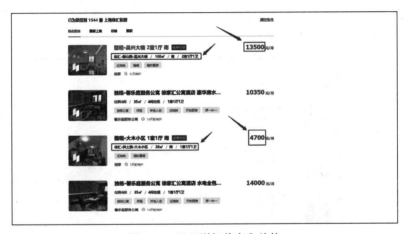

图A-28 配置详细信息和价格

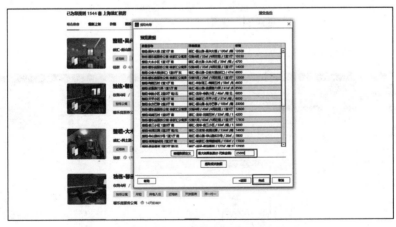

图A-29 设置最大结果条数

由于每个页面仅有 30 条记录，而这里配置了爬取 25 000 条记录，因此需要翻页。最后弹出"指出下一个链接"对话框，提示"数据是否跨多个页面？"，单击"是"按钮，如图 A-30 所示。

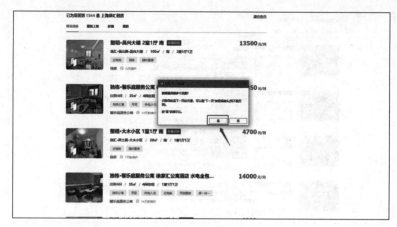

图A-30　设置翻页

选取页面最下面的"下一页"按钮，如图A-31所示。如果未及时滚动到页面最下面，可以按F2键延迟2 s选取。

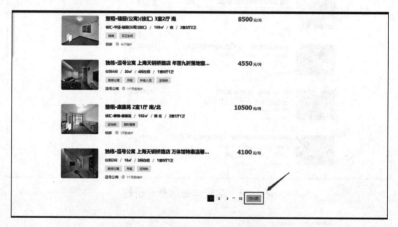

图A-31　选取"下一页"按钮

完成后会自动生成数据爬取的整个流程框，如图A-32所示。

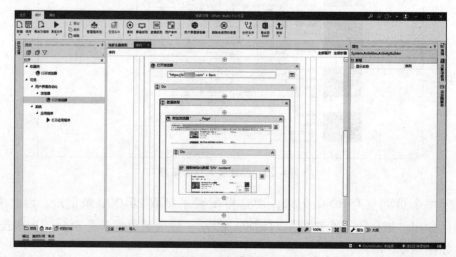

图A-32　生成流程框

自动生成的数据抓取流程框中包含"附加浏览器"和"提取结构化数据"两个子流程。因为我们已经在自动生成的"数据抓取"流程框前添加了"打开浏览器"的流程框,所以这里可以删去"附加浏览器"流程。按住"提取结构化数据"流程,将其从"附加浏览器"流程框中拖拽到"附加浏览器"之外,如图 A-33 所示。

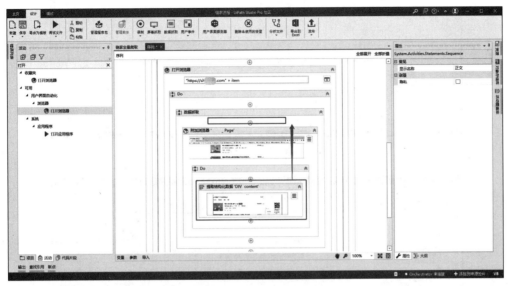

图A-33　删去"附加浏览器"流程(1)

单击"附加浏览器"流程,按下键盘 Delete 键删除,如图 A-34 所示。单击"提取结构化数据"流程,单击下方变量,右击"删除"默认爬取结果变量"ExtractDataTable",如图 A-35 所示。

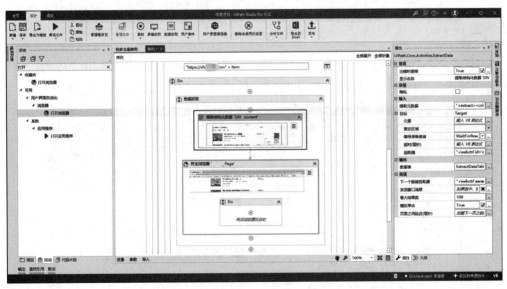

图A-34　删去"附加浏览器"流程(2)

创建变量"ext",指定"变量类型"为"System.Data.DataTable",指定变量"范围"为"数据抓取"。在右侧窗口指定"输出数据表"为"ext",如图 A-36 所示。

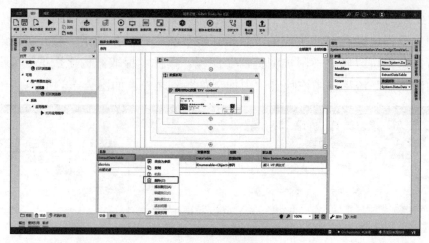

图A-35　删除变量

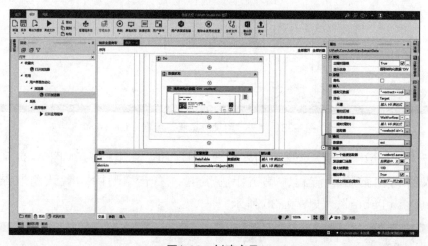

图A-36　创建变量

由于区域较多，在爬取完成一个区域后，需要关闭浏览器。单击"活动"，搜索"关闭选项卡"，拖入到"提取结构化数据"的流程框下，如图 A-37 所示。

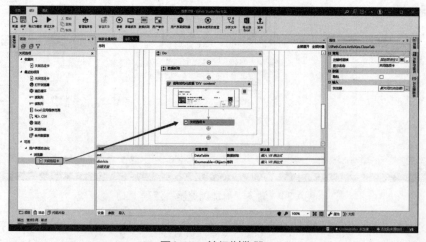

图A-37　关闭浏览器

A.1.4 配置数据存储

在左侧的"活动"搜索框输入"附加到 csv",将"附加到 csv 活动"拖拽到"关闭选项卡"流程框下。在该活动中,将"附加到文件"设置为"D:/data/zufang/zufang_all.csv",即输出文件的保存位置。将要附加的数据设置为"ext",即数据爬取得到的数据变量。将"编码"修改为"utf-8",如图 A-38 所示。

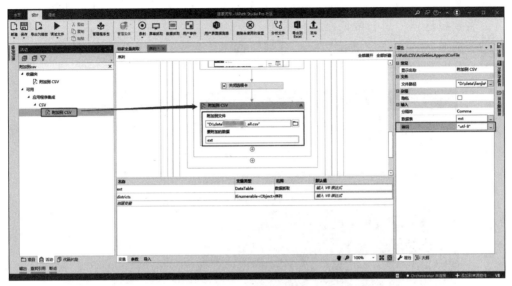

图A-38 配置数据存储

A.1.5 运行爬取流程

单击"运行"文件按钮,运行整个爬取流程,如图 A-39 所示。

图A-39 运行爬取流程

最后打开文件"zufang_all.csv",验证结果。

A.2 房屋数据预处理

以二手房上海租房为例，使用 Excel 作为数据处理工具，将之前爬取到的原始数据分列，清洗字段。打开 Excel 文件"zufang_all.csv"。

A.2.1 数据分列

可以看出，第 B 列的字段详细信息包含了多个信息，如具体地址、面积、朝向和房型，需要将这些信息分隔成结构化数据。

选中第 B 列，单击"数据"→"分列"按钮，弹出"文本分列向导"对话框，单击"下一步"按钮，如图 A-40 所示。

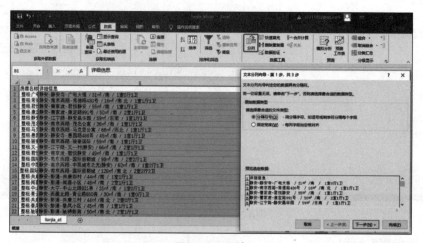

图A-40　分列

在"分隔符号"中选择其他，并填入斜杠"/"，单击"下一步"按钮，如图 A-41 所示。

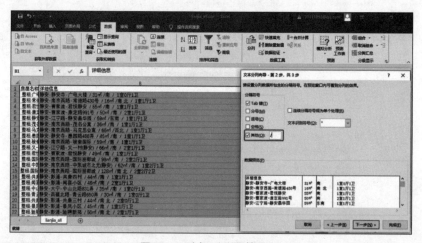

图A-41　选择"分隔符号"

在"目标区域"中填入"D1"，表示分列后结果的存放位置，单击"完成"按钮，如图 A-42 所示。

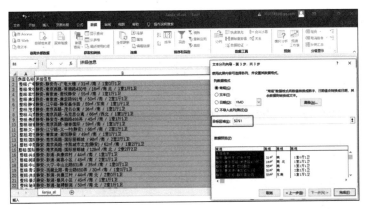

图A-42 选择"目标区域"

将第 B 列删除,并将第 D、E 和 F 列分别命名为面积、朝向和房型,如图 A-43 所示。

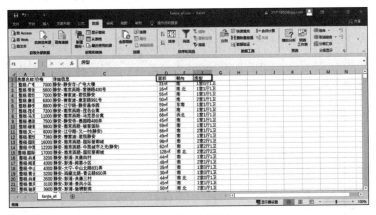

图A-43 调整列

可以看出,第 C 列的字段详细信息在分列后仍然是行政区、板块和小区的级联组合,需要进一步将这些信息按减号"-"分隔成结构化数据,方法与之前类似。分列完毕后,删除第 C 列,并将第 D、E 和 F 列分别命名为行政区、板块和小区,如图 A-44 所示。

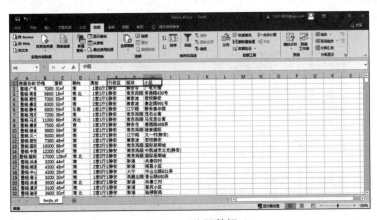

图A-44 分隔数据

A.2.2 数据清洗

可以看出，第 C 列的面积字段以㎡结尾，并不是纯粹的数值型，需要做进一步处理。使用快捷键 Ctrl + H 打开"查找和替换"对话框，"查找内容"填入"㎡"，单击"全部替换"按钮，如图 A-45 所示。

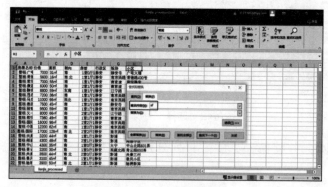

图A-45　全部替换

同样地，许多字段中还包含了空格，将所有的空格也全部替换。

最终将文件另存为"zufang_processed.csv"，"文件类型"选择"CSV UTF-8（逗号分隔）"，如图 A-46 所示。

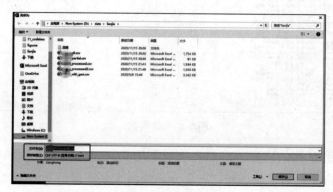

图A-46　存储文件

如果保存类型中不包含 UTF-8 格式，可由记事本打开并另存编码为 UTF-8，如图 A-47 所示。

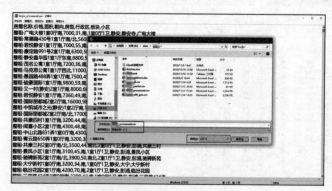

图A-47　保存为记事本

A.3 房屋地理信息爬取

在进行数据可视化操作之前，我们已经获得了清洗后的房屋价格信息，但由于爬取到的数据只有行政区、板块、小区等地理信息，并不包含经纬度，还需使用 UiPath 爬取对应详细地址的经纬度。打开文件"zufang_processed.CSV"。

A.3.1 数据填充

可以看出，第 F 列至第 H 列的字段包含了行政区、板块和小区的地址，在查询时为确保地址准确性，需要将这些信息合并成详细的地址数据。

具体操作步骤为：单击 I2 单元格，键入公式 =" 上海市 "&F2&" 区 "&G2&H2 并按回车键，如图 A-48 所示。

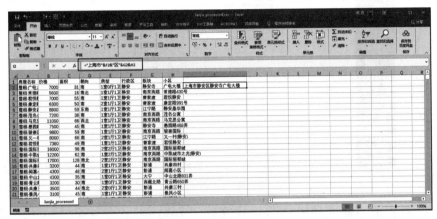

图A-48　键入公式

接着双击 I2 单元格右下角完成自动补全，在 I1 单元格填入字段标题详细地址，如图 A-49 所示。

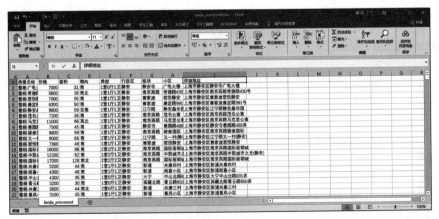

图A-49　详细地址

处理完毕后将文件保存。

A.3.2 爬取地理信息

由于爬取到的地址只有详细地址并不包含经纬度，还需使用 UiPath 对详细地址列爬取对应的经纬度。

首先用浏览器进入网站"http://api.map.baidu.com/lbsapi/getpoint/index.html",该网站为百度地图拾取坐标系统,可进行地址和经纬度的互换。

打开 UiPath Studio 后,新建一个流程,并取名为"房屋地理信息爬取"进行创建,如图 A-50 所示。

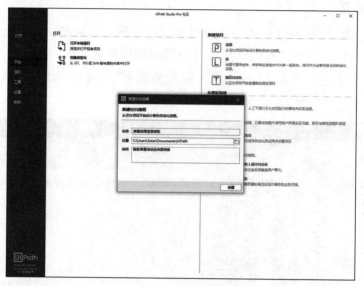

图A-50 新建流程

读取上面步骤中处理保存的数据集文件"zufang_processed.csv"。单击"活动",搜索"excel",将"Excel 应用程序范围"从左侧选项卡拖动到右侧空白区域,并填入上步骤中处理好的数据集路径"D:/data/zufang/zufang_processed.csv",注意路径需以英文引号(")括起,如图 A-51 所示。

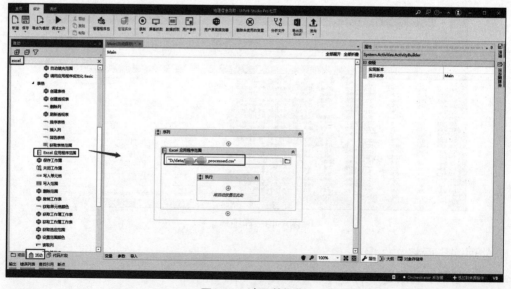

图A-51 读取数据集

定义好后，单击"活动"，搜索"读取列"，将"读取列"从左侧选项卡拖动到右侧执行框中，并填入工作表名称"zufang_processed"以及起始单元格"I2"，如图 A-52 所示。

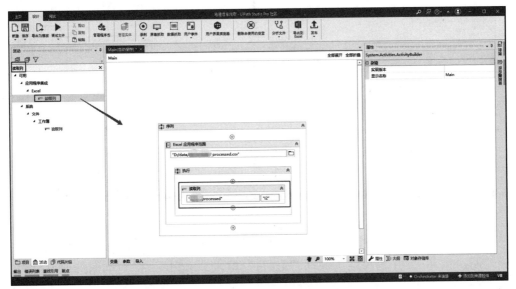

图A-52　读取列

接下来对读取到的单元格进行输出，单击"读取列"，单击下方变量按钮，创建变量"address"，指定"变量类型"为"System.Collections.Generic.IEnumerable<T>"，T 的类型为"Object"。操作步骤为展开"变量类型"下拉框，单击"浏览类型"，在"类型名称"输入框中输入"System.Collections.Generic.IEnumerable<T>"并搜索，展开 T 下拉框指定类型为"Object"。最后，在右侧窗口指定"读取列的输出结果"为"address"，如图 A-53 和图 A-54 所示。

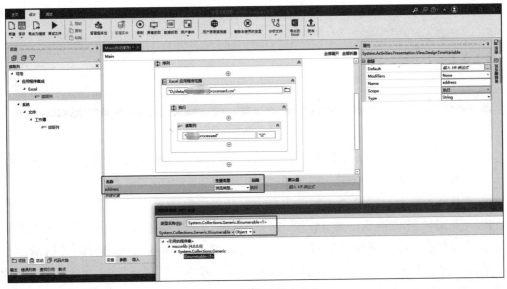

图A-53　创建变量（1）

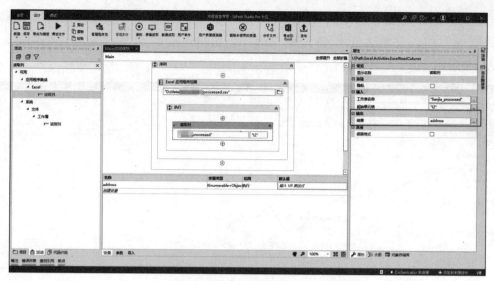

图A-54 创建变量（2）

接下来对这个集合进行循环遍历，每次取出一个地址进行查询。单击"活动"，搜索"遍历循环"，并填写遍历循环"item"输入"address"。同时修改item的类型为"String"类型，如图A-55所示。

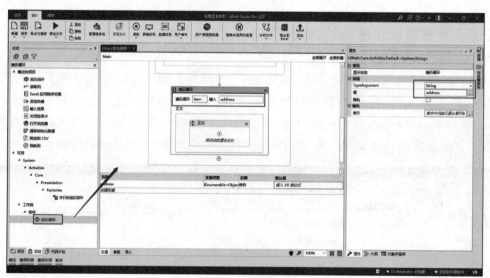

图A-55 遍历循环

接着需要自动在浏览器中输入循环出的地址。单击"活动"，搜索"附加浏览器"，拖入"遍历循环"的正文框中，如图A-56所示。

单击指出屏幕上的浏览器，并选中刚才打开的浏览器界面。

接下来实现自动输入。单击"活动"，搜索"输入信息"，拖入"Do"流程中，同时填写搜索的内容，即遍历集合的每个元素，填入"item"，如图A-57所示。

单击"输入信息"，在右侧属性勾选上"模拟输入""激活"和"空字段"选项，如图A-58所示。

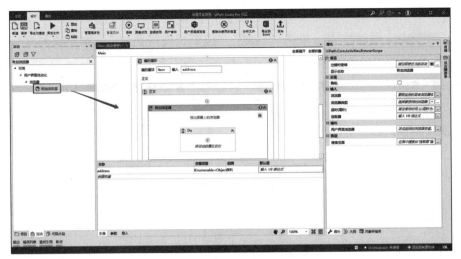

图A-56 附加浏览器

图A-57 实现自动输入

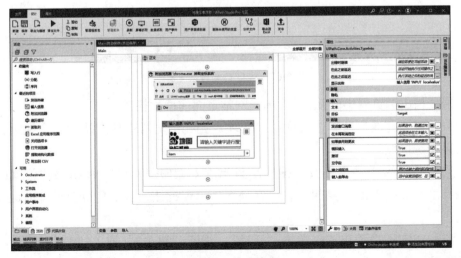

图A-58 输入信息

单击"指出浏览器元素",选择网站页面的搜索栏。

接着需要完成自动搜索。单击"活动",搜索"发送热键",拖入"Do"流程中,如图 A-59 所示。

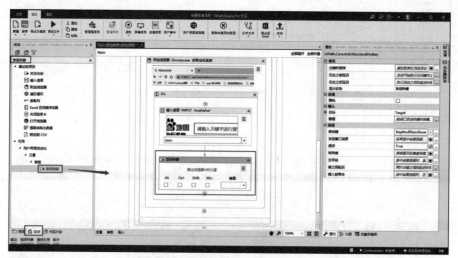

图A-59 完成自动搜索(1)

单击"键值"下拉框,选择"enter",如图 A-60 所示。

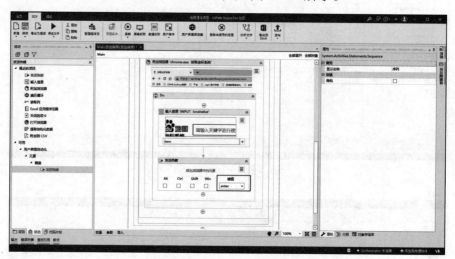

图A-60 完成自动搜索(2)

单击"指出浏览器中的元素",选择网站页面的搜索栏。

接着还需要完成自动单击最优结果选项。先在浏览器中随意搜索一个地址,出现查询结果待选区域。

结果中首选的 A 结果不会与搜索结果出现太大偏差,设定 A 结果的位置即要获取的经纬度坐标。单击 A 结果后,会在地图中出现批注,右上角也会出现地址对应的经纬度。

在流程中实现自动单击。单击"活动",搜索"单击",拖入"Do"流程中,如图 A-61 所示。

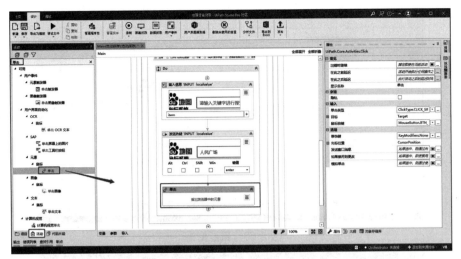

图A-61 实现自动单击

单击"指出浏览器中的元素",选择搜索结果中首选的 A 结果。

接下来进行抓取经纬度的相关信息。单击"活动",搜索"获取全文本",拖入"Do"流程中,如图 A-62 所示。

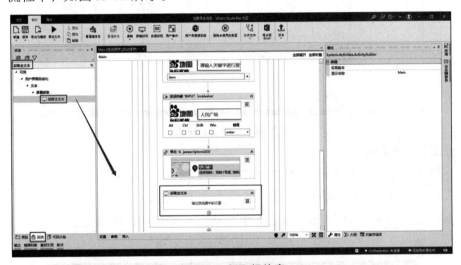

图A-62 抓取经纬度

单击"指出浏览器中的元素",选择"经纬度数据"。

新建"SpanCurrXy"变量,类型为"string"。将抓取到的经纬度信息输出"文本"到"SpanCurrXy"变量,如图 A-63 所示。

由于获取到的经纬度数据是 string 类型,还需转换为数据表进行保存。单击"活动",搜索"生成数据表",拖入"Do"流程中。新建"ext"变量,类型为"System.Data.DataTable"。"输入变量"填入"SpanCurrXy","输出数据表变量"填入"ext",如图 A-64 所示。

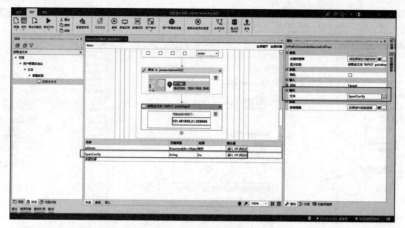

图A-63　新建变量

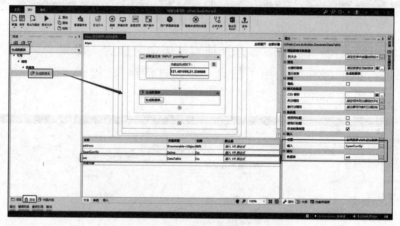

图A-64　转换为数据表

A.3.3　配置数据存储

在左侧的"活动"搜索框输入"附加到CSV",将"附加到CSV"活动拖拽到序列中。在该活动中,将"附加到文件"设置为"D:/data/zufang/geo.csv",即输出文件的保存位置,将"写入来源"设置为"ext",即经纬度的数据变量。在右侧属性窗口设置"编码"为"utf-8",如图A-65所示。

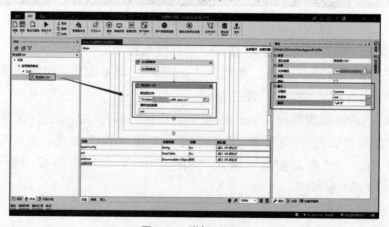

图A-65　附加到CSV

A.3.4 运行爬取流程

单击"运行"按钮或快捷键 Ctrl+F5,运行整个爬取流程,如图 A-66 所示。

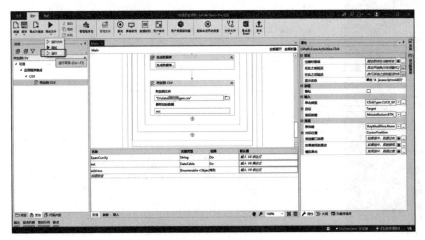

图A-66 运行爬取流程

最后打开文件"zufang/geo.csv",验证结果。

A.3.5 数据合并

上述步骤中完成的 CSV 文件以分隔符号,进行分列后的结果如图 A-67 所示。

将处理后的经纬度数据复制到"zufang_processed.csv"O 列和 P 列,补充经纬度字段名称,另存为"zufang_with_geo.csv",最后处理完成的结果如图 A-68 所示。

图A-67 分列结果　　　　图A-68 完成结果

A.4 房屋数据可视化

标定于最左侧的"连接"→"文本文件",在弹出的"打开"对话框中,选择之前章节得到的文件"zufang_with_geo.csv",如图 A-69 所示。

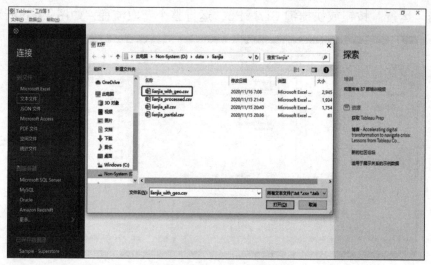

图A-69 选择文件

单击上方数据集"zufang_with_geo.csv"右侧的箭头,选择字段名称位于第一行中。单击最下方的"工作表1",如图 A-70 所示。

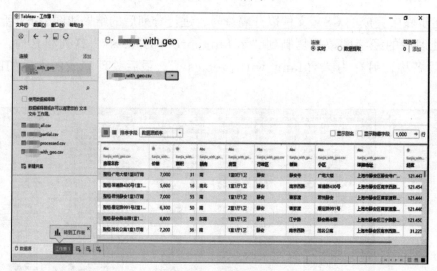

图A-70 选择字段

A.4.1 房源数量和价格面积图

将"工作表1"改名为"房源数量和价格面积图"。将左侧度量区域的"价格"字段分别拖拽到"标记"区域的"颜色"和"大小",并将左侧维度区域的"行政区"字段拖拽到"标记"区域的"标签"。单击"总和"(价格)右侧的箭头,选择"度量"→"平均值",如图 A-71 所示。

单击"标签"区域的"颜色"→"编辑颜色",在"色板"中选择"红色-绿色发散",勾选"倒序"选项,再分别勾选"开始"和"结束"选项,并设置为"2000"和"12000",如图 A-72 所示。

单击最下方的"新建工作表"图标按钮,如图 A-73 所示。

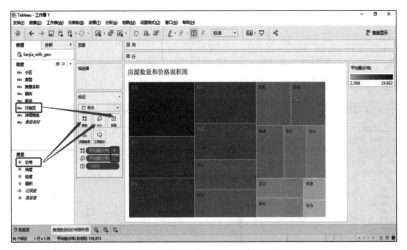

图A-71 房源数量和价格面积图

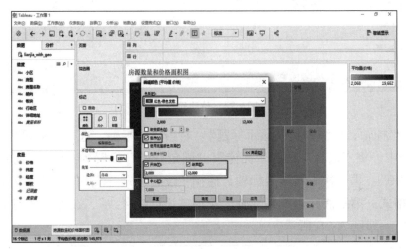

图A-72 编辑颜色

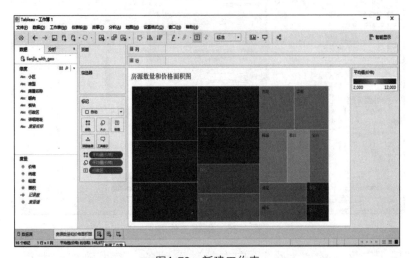

图A-73 新建工作表

A.4.2 价格箱形图

将"工作表 2"改名为"价格箱形图"。将左侧维度区域的"行政区"和"详细地址"字段分别拖拽到"标记"区域的"颜色"和"详细信息",并将左侧度量区域的"价格"字段拖拽到上方的"列"区域,修改度量为"平均值"。再将左侧维度区域的"行政区"字段拖拽到"行"区域,并在行区域的空白处输入公式"INDEX()%50",单击其右侧的箭头,选择"计算依据"→"详细地址",如图 A-74 所示。

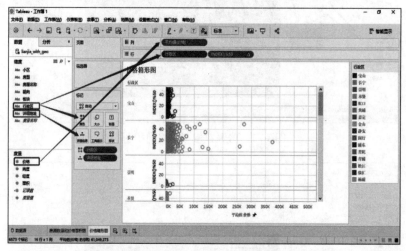

图A-74 价格箱形图

右击纵坐标轴,取消勾选"显示标题"。右击横坐标轴,选择"编辑轴…",在弹出的对话框中,将"范围"选为"固定","固定开始"设置为"0","固定结束"设置为"30000"。再一次右击横坐标轴,选择"设置格式…",将"刻度文本"设置为"人民币"格式。第三次右击横坐标轴,选择"添加参考线",在弹出的对话框中,选择"盒须图",如图 A-75 所示。

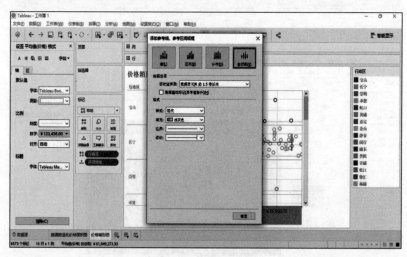

图A-75 编辑工作表

单击"标记"区域的"大小",向左拉动滚动条,缩小散点的大小,如图 A-76

所示。

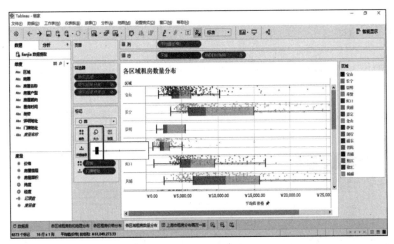

图A-76 缩小散点大小

A.4.3 价格地理信息图

新建工作表"价格地理信息图"。分别单击"度量"区域的"纬度"和"经度"右侧的箭头,选择"地理角色"→"纬度和地理角色"→"经度"。将左侧维度区域的"纬度""经度"和"详细地址"字段分别拖拽到"行""列"区域和"标记"区域的"详细信息",并将左侧度量区域的"价格"字段拖拽到上方的"标记"区域的"颜色",修改度量为"平均值"。

类似地,编辑颜色,调整大小。

A.4.4 仪表板

单击最下方的"新建仪表板"图标按钮。

将左侧"对象"区域的"文本"拖拽到右侧的画布上,输入标题文本,调整字号和居中方式,如图 A-77 所示。

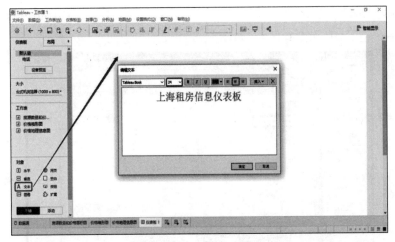

图A-77 编辑仪表板

将左侧工作表区域的 3 个工作表拖拽到右侧的画布上,并调整边界。

附录B 心脏病患者分析案例

B.1 安装WEKA

请访问 https://waikato.github.io/weka-wiki/downloading_weka/。接下来，你将看到适用于Windows、Mac OS-Intel processors、Mac OS-ARM processors、Linux系统的Stable version和Developer version的两个版本，请根据计算机系统下载相应的Stable version。退出杀毒软件后，按默认选项安装，如图B-1所示。

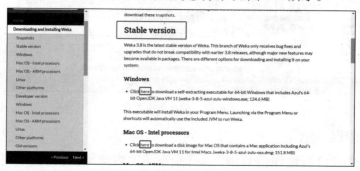

图B-1 安装WEKA

B.2 运行Explorer

本实验所用数据为138名有过心脏病发作经历的患者的资料信息，名称为"HeartDisease_Training.csv"，该数据集已经过预处理，包含8个字段：年龄（Age）、婚姻状况（Marital_Status）、性别（Gender）、肥胖程度（Weight_Category）、胆固醇（Cholesterol）、是否参加减压课程（Stress_Management）、焦虑程度（Trait_Anxiety）、心脏病是否发作过第二次（2nd_Heart_Attack）。

进入Explorer界面，打开CSV文件"HeartDisease_Training.csv"，如图B-2所示。将其转化为ARFF文件"HeartDisease_Training.arff"，打开"HeartDisease_Training.arff"，如图B-3和图B-4所示。

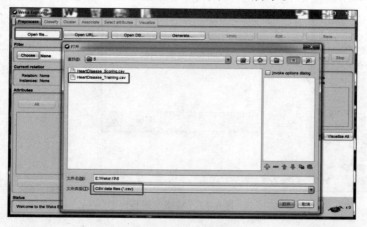

图B-2 打开文件

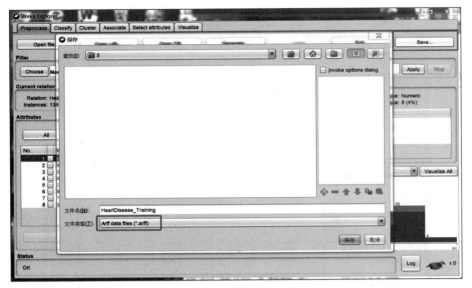

图B-3 转化格式（1）

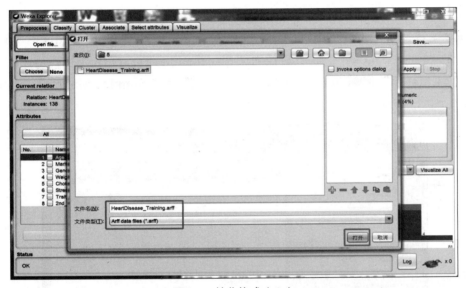

图B-4 转化格式（2）

B.3 选择算法

B.3.1 决策树算法

在"Classifier"区域单击按钮"Choose"，选择"trees.J48"。在"Test options"区域将"Cross-validation Folds"设置为"10"，单击"Start"，如图B-5所示。

"Classifier output"显示，有3.623 2%的实例在交叉验证中被错误分类。从结尾处的混淆矩阵中可以看出，有3个属于Yes的实例被分为No，有2个属于No的实例被分为Yes，总实例为138。$P=0.964$，$R=0.964$，ROC的面积为0.950。

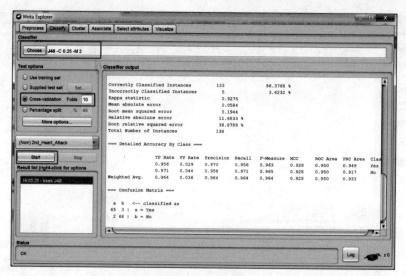

图B-5 决策树算法

B.3.2 k均值算法

本分析所用数据为547名被调查者的个人体检信息,名称为"Physical.csv",包含3个字段:体重(Weight)、胆固醇(Cholesterol)、性别(Gender)。同样地,打开文件"Physical.csv",将其转换为"Physical.arff",打开"Physical.arff"。

在"Cluster"区域单击按钮"Choose",选择"SimpleKMeans",如图B-6所示。

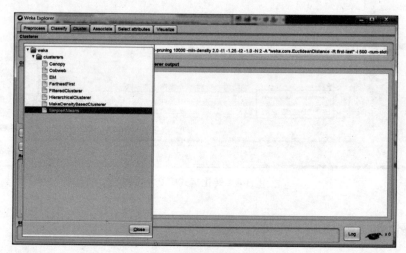

图B-6 k均值算法

单击文本框,修改"numClusters"为"10",把这547条实例聚成10类,即$K=10$,如图B-7所示。

在"Cluster mode"区域中选择"Use training set",单击"Start",如图B-8所示。

"Clusterer output"显示,"Within cluster sum of squared errors"是评价聚类好坏的标准,数值越小说明簇内距离越小,此时的值为5.7934,如图B-9所示。

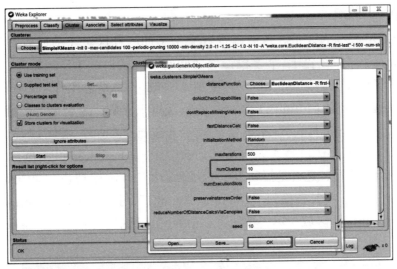

图B-7　聚类数量

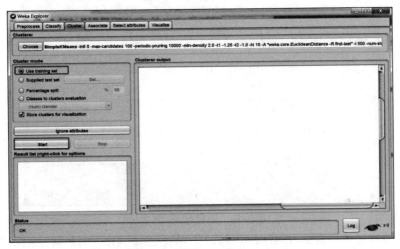

图B-8　选择Use training set

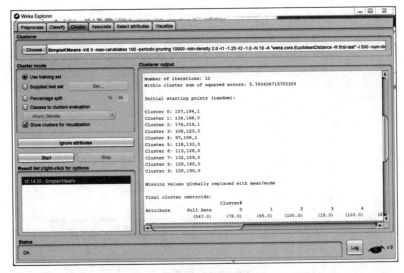

图B-9　结果显示

B.3.3 Apriori算法

本分析所用数据为3 483名被调查者关于参加的社区组织的调查结果,名称为"Community.csv",包含12个字段:填写问卷消耗的时间(Elapsed_Time)、在社区中的时间(Time_in_Community)、性别(Gender)、是否工作(Working)、年龄(Age)、是否是以家庭(Family)为主题的社区组织成员、是否是以爱好(Hobbies)为主题的社区组织成员、是否是社区社会(Social_Club)组织成员、是否是政治(Political)组织成员、是否是专业(Professional)技术组织成员、是否是宗教(Religious)组织成员、是否是援助组织(Support_Groups)成员。同样地,打开文件"Community.csv",将其转换为"Community.arff",打开"Community.arff"。

在"Associate"区域,单击按钮"Choose",选择"FilteredAssociator",如图B-10所示。

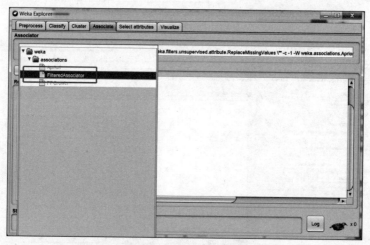

图B-10 选择Apriori算法

单击"Start"。"Associator output"从上往下列出了12条挖掘出的最佳关联规则,如图B-11所示。

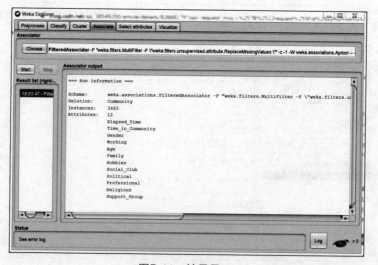

图B-11 结果显示

附录C 社会网络分析实例

C.1 共词矩阵

"Groceries_hour.csv"中的数据以,或/分隔,因此将A列以,和/分列,目标区域设置为B1,并删除{和},如图C-1~图C-3所示。

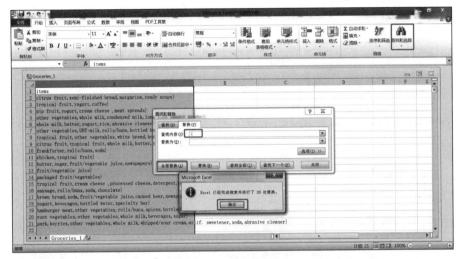

图C-1 数据分列

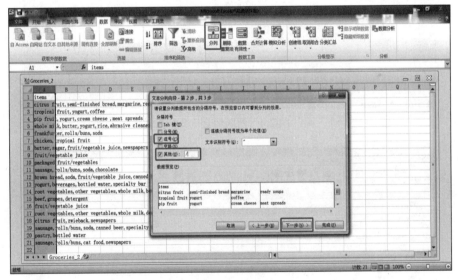

图C-2 选择分隔符号

可以看到,分列后存在5列数据,将5列数据两两组合,得到BC、BD、BE、BF、CD、CE、CF、DE、DF、EF。将BD、BE、BF、CD、CE、CF、DE、DF、EF都剪切到BC两列末尾,如图C-4所示。

按照B列进行排序,删除没有共词的单一关键词,然后将B列拷贝到A列的末尾,将A列拷贝到B列的末尾,如图C-5所示。

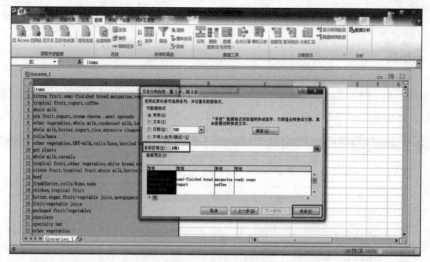

图C-3　选定目标区域

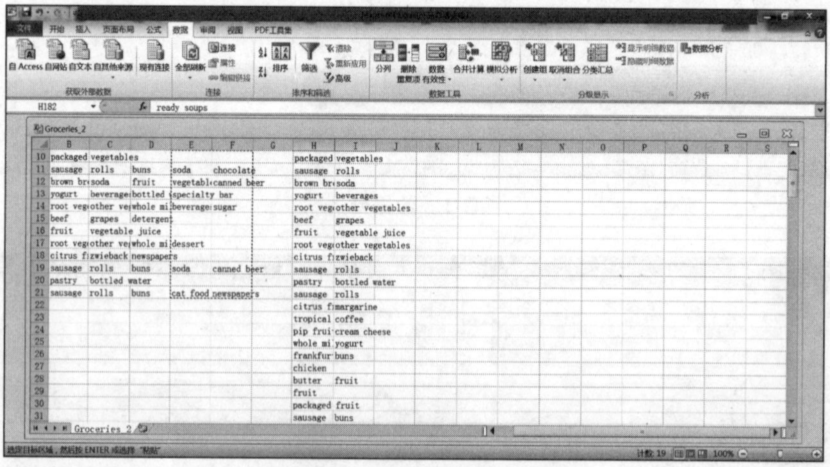

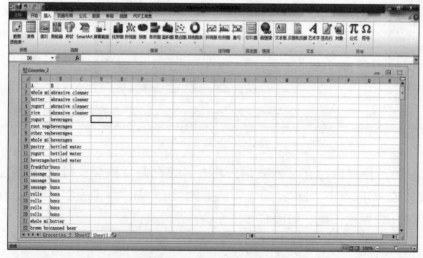

图C-4　两两组合（1）

图C-5　两两组合（2）

利用数据透视表，建立共词矩阵。选择菜单栏"插入"→"数据透视表"，选中 AB 列作为数据透视表的数据源，即"选定区域"，如图 C-6 所示。

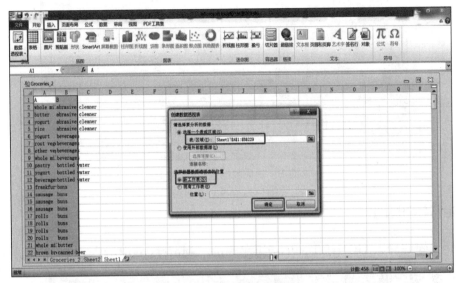

图C-6　插入数据透视表

在"数据透视表字段列表"中，将"A"拖入"行标签"，将"B"拖入"列标签"，如图 C-7 所示。

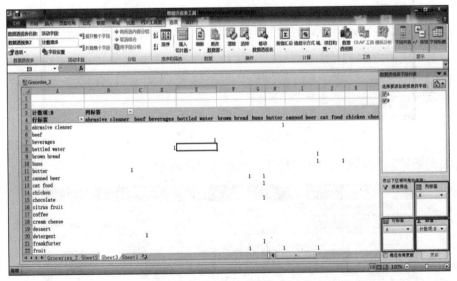

图C-7　生成数据透视表（1）

创建一个新工作表，将数据透视表复制到新工作表中，将空白单元格替换为数值"0"，如图 C-8 所示。

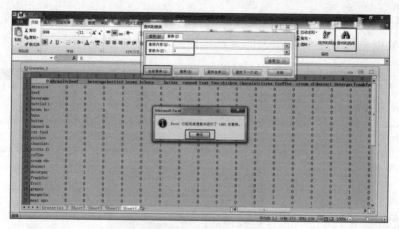

图C-8　生成数据透视表（2）

C.2　运行UCINET

将共词矩阵导入UCINET，单击菜单栏的"Matrix editor"，如图C-9所示。

图C-9　运行UCINET

将共词矩阵复制粘贴进UCINET，如图C-10所示。

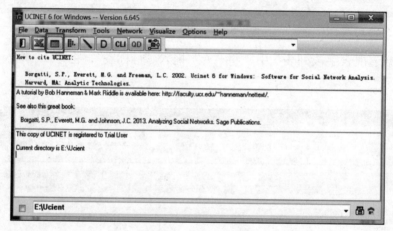

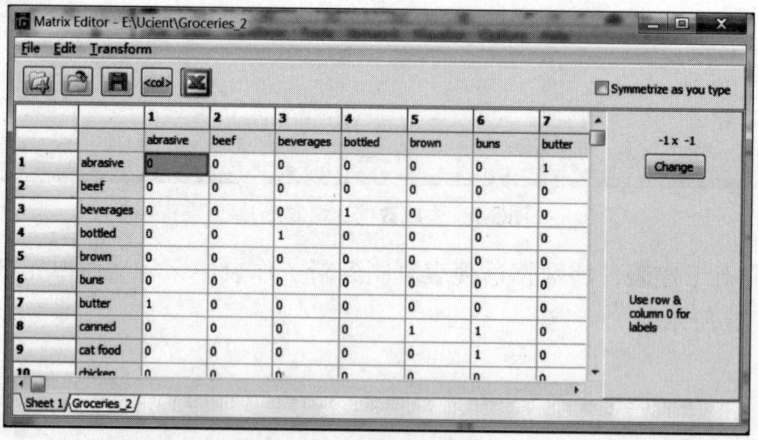

图C-10　粘贴共词矩阵

保存数据为 UCINET 类型到指定路径，如图 C-11 所示。

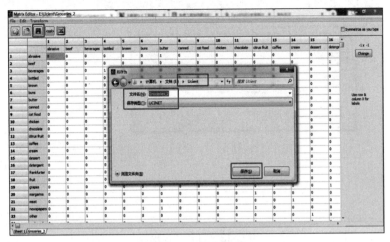

图C-11　保存数据

C.3　运行NetDraw

选择菜单栏"File"→"Open"→"Ucinet dataset"→"Network"，如图 C-12 所示。

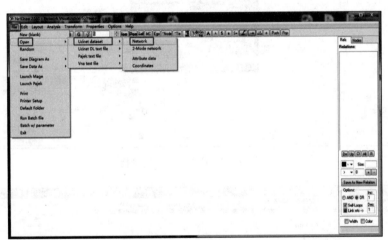

图C-12　运行NetDraw

在"Open Data File"窗口打开处理好的后缀为".##h"的共词矩阵，单击"OK"，如图 C-13 所示。

发现比较难看出核心个体，因此，考虑使用节点中心性分析。选择"Analysis"→"Centrality measures"。在"Node Centrality Measures"窗口，设置"Set Node Sizes by:"为"Degree"，单击"OK"，如图 C-14 所示。

从 NetDraw 生成的可视化商品网络结构图可以看出，"yogurt、newspapers、whole milk、soda、buns、rolls"等关键词的中心度较高，这些是人们比较经常购买的商品，处于边缘位置的商品人们购买较少，如图 C-15 所示。

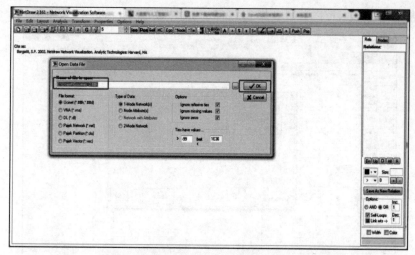

图C-13　打开共词矩阵

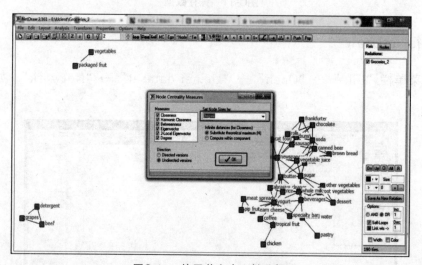

图C-14　使用节点中心性分析

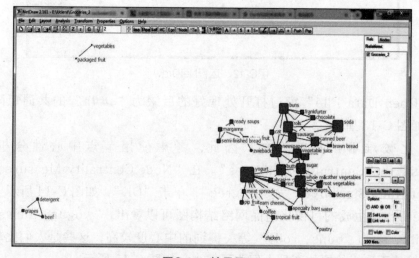

图C-15　结果显示

附录D 数据分析师的薪资价格分析预测

D.1 招聘网站数据爬取

介绍用 UiPath Studio 爬取关于招聘网站中"数据分析师"职位的全部数据。

首先用浏览器搜索爬取目标网站的网址。

接下来使用 UiPath Studio 爬取关于招聘网站中全国热门20个城市的数据分析师的职位并保存到 CSV 表格中。

打开 UiPath Studio 后,首先新建一个流程,并命名为"data"进行创建,如图 D-1 所示。

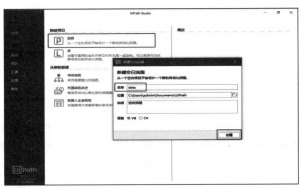

图D-1 新建流程

由于要对全国热门的20个城市进行爬取,因此需要对20个热门城市进行遍历。通过单击北京、上海、广州、深圳这几个热门城市,发现页面的跳转只是城市 id 的改变。例如,北京的 url 后缀是"jobs/list_数据分析师/p-city_2?px=default#filterBox",而上海的 url 后缀是"jobs/list_数据分析师/p-city_3?px=default#filterBox",城市 id 由2变为3,所以之后其他城市的爬取只需要改变城市 id 即可。通过单击城市标签,获取20个城市的 id,写入"city.xlsx"下,然后对这个 Excel 进行遍历,如图 D-2 所示。

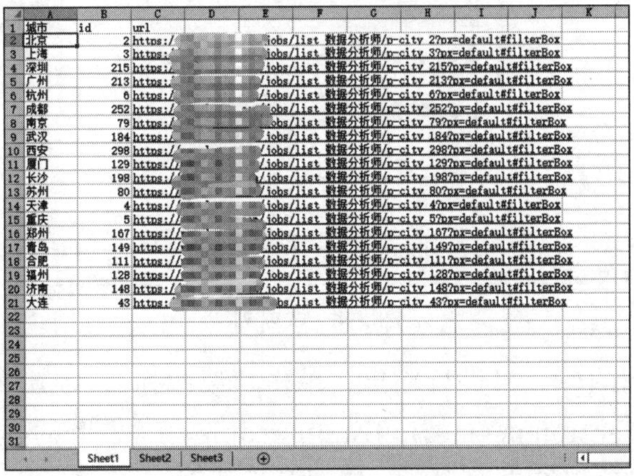

图D-2 遍历热门城市

首先读取城市的 excel 文件。单击"活动",搜索 excel,将 Excel 应用程序范围从左侧选项卡拖动到右侧空白区域,并选择上步骤中处理好的 city.xlsx 文件,如图 D-3 所示。

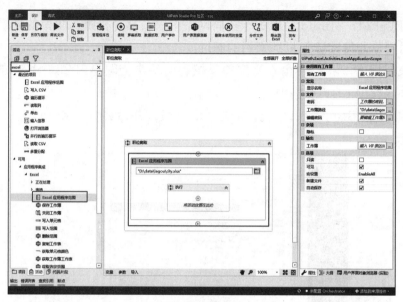

图 D-3　读取文件

定义好后,单击"活动",搜索"读取列",将"读取列"从左侧选项卡拖动到右侧执行框中,并填入工作表"Sheet1"以及起始单元格"C2",如图 D-4 所示。

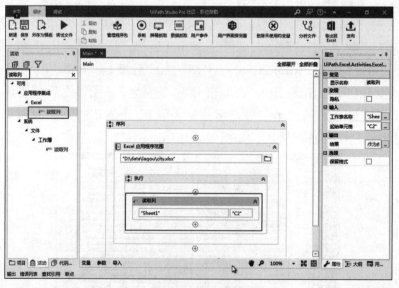

图 D-4　读取列

接下来对读取到的单元格进行输出,单击"读取列",创建变量 city,指定变量类型为 System.Collections.Generic.IEnumerable<T>,T 的类型为 Object,在右侧窗口指定读取列的输出结果为 city,如图 D-5 所示。

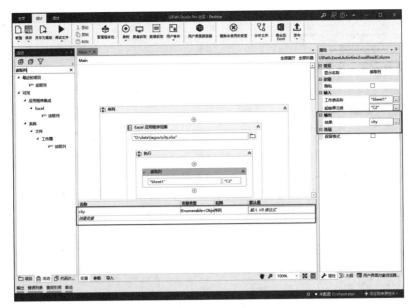

图D-5 创建变量

接下来对这个集合进行循环遍历，每次顺序取出一个区域进行爬取。单击"活动"，搜索"遍历循环"，并填写遍历循环item，输入city，同时修改item为String类型，如图D-6所示。

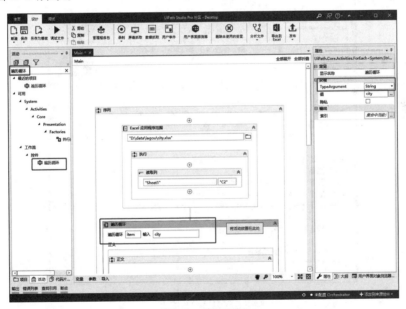

图D-6 遍历循环

接着自动打开浏览器，进入目标招聘网站的界面。单击"活动"，搜索打开浏览器，拖入循环的body里面。输入目标招聘网站中数据分析师的北京市的网址，即item。在打开浏览器活动中填入网址，进行浏览器的自动搜索，同时选择浏览器的类型为Chrome，如图D-7所示。

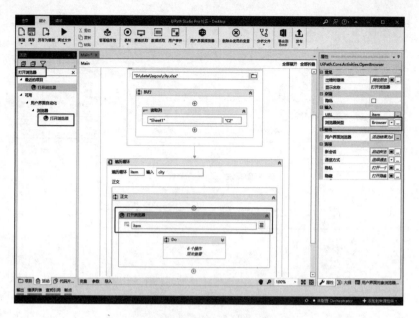

图D-7　自动打开浏览器

接下来实现自动搜索目标招聘网站界面下的北京市的职位相关信息的爬取。

由于打开浏览器后，进行热门城市的遍历，首先进入北京市（注意：此步为必需项），如图 D-8 所示。

图D-8　打开浏览器

单击"数据抓取"按钮，如图 D-9 所示。

接下来进行数据的提取，UiPath Studio 出现提取向导页面，单击"下一步"，进行职位名称的爬取，如图 D-10 所示。

选取第二个职位名称，选取完成之后，UiPath Studio 提示选取第二个元素，即第二个职位名称，单击"下一步"进行选取，以便进行数据的爬取，如图 D-11 所示。

图D-9 数据抓取

图D-10 数据提取

图D-11 提取第二个元素

职位名称选取完成之后，UiPath Studio 出现提取向导页面，提示配置列完成，将提取文本 column1 改为职位名称，单击"下一步"，进行其他信息的提取，如图 D-12 所示。

单击"下一步"，UiPath Studio 接着出现提取向导页面，此页面是将一页的职位名称全部提取进行预览。同时，修改爬取最大数为 10 000。单击"提取相关数据"，进行其他信息的爬取，如图 D-13 所示。

其他信息的提取步骤同职位名称的提取一样，这里不过多阐述，信息提取如图 D-14 所示。

提取完成之后，也会出现预览数据，查看数据的爬取，单击"完成"，如图 D-15 所示。

由于爬取的是 10 000 条数据，需要进行跨页爬取，UiPath Studio 提出数据是否跨多个页面，单击"是"按钮，如图 D-16 所示。

选取页面的"下一页"按钮,如图 D-17 所示。

图D-12　提取信息

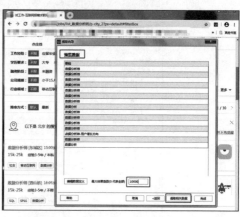

图D-13　修改爬取最大数

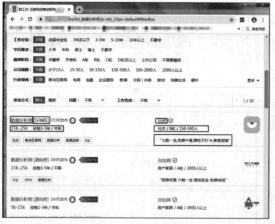

图D-14　信息提取

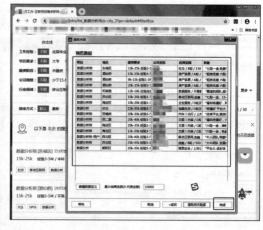

图D-15　预览数据

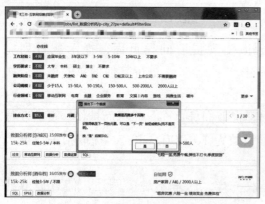

图D-16　指出下一个链接（1）

图D-17　指出下一个链接（2）

职位信息全部爬取完成之后,由于数据抓取获取的是谷歌浏览器的地址栏,最终抓取到的数据可能会导致乱码。所以我们只需要数据抓取中的提取结构化数据,将其剪切到我们的 Do 流程中,如图 D-18 所示。

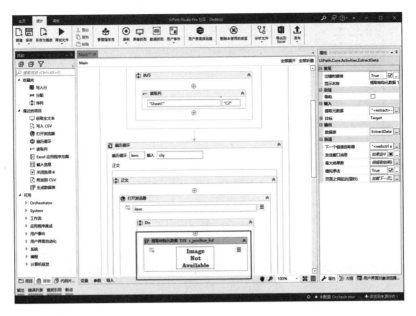

图 D-18 提取结构化数据

新建变量 ExtractDataTable，变量类型为 DataTable，范围为 Do，默认值为 New System.Data.DataTable，并指定提取结构化数据的输出结果为 ExtractDataTable，如图 D-19 所示。

图 D-19 新建变量（1）

接下来进行城市信息的爬取。单击"活动"，搜索获取全文本。拖入 Do 流程中，如图 D-20 所示。

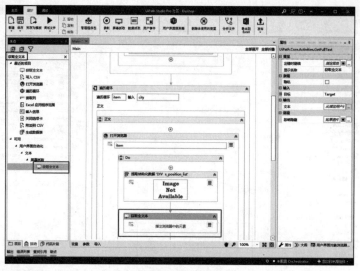

图D-20　获取全文本

单击"指出浏览器中的元素",选择城市数据,如图D-21所示。

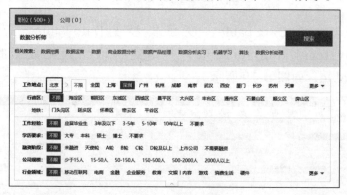

图D-21　选择城市数据

将抓取到的城市信息输出文本到SpanCurrXy变量,新建SpanCurrXy变量,类型为string,如图D-22所示。

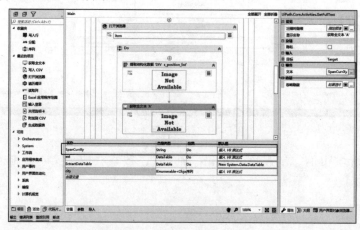

图D-22　新建变量(2)

由于获取到的城市数据是 string 类型，还需转换为数据表进行保存。单击"活动"，搜索"生成数据表"。拖入 Do 流程中，输入变量填入 SpanCurrXy，输出数据表变量填入 ext，新建 ext 变量，类型为 System.Data.DataTable，如图 D-23 所示。

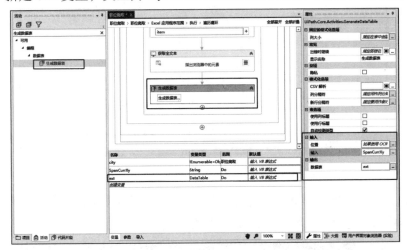

图D-23　新建变量（3）

单击"活动"，搜索"合并数据表"。拖入 Do 流程中，并修改输入来源为 ExtractData，目标为 ext，如图 D-24 所示。合并数据表的作用是将爬取的城市数据和职位信息合并到一个数据表中。

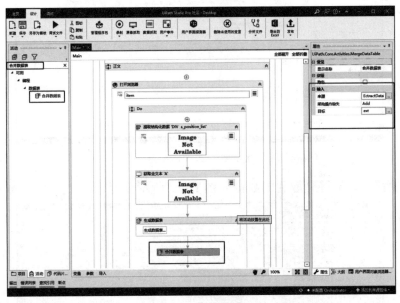

图D-24　合并数据表

将数据表写入 CSV。单击"活动"，搜索附加到 CSV。拖入 Do 流程中，指定路径为 D:/data/zhaopin/zhaopin_all.CSV，要附加的数据变量填入 ext，同时指定输出时的编码为 utf-8，如图 D-25 所示。

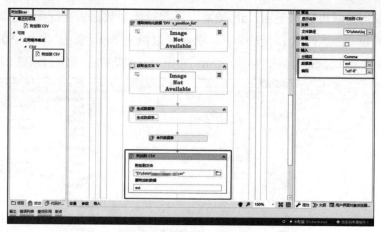

图D-25　写入CSV

为了不多开浏览器造成不必要的资源浪费,最后还需关闭浏览器。单击"活动",搜索关闭选项卡。拖入 Do 流程中,如图 D-26 所示。

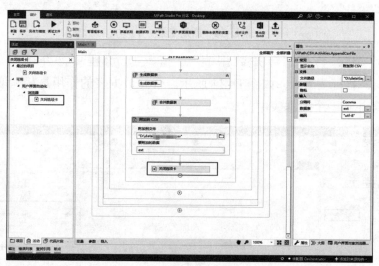

图D-26　关闭浏览器

单击"运行",最终爬取到的数据如图 D-27 所示。

图D-27　结果显示

D.2 招聘网站数据预处理

打开 zhaopin_all.csv，首先进行城市的填充，使用 Excel 的下拉填充，如图 D-28 所示。

图 D-28 打开文件

填充完成之后，将第一行"北京"修改为"城市"作为列名，并将第一列剪切到"职位"这一列之后，操作完成后如图 D-29 所示。

图 D-29 修改列名

第四列根据空格和"/"进行分列处理，首先选中第四列，然后插入两列，否则分列会导致原有数据的替换与丢失。单击"数据"，选择"分列"，如图 D-30 所示。

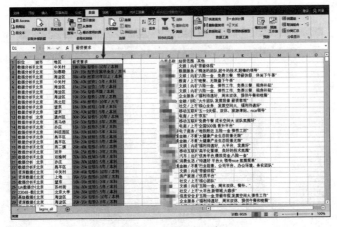

图 D-30 数据分列

单击"分列",选择分隔符号,单击"下一步",选择其他,并填入"/",同时选择空格,单击"下一步"直至完成。分列后的列名分别为薪资要求、经验要求、学历要求,如图 D-31 所示。

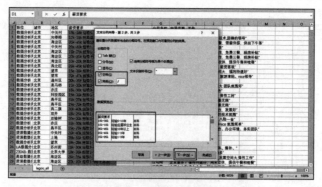

图 D-31 选择分隔符号

同理操作第八列,由于第八列分隔符号有"|"","和"/",所以进行三次分列操作,步骤同上,分列后列名分别为经营范围、主要经营范围、公司性质、公司人数。分列完成后如图 D-32 所示。

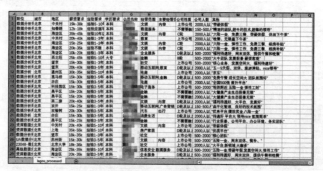

图 D-32 分列完成

在进行数据可视化前,也需要对数据进行预先处理。由于爬取到的薪资列字段是一个范围区间,因此需将薪资列字段取平均值。选中薪资字段,单击"数据"选项卡,分列,如图 D-33 所示。

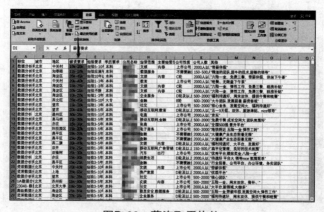

图 D-33 薪资取平均值

指定分隔符号为"-",指定目标区域并单击 M1 单元格,完成,如图 D-34 所示。

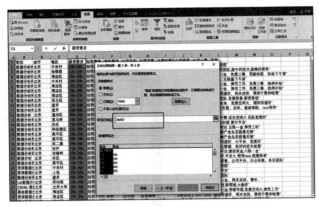

图D-34　制定分隔符号

分列后的数据如图 D-35 所示。

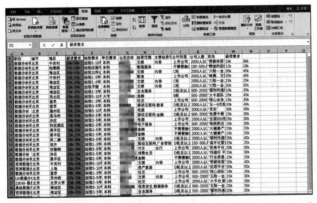

图D-35　结果显示

分列后的数据以 k 或 K 为单位,选中 K 列和 L 列,按下 Ctrl+F 替换 K 和 k 为空。然后单击公式选项卡,选择平均值函数,计算出平均薪资,自动填充。完成后再将三列数值乘 1 000,即为正确薪资。删除多余列,补充空缺字段名,保存,如图 D-36 所示。

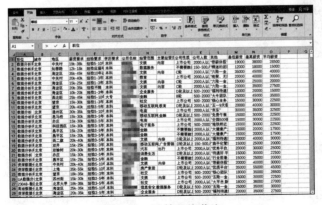

图D-36　计算平均薪资

最终表格保存时要选择编码格式为 UTF-8。选择文件中的"另存为",选择下方工具中的 Web 选项,如图 D-37 所示。

Web 选项中选择编码,编码选择 UTF-8,最后单击"确定"。这样 CSV 表格保存的编码格式为 UTF-8,如图 D-38 所示。

图D-37 保存表格

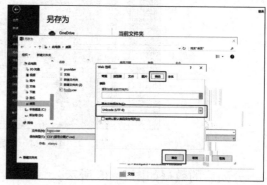
图D-38 选择编码格式

将处理好的数据另存为 zhaopin_processed.csv 文件。

D.3 招聘网站数据可视化

D.3.1 连接数据源

打开 Tableau 客户端;在窗口左侧,选择连接到"文本文件"。选择 D:/data/zhaopin/zhaopin_processed.csv 文件,如图 D-39 所示。

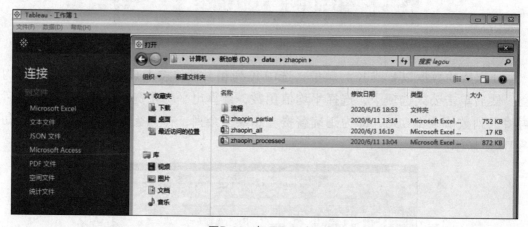
图D-39 打开Tableau

连接后,Tableau 会自动解析工作簿中的工作表,从左侧窗口中,将 zhaopin_processed.csv 拖至右侧空白处,数据连接即建立成功。

此次导入数据后出现数据解释器,表明 Tableau 认为导入的数据可能存在问题,可以看到 Tableau 未将数据集中的字段标题识别,这样的处理结果不符合预期,因此针对该数据集,可以使用数据解释器,勾选"已使用数据解释器清理",并手动补齐数字列标题,如图 D-40 所示。

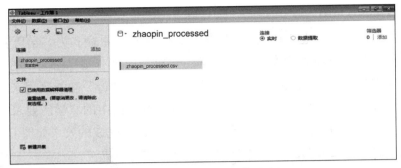

图D-40 手动补齐数字列标题

D.3.2 薪资分布图

单击下方选项卡"工作表1"跳转至工作表。双击"工作表1",重命名为"薪资分布"。在左侧的数据窗口中,将度量窗口中的"平均薪资"拖至右侧视图区中的"列"功能区,将类型修改为"维度",如图D-41所示。

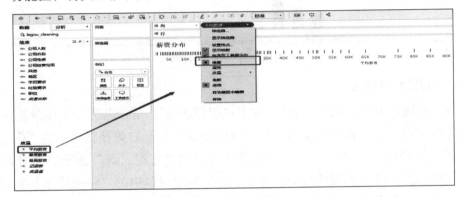

图D-41 薪资分布图

同理,将维度窗口中的"公司人数"拖至右侧视图区中的"行"功能区用来计数,将度量类型修改为"计数";将维度窗口中的"学历要求"拖至右侧视图区中的"标记"功能区,将类型修改为"颜色";在标记卡中选择显示类型为"区域";可单击标记卡中的"颜色"编辑为想要的颜色,双击轴调整显示范围区间,最后完成的效果如图D-42所示。

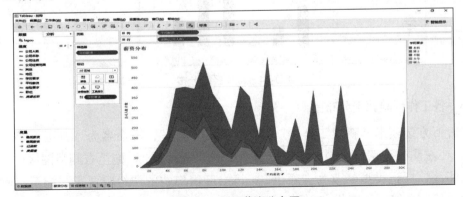

图D-42 设置薪资分布图

D.3.3 学历要求分布图

单击下方选项卡"新建工作表",双击"工作表 2",重命名为"学历要求分布"。在左侧的数据窗口中,将维度窗口中的"学历要求"拖至右侧视图区中的"列"功能区;将维度窗口中的"公司人数"拖至右侧视图区中的"行"功能区用来计数,度量类型修改为"计数"。在左侧的数据窗口中,将维度窗口中的"学历要求"拖至右侧视图区中的"标记"功能区,修改类型为"颜色",最后完成的效果如图 D-43 所示。

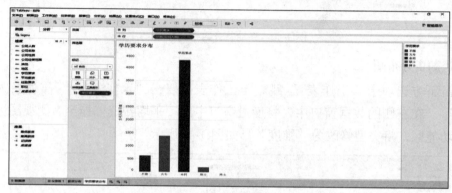

图 D-43 学历要求分布

D.3.4 工作经验分布图

单击下方选项卡"新建工作表",双击"工作表 3",重命名为"工作经验分布"。在左侧的数据窗口中,将维度窗口中的"经验要求"拖至右侧视图区中的"标记"功能区,标记类型修改为"颜色";将维度窗口中的"公司人数"拖至右侧视图区中的"行"功能区,度量类型修改为"计数";将维度窗口中的"经验要求"拖至右侧视图区中的"列"功能区;修改合适的显示范围、大小及颜色,最后完成的效果如图 D-44 所示。

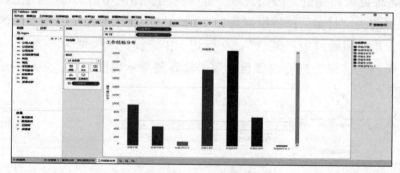

图 D-44 工作经验分布

D.3.5 各工作经验薪资分布图

单击下方选项卡"新建工作表",双击"工作表 4",重命名为"各工作经验薪资分布"。在左侧的数据窗口中,将维度窗口中的"经验要求"拖至右侧视图区中的"标记"功能区,标记类型修改为"颜色";将维度窗口中的"经验要求"拖至右侧视图区中的"行"功能区,双击"行"功能区右侧空白处,键入公式 INDEX()%40;将维度窗口中的"平均薪资"拖至右侧视图区中的"列"功能区，度量类型修改为"平均值"；将维度窗口中的"职位"拖至右侧视图区中的"标记"功能区；修改合适的显示范围和大小，最后完成的效果如图 D-45 所示。

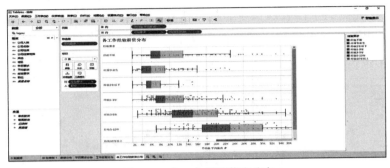

图D-45　各工作经验薪资分布

D.3.6　公司经营范围词云图

单击下方选项卡"新建工作表"，双击"工作表5"，重命名为"公司经营范围词云"。在左侧的数据窗口中，将维度窗口中的"公司经营范围"拖至右侧视图区中的"标记"功能区中，标记类型修改为"文本"；将度量窗口中的"记录数"拖至右侧视图区中的"标记"功能区，标记类型修改为"颜色"，度量类型修改为"总和"；将度量窗口中的"记录数"再次拖至右侧视图区中的"标记"功能区，在标记卡中，将标记类型修改为"大小"；修改合适的显示颜色，最后完成的效果如图 D-46 所示。

图D-46　公司经营范围词云

同理也可绘制出公司福利词云图，如图 D-47 所示。

图D-47　公司福利词云

D.3.7 仪表板

单击下方选项卡"新建仪表板",双击"仪表板 1",重命名为"数据分析师岗位分析"。在左侧的对象窗口中,拖动文本到右侧空白处顶部,写入标题"数据分析师岗位分析";在左侧的工作表窗口中,拖动工作表到右侧,调整合适的显示位置。单击上方"仪表板"选项卡,单击"操作"功能,添加"突出显示",最后完成的效果如图 D-48 所示。

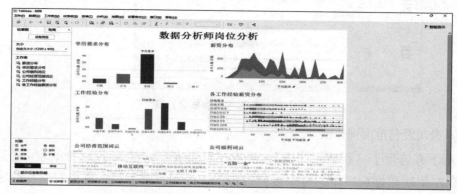

图 D-48 仪表板

D.4 薪资预测模型

接下来介绍使用 H2O 软件,根据表格中的某个元素可以进行价格的估计。

首先上传 CSV 表格文件,单击"数据",选择上传文件,将 zhaopin_processed.csv 的 CSV 表格文件上传,如图 D-49 所示。

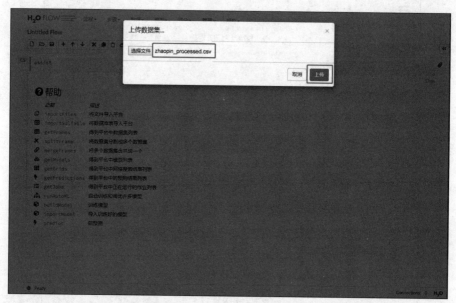

图 D-49 上传 CSV 表格文件

查看 H2O 的上传文件之后,进行数据集的解析,单击"解析",如图 D-50 所示。

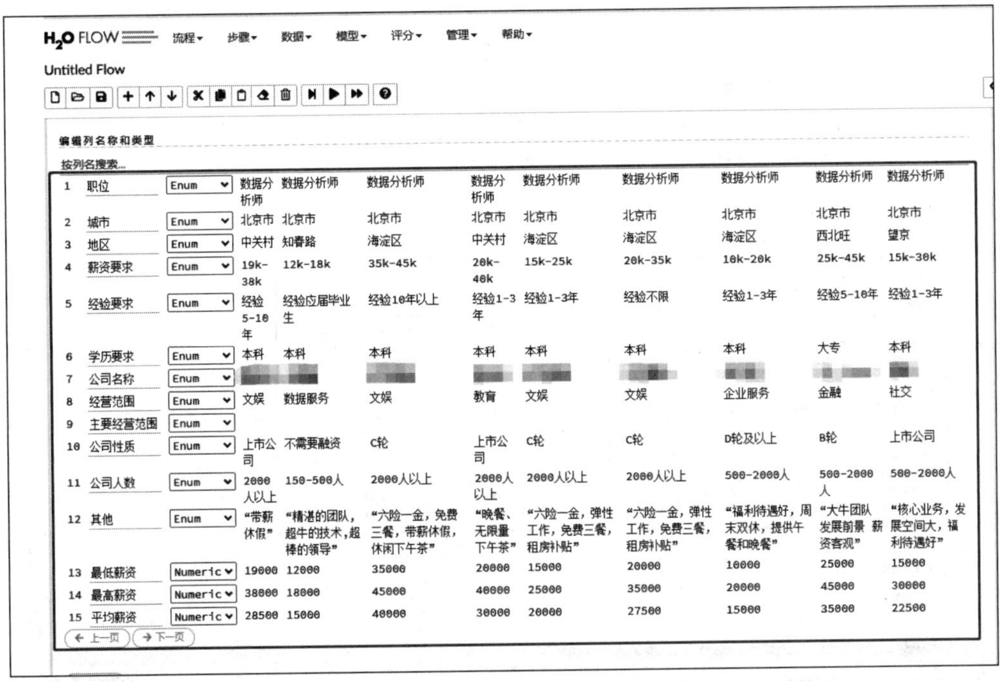

图D-50 数据集解析

解析完成之后，查看视图。单击"查看"，如图D-51所示。

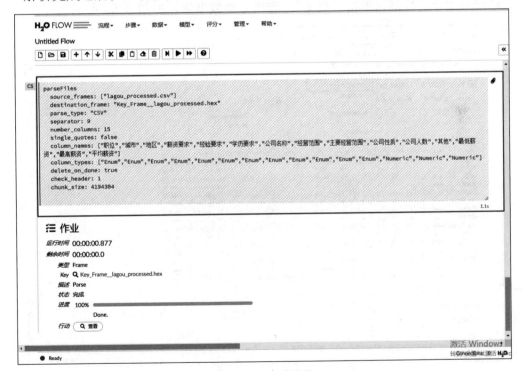

图D-51 查看视图

视图查看如图D-52所示。

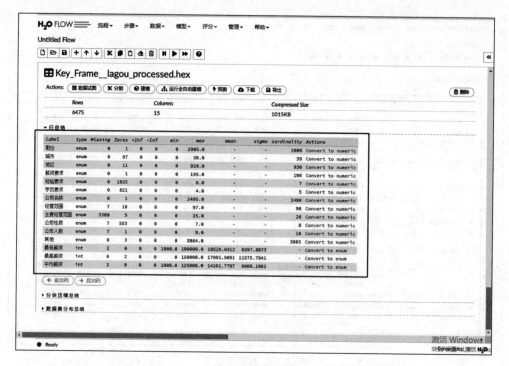

图D-52 视图

进行数据集的分割,单击"数据",选择分割数据集,如图 D-53 所示。

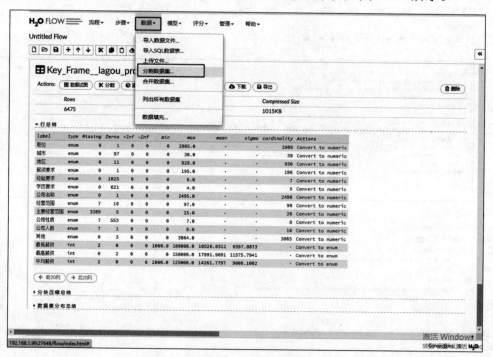

图D-53 分割数据集

训练集选择 zhaopin_processed.csv,将名称改为 training 和 testing,单击"Create"(创建),如图 D-54 所示。

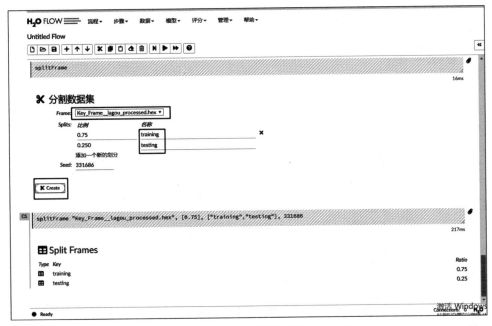

图D-54　选择训练集

接下来根据数据集中某个元素进行价格的估计,单击"模型",选择梯度提升机,如图 D-55 所示。

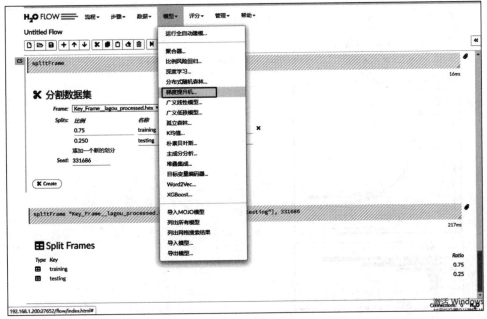

图D-55　选择梯度提升机

在训练一个模型中,选择训练的数据集为 training 和 testing,响应的列为平均薪资,以及忽视的元素为职位、地区、薪资要求、公司名称、主要经营范围和其他,如图 D-56 所示。

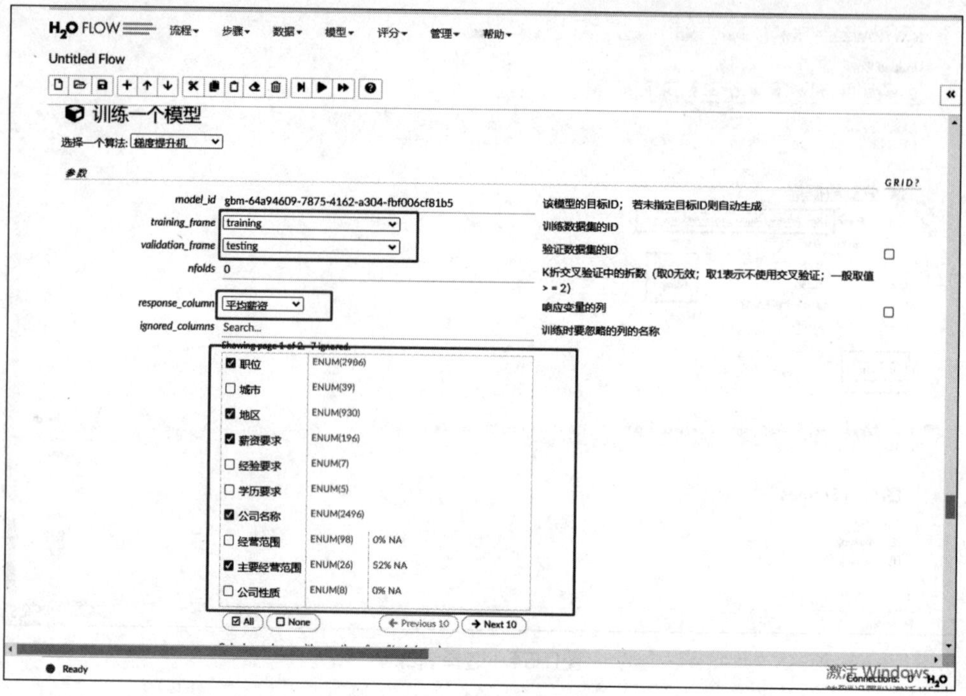

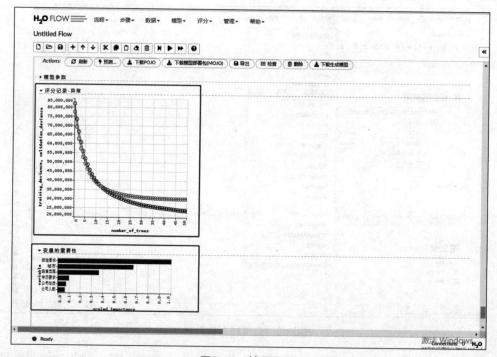

图D-56 选择训练数据集

单击"建模",进行价格的估计,单击"查看",最终价格的估计如图 D-57 所示。

图D-57 结果显示

参考文献

[1] 陈强. 高级计量经济学及 Stata 应用 [M]. 2 版. 北京：高等教育出版社，2014.

[2] 庞皓. 计量经济学 [M]. 2 版. 北京：科学出版社，2010.

[3] 张双平. 核心素养下数学建模思想在解高考数学题中的应用研究 [J]. 数学学习与研究，2020（28）：97-98.

[4] 迈尔－舍恩伯格，库克耶. 大数据时代：生活、工作与思维的大变革 [M]. 盛杨燕，周涛，译. 杭州：浙江人民出版社，2013.